LE GRAND LIVRE DE L'HISTOIRE DE FRANCE

expliquée à tous

LE GRAND LIVRE DE L'HISTOIRE DE FRANCE

expliquée à tous

EDITIONS ESI

Sommaire

La IVe République

La France est un ensemble géographique très singulier. Carrefour de l'Europe, verrou incontournable entre l'intérieur du continent, l'Europe du Sud et le Maghreb, son histoire se confond avec celle des incessants flux de populations qui ont façonné son visage. Une multitude de peuples a occupé son sol : depuis les premiers peuplements des périodes paléolithiques et néolithiques, difficiles à appréhender, se sont succédé des tribus bien connues, dites « barbares » : celtes, germaniques, telles que les Alamans, les Burgondes, les Goths... Plus tard, les historiens romains les regroupent sous le terme générique de « Gaulois », bientôt différenciés des « Gallo-romains » réputés plus civilisés que leurs aïeux. La plus lointaine origine connue du nom « France » – et par extension de celui des « Français » – se rapporte aux Francs, peuple germanique natif de la rive droite du Rhin (Belgique et Pays-Bas actuels) qui, sous l'égide de Clovis Ier, a étendu ses possessions territoriales vers le sud aux Ve et VIe siècles. Sous les Carolingiens, la « Francie occidentale » rassemble une grande partie des régions composant la France actuelle. Elle devient par le traité de Verdun en 843 un ensemble indépendant – la « Francie orientale » devenant la Germanie. En 1190, le roi Philippe Auguste se désigne pour la première fois dans ses correspondances officielles comme « *Rex Franciae* » (« roi de France ») et non plus « *Rex Francorum* » (« roi des Francs »). L'unité française fait un bond de géant en 1539 grâce à l'ordonnance royale de Villers-Cotterêts, toujours en vigueur de nos jours, qui établit le français comme langue officielle du droit et de l'administration. Nous vous proposons de découvrir « l'aventure française », une épopée étalée sur plus de deux millénaires qui ont vu la France devenir patrie des Lumières, hôte de la Révolution et garante des droits de l'Homme. Une histoire qui, aujourd'hui encore, lui procure un rayonnement intellectuel et moral considérable à l'échelle de la planète.

La France du paléolithique au néolithique (3000000-3300 av. J.-C.)

La France n'est pas le berceau de l'humanité, loin de là. Soumise à un rude climat glaciaire pendant une grande partie du paléolithique (jusqu'en 12000 avant notre ère), elle n'est à l'origine habitée que par de petits groupes de chasseurs-cueilleurs nomades. Peu à peu, le réchauffement climatique en fait une terre à conquérir pour les peuplades plus évoluées en provenance d'Afrique et d'Asie. Plusieurs espèces du genre humain s'y succèdent jusqu'à l'arrivée de l'homme moderne, Homo sapiens, qui se sédentarise et développe un sens artistique prononcé. La France a hérité d'un réseau de grottes ornées parmi les plus remarquables au monde, aujourd'hui partie intégrante de son patrimoine.

Il y a 500 000 ans, l'espace qui constitue aujourd'hui la France est une terre inhospitalière car en proie à la plus longue période de glaciation de l'histoire terrestre – entrecoupée de périodes plus clémentes. Les températures atteignent les – 80 °C, avec des vents violents dépassant couramment les 200 km/h. La majeure partie du pays est écrasée par une épaisse calotte glaciaire qui s'étend depuis la Manche et la mer du Nord jusqu'au Massif Central et aux abords des Pyrénées. Les premiers hominidés qui s'aventurent sur le sol français, vraisemblablement des Homo erectus arrivés d'Afrique par les rives du Proche-Orient, sont confrontés à des conditions de vie difficiles. Ils se concentrent surtout en bordure de mer, sur la Côte d'Azur, dans le Languedoc et le massif des Corbières actuels. Les ossements du premier Français connu, l'homme de Tautavel, sont déterrés dans la commune du même nom, près de Perpignan, en 1971. C'est un individu robuste, physiquement proche de l'homme actuel, à quelques détails près : une ossature épaisse, un front bas, un bourrelet proéminent au-dessus des orbites et un fort prognathisme. Les datations estiment qu'il a vécu il y a 300 000 à 450 000 ans.

Les premiers Français

Homo erectus est le premier de sa lignée à domestiquer le feu et à aménager son habitat. Il est à l'origine d'innovations importantes dans la taille de la pierre, utilisant des matières tendres pour effiler le tranchant de ses outils. Des foyers organisés apparaissent, tel celui de Terra Amata, près de Nice, vieux de 400 000 ans. Lors de l'extinction d'Homo erectus, il y a près de 300 000 ans, la France est peuplée de néandertaliens, des êtres petits et épais adaptés aux rudes conditions climatiques. Ils disparaissent à leur tour vers 30 000 ans av. J.-C. et laissent la place à Homo sapiens de manière plus ou moins brutale – il est possible que les deux espèces aient cohabité, voire que l'homme de Neandertal ait été assimilé. Originaire d'Afrique, Homo sapiens, littéralement « homme intelligent », emploie des techniques de chasse perfectionnées. Il utilise des sagaies, des pointes en os et des outils en silex. Grâce à la multitude de ses outils, il développe un talent dans le recyclage de toutes les parties du gibier : les peaux sont tannées à l'aide de grattoirs, de longues lames permettent de découper la viande plus efficacement ; cornes, bois, os servent à fabriquer des outils.

La sédentarisation, début de l'histoire ?

Les grandes glaciations s'achèvent. À la fin du paléolithique, vers 10000 avant notre ère, le climat devient plus clément. L'humidité augmente, les forêts avancent vite sur les glaciers et les températures s'adoucissent. Les grands animaux caractéristiques des climats froids, ours et mammouths en tête, migrent plus

Les principaux sites paléolithiques français

La plupart des traces d'hommes préhistoriques ont été décelées dans le sud de la France. La grotte du Pech Merle, dans le Lot, ornée il y a 25 000 ans, contient de nombreuses représentations animales et des mains humaines peintes en négatif sur la roche. Celle de Cussac, dans le Périgord, renferme plus de 150 œuvres figuratives de la même époque. Au temps de la glaciation de Würm, il y a 20 000 ans, le niveau de la mer était plus bas d'une centaine de mètres. Certains joyaux de l'art pariétal ont ainsi été submergés, comme la grotte Cosquer, près de Marseille, et celle de Sormiou, près de Cassis.

au nord. Dans ces conditions, l'homme abandonne sa vie de chasseur-cueilleur itinérant et se sédentarise. Dans le midi de la France, il s'installe durablement dans des grottes naturelles. Plus au nord, autour du Bassin parisien, il s'organise même en communautés et construit ses habitations en bois et torchis. La forêt est défrichée, et l'économie se concentre sur l'agriculture et l'élevage. Parallèlement apparaissent les premières productions de céramiques. Elles permettent déjà d'observer une différence culturelle entre le Nord et le Sud correspondant aux deux axes de pénétration des influences étrangères. La poterie « cardiale », imprimée à l'aide du rebord de coquillages, est typique du midi de la France. La poterie « rubanée », héritée des peuplades du Danube, caractérise la partie nord ; elle est faite de spirales et de courbes entrecroisées de manière harmonieuse.

Le patrimoine préhistorique français

Car l'homme préhistorique, en premier lieu Homo sapiens, éprouve le besoin de retranscrire les scènes de sa vie quotidienne et développe une sensibilité artistique poussée. La grotte de Lascaux, en Dordogne, ornée il y a 17 000 ans, est un véritable trésor pictural préhistorique. L'art animalier y est prédominant, avec un sens surprenant de la mise en scène ; des bouquetins, cerfs, taureaux, bisons et félins sont représentés lors de scènes de chasse. À ces images s'ajoutent des représentations symboliques, caricatures et esquisses d'hommes et de femmes. Autre site, la grotte Chauvet, découverte en 1994 en Ardèche, renferme des œuvres d'art pariétales parmi les plus anciennes au monde. Sur ses parois cohabitent des animaux dangereux (lions, rhinocéros, mammouths, ours), des espèces plus ordinaires, telles le cheval et le bison, mais également des figures humaines. On y trouve pour la première fois un procédé graphique étonnant : une superposition de dessins d'un même animal générant une illusion de mouvement. Les sites paléolithiques découverts en France représentent un intérêt scientifique majeur ; ils sont pour le grand public un point de départ de l'identité française.

Les mégalithes de Carnac

Contrairement à une idée reçue répandue, le site de Carnac, alignement impressionnant de mégalithes, n'a à l'origine rien à voir avec les Celtes ni avec les Gaulois. Les 3 000 pierres dressées autour du golfe du Morbihan – le site en comptait probablement près de 10 000 – ont été élevées par un peuple non identifié aux IVe et IIIe millénaires av. J.-C. Leur utilité initiale fait débat. L'alignement des pierres avec les positions du Soleil à certaines périodes de l'année aurait servi à déterminer les cycles agricoles. Plus tard, les Celtes ont utilisé menhirs et dolmens comme lieux de culte.

La Gaule celte et gallo-romaine (3300 av. J.-C.-Ier siècle)

À partir de 1200 av. J.-C., la France devient la terre d'accueil de peuplades celtiques originaires d'Europe centrale, qui s'implantent entre le Rhin et les Pyrénées. La préhistoire s'achève peu à peu avec les grandes migrations et la sédentarisation des foyers. Le dynamisme des nouveaux arrivants bouleverse les civilisations en place, descendantes directes des tribus du néolithique. La période voit la généralisation du travail du fer, la naissance des premiers centres urbains et le perfectionnement des méthodes d'agriculture et d'élevage. Plus au sud, un puissant empire civilisé s'étend sur les rives de la mer Méditerranée ; l'histoire de la Gaule se confondra bientôt avec celle de Rome.

Deux civilisations se distinguent en Europe de l'Ouest : la civilisation de Hallstatt (première moitié du Ier siècle av. J.-C.), ou « premier âge du fer », et celle de La Tène (à partir de 450 av. J.-C.), ou « second âge du fer », qui marque la fin de la protohistoire (période charnière entre préhistoire et histoire). Un artisanat singulier se développe ; la céramique, les bijoux, objets de fonderie divers s'échangent ; les sociétés humaines s'organisent et se hiérarchisent. En 600 av. J.-C., les « Gaulois » – le terme sera popularisé plus tard par Jules César – constituent une multitude de peuples sans unité politique. Au même moment, la colonisation grecque bat son plein et touche essentiellement la Grande Grèce (Italie du Sud, Sicile). Des navigateurs originaires de Phocée, cité d'Asie mineure (Turquie actuelle), s'implantent sur le littoral méditerranéen de la Gaule, peuplé de communautés de culture ligure. La colonie de Massilia est fondée. Pendant cinq siècles, les Grecs permettent aux Gaulois d'intégrer leur artisanat aux circuits commerciaux qu'ils établissent avec le reste de la Méditerranée. Mais la cohabitation avec les « civilisés » va se révéler plus mouvementée que prévu.

Nos ancêtres les Gaulois

Jules César classe les Gaulois en trois catégories : les Belges dans le nord, les Aquitains dans le sud-ouest, et dans le reste du pays les Celtes – ce dernier terme signifiant « Gaulois » en latin. Cette mosaïque se compose de nombreuses tribus, telles les Vénètes du Morbihan ou encore les Ambirarites d'Aquitaine, qui se livrent aux jeux des alliances et du clientélisme. La société gauloise décrite par César comprend trois classes : le peuple, les chevaliers et les druides. Les membres du premier groupe sont traités comme des esclaves. Les deuxièmes constituent une riche aristocratie guerrière concentrant tous les pouvoirs. Quant aux derniers, ils assurent le respect du culte et sont investis du pouvoir de justice. Le culte druidique se distingue par son rapport inédit à la mort : les défunts sont incinérés, et leurs cendres recueillies dans des urnes en terre cuite déposées dans des fosses. Les urnes des « princes » et notables sont enterrées dans des chambres funéraires ornées. L'habitat est disséminé en rase campagne. En cas de danger, des places fortes font office de refuges : ce sont les *oppida* – du singulier *oppidum* –, par ailleurs centres du pouvoir et des échanges commerciaux.

La conquête romaine de la Gaule

En 125 av. J.-C., les Massaliotes, menacés par leurs voisins, font appel à Rome, ouvrant la boîte de Pandore. Dès 124 av. J.-C., les troupes de Sextius Calvinus écrasent les Salyens, alliance de peuples celto-ligures du Midi. Mais les Romains ne s'arrêtent

Le site d'Alésia, une polémique française

De tous les lieux cités par César dans ses Mémoires, celui d'Alésia est le plus difficile à identifier. Les fouilles menées sur le site d'Alise-Sainte-Reine, en Côte-d'Or, en 1861 à l'initiative de Napoléon III, ont mis au jour un abondant mobilier gaulois. Toutefois, deux localités du Jura revendiquent le statut de lieu officiel de la bataille : Salins-les-Bains et Chaux-des-Crotenay. Cette dernière, qui correspond aux descriptions, est la candidate la plus sérieuse. Une nouvelle campagne de fouilles réalisée en 1990 a tranché la question en faveur d'Alise-Sainte-Reine, mais le doute subsiste.

pas à cette victoire. Bientôt, ils se rendent maîtres du rivage méditerranéen français, regroupé en 120 av. J.-C. en une province, la Narbonnaise. En 55 av. J.-C., Jules César, victorieux des Nerviens (Belges), occupe une grande partie de la Gaule ; seuls les clans du Massif Central (Arvernes, Bituriges, Lémovices et Rutènes) résistent. Pour la première fois, un homme semble faire l'unanimité parmi les Gaulois : Vercingétorix, chef d'un puissant clan arverne, réalise l'union grâce à son charisme et à ses talents d'orateur. Il mène une guerre d'embuscades et de harcèlement. Après avoir mis en échec les légions de César sur le plateau de Gergovie, Vercingétorix se laisse enfermer dans l'*oppidum* d'Alésia en 52 av. J.-C., espérant tenir le temps que des renforts viennent prendre en tenaille ses assiégeants. L'armée de secours défaite, Vercingétorix est à la merci de son adversaire. Sa capitulation signifie la fin des espoirs gaulois.

L'assimilation au monde romain

La Gaule pacifiée se couvre de monuments : thermes, théâtres, arènes... L'assimilation n'est cependant pas totale. La société gauloise conserve quelques spécificités architecturales, telles le forum fermé, entouré de galeries souterraines, le « théâtre-amphithéâtre », édifice de loisirs mixte, et le *fanum*, temple celtique d'influence romaine. Des voies pavées traversent la Gaule de part en part ; la principale, la voie Domitienne, relie Rome à l'Espagne, en passant par les cités méridionales de la Gaule. D'imposants aqueducs, comme le pont du Gard, sont érigés au milieu du Ier siècle. À Nîmes est bâtie la Maison carrée, temple consacré au culte de l'empereur, symbole du syncrétisme religieux gallo-romain. L'arc de triomphe d'Orange, élevé vers l'an 20 par Tibère, célèbre les exploits des légions. En 12 av. J.-C., Auguste établit à Lugdunum (Lyon) le « Conseil des Trois Gaules », assemblée réunissant les représentants des cités gauloises. On assiste à une romanisation des élites. En 48, l'empereur Claude – lui-même né en Gaule – promulgue le décret dit « des Tables claudiennes » : les notables gaulois deviennent éligibles à la citoyenneté et obtiennent le droit de siéger au Sénat de Rome.

Quand Rome subissait la loi des Gaulois

Avant de devenir un empire, la République romaine a subi les incursions des Gaulois dans le nord de l'Italie. En 390 av. J.-C., Brennos, chef des Sénons, remporte une victoire décisive sur les rives de l'Allia. Rome lui est offerte ; il l'investit, pille et tue les habitants qui n'ont pas fui. Seule la citadelle du Capitole résiste, dans des conditions restées célèbres : lors d'un assaut de nuit, les cris des oies sacrées de Junon auraient réveillé les défenseurs et permis de repousser l'assaillant. La mise à sac de Rome est l'un des événements les plus traumatisants de l'histoire romaine.

Alésia, la Gaule se soumet à César (52 av. J.-C.)

Depuis sa nomination, en 58 av. J.-C., au poste de proconsul en Gaule Cisalpine (nord de l'Italie) et Narbonnaise (l'actuelle Provence), Jules César intervient dans les affaires internes de la Gaule, divisant pour mieux régner et s'appuyant sur les tribus traditionnellement favorables à Rome. En 59 av. J.-C., la migration des Helvètes, peuple celte, en Gaule, suivie de la menace que font peser les Germains d'Arioviste, qui franchissent le Rhin et attaquent certaines tribus gauloises, donnent à César l'occasion d'intervenir militairement en Gaule, officiellement pour y protéger ses alliés, au premier rang desquels se trouvent les Éduens.

Mais la présence renforcée de légions romaines sur le territoire de la Gaule et les ambitions de César ne trompent personne. Le peuple des Arvernes, un des plus puissants de Gaule, s'inquiète des intentions de César et sent bien que derrière les opérations d'assistance des Romains se cache une réelle volonté de conquête. Le jeune chef des Arvernes, Vercingétorix, prend contact avec les autres tribus qui lui sont traditionnellement alliées afin de mettre sur pied une coalition susceptible de pouvoir tenir tête aux Romains. Malgré son jeune âge, il dispose manifestement d'un certain charisme, et sans doute d'une bonne formation militaire. Certains historiens affirment que Vercingétorix a pu, comme de nombreux jeunes nobles gaulois, recevoir une forme d'instruction dans la Narbonnaise romaine. On a même dit qu'il aurait, lors des campagnes précédant celle de 52 av. J.-C., pu servir au sein de l'état-major de César. Cela pourrait expliquer la nature de ses choix stratégiques, très différents de ceux des autres chefs de guerre gaulois. C'est donc un homme à la croisée de deux cultures qui prend les armes contre les Romains.

César entre en campagne

En 52 av. J.-C., César se lance dans une nouvelle campagne qu'il espère rapide pour tuer cette opposition dans l'œuf. La ville d'Avaricum (Bourges) est assiégée et finit par se rendre. César met ensuite le siège devant la ville de Gergovie, mais, cette fois, subit un échec retentissant à la fin du mois d'avril. Il remonte au nord, rejoint son lieutenant Labienus et recrute des troupes. On aurait tort d'imaginer que l'armée romaine est exclusivement composée de soldats venus d'Italie. Les légions ne reçoivent pas de renforts quand elles subissent des pertes. Une partie des légions romaines qu'emploie César est donc composée de Gaulois recrutés pour combler les vides, et sa cavalerie compte un grand nombre de cavaliers germains, reconnus comme les meilleurs d'Europe occidentale.

Son armée reposée, César envisage de rejoindre la Narbonnaise pour y passer l'hiver. Il quitte donc le territoire des Lingons (peuple vivant autour de Langres) et se met en marche, sans doute vers le milieu du mois d'août, en direction du Sud.

Les Gaulois se concertent

Les Gaulois s'interrogent sur la marche à suivre. En effet, contrairement à leurs habitudes, ils ont décidé, sous l'impulsion de Vercingétorix, de se livrer à la politique de la terre brûlée, de refuser le combat et d'attendre des conditions favorables pour écraser l'envahisseur sous leur nombre. Lorsque l'on apprend que César se replie, certains réclament à hauts cris une attaque de la cavalerie contre les colonnes romaines.

La polémique du lieu

Des années durant, la chose n'a pas fait débat : le site d'Alésia se trouvait en Côte-d'Or, sur le territoire de la commune d'Alise-Sainte-Reine. Napoléon III ordonne des fouilles qui se déroulent de 1861 à 1865 et permettent de mettre au jour les fossés et du matériel. Mais, au milieu du XXe siècle, une autre hypothèse apparaît, celle de Chaux-des-Crotenay, lieu désigné par l'établissement d'un « portrait-robot » réalisé à partir de descriptions faites dans *La Guerre des Gaules*. Cette hypothèse conserve encore quelques partisans, mais la communauté scientifique la tient pour peu sérieuse.

Mais les cavaliers germains de César infligent une cuisante défaite aux Gaulois. Vercingétorix décide de se replier sur un oppidum voisin, situé sur des hauteurs : Alésia.
César, qui suit le chef gaulois de près, est sur les lieux le lendemain et entreprend un siège en règle.
Le plateau sur lequel est située cette forteresse domine de 150 m les vallées de l'Oze et de l'Ozerain qui l'entourent. La position peut très difficilement être prise d'assaut, ainsi que César le constate. Il décide donc d'enserrer Alésia dans une double gangue. La première enceinte, tournée vers la place forte gauloise, est constituée d'un système dit « de contrevallation », de plus de 15 km de long, pourvu de postes de garde dans lesquels des troupes stationnent.

Le siège d'Alésia

Ayant appris que les Gaulois rassemblent une armée de secours, César fait également bâtir une ligne « de circonvallation », tournée vers l'extérieur, afin de parer à toute attaque.
Les Romains disposent sans doute de 10 ou 11 légions et d'un nombre indéterminé d'auxiliaires, soit 70 000 hommes. Vercingétorix dispose d'environ 80 000 hommes à l'intérieur de l'oppidum. L'armée de secours qui se prépare est évaluée par César à un effectif de plus de 200 000 hommes.
Les assiégés disposent d'un mois de nourriture ; les Romains quant à eux doivent piller les campagnes environnantes pour pouvoir subsister. Fin septembre, les assaillants commencent à souffrir de la disette, mais les Gaulois, eux, connaissent alors la famine. La population qui vivait dans l'oppidum est renvoyée vers les lignes romaines. César interdit qu'on les laisse passer.
L'armée de secours gauloise apparaît enfin et se lance à l'attaque, tandis que les défenseurs gaulois d'Alésia tentent une sortie.

C'est un échec. Nullement découragés, les Gaulois de l'armée de secours risquent un assaut en pleine nuit. Après plusieurs revers, l'armée de secours se disperse et Vercingétorix n'a d'autre choix que de capituler.

La poliorcétique

Au vu de leur gigantisme, on pourrait croire que ces travaux de siège n'ont pas d'équivalent pour l'époque. C'est oublier que la guerre de siège est habituelle en histoire militaire, qu'Alexandre le Grand était lui aussi rompu à cet exercice et que les armées romaines y excellaient. La poliorcétique, art des sièges, est alors déjà très perfectionnée. Elle implique le recours à de nombreuses machines, tours d'assaut, balistes, catapultes et béliers, mais en réalité les assauts de vive force sont l'exception : la plupart du temps, les assiégés se rendent poussés par la soif ou la famine.

Clovis, roi chevelu (481-511)

S'il est le fondateur du *Regnum Francorum* (« royaume des Francs »), Clovis n'a jamais porté le titre de « roi des Francs », qui sera celui de ses successeurs jusqu'au milieu du XIIIe siècle : Clovis est simplement le roi, Chlodovecus Rex, et les Francs, surtout installés au nord de la Seine, ne représentent qu'une minorité en Gaule, sans doute moins de 2 % de la population. Beaucoup d'incertitudes planent sur le règne de Clovis : la seule date qui ne soit pas sujette à caution est celle de sa mort, le 27 novembre 511. Il aurait commencé à régner en 481, à l'âge de 15 ans. Son nom, « Clovis », donnera celui de « Louis », repris par la suite par de nombreux monarques régnant sur la France.

Vers 481, Clovis est porté sur le pavois et acclamé par une partie des Francs Saliens. « Roi chevelu », il détient la puissance magique du chef guerrier, le *mund*, garanti par le port symbolique des cheveux longs ; son nom, « Chlodovecus », est lui-même une sorte de totem : il signifie « combat de gloire ». Clovis hérite de son père, Childéric – lui-même fils de Mérovée, qui a donné son nom à la dynastie des Mérovingiens –, un petit royaume salien constitué en Belgique actuelle, autour de Tournai. Les Francs, qui se divisent en Francs Saliens et en Francs rhénans, sont installés depuis le IIIe siècle au bord de la mer du Nord. Se voulant « franc », c'est-à-dire libre de toute domination, y compris celle des Romains, cet essaim de tribus s'est peu à peu romanisé par le biais du service militaire, avant d'être fédéré à l'empire au Ve siècle. La tombe de Childéric, à la fois franque et romaine par certains aspects, marque bien le mélange des influences. Allié avec les Francs rhénans – il épouse une princesse rhénane –, Clovis se lance dans une politique d'expansion territoriale vers le Sud. Premier adversaire : Syagrius, roi romain barbarisé qui domine la région entre Somme et Loire.

Bientôt le roi de tous les Francs

Clovis vainc Syagrius sans doute dès 486, près de Soissons. Le partage du butin donne lieu au fameux épisode du « vase de Soissons », raconté par Grégoire de Tours. Clovis s'attaque ensuite aux Alamans : il remporte la bataille de Tolbiac. Désormais maître du bassin parisien jusqu'à la Loire, il se tourne vers les royaumes du Midi : si la tentative d'invasion du royaume burgonde en 500-501 est un échec et se solde finalement par la conclusion d'une alliance plutôt que par une soumission, Clovis écrase les Wisigoths, tue leur roi à Vouillé en 507, s'empare de Toulouse et de Bordeaux, avant que Théodoric ne mette un point d'arrêt à l'expansion franque et ne reprenne la Septimanie (le Bas-Languedoc) et la Provence. Clovis est alors au sommet de sa gloire. De retour d'Aquitaine, il reçoit de l'empereur romain d'Orient Anastase les insignes consulaires qui assurent la légitimité de son pouvoir en Gaule. C'est en triomphateur, à la manière antique, qu'il pénètre dans la cité de Tours : il est acclamé par le peuple comme consul et patrice. En 509, il est élevé sur le pavois par les Francs rhénans : Clovis est désormais le roi de tous les Francs.

Premier roi barbare catholique

C'est à la veille de la bataille de Tolbiac que, selon Grégoire de Tours, Clovis aurait invoqué « le Dieu de Clotilde » – sa deuxième épouse, catholique – et aurait promis de se convertir au catholicisme en cas de victoire contre les Alamans. Que cet épisode

Remi de Reims

Évêque de Reims de 459 à 533, réputé pour son éloquence, Remi appartenait sans doute à l'aristocratie gallo-romaine. Il baptise Clovis à la Noël de l'année 498 ou 499. Il aurait alors dit à Clovis : *« Dépose tes colliers, fier Sicambre »*, faisant allusion aux amulettes qu'il portait au cou et à l'origine mythique des Francs, descendants légendaires des Sicambres. Qualifié par Hincmar de Reims, dans ses écrits du IXe siècle, d'« apôtre des Francs », Remi joue, auprès du roi Clovis, un rôle de conseiller, avant d'être remplacé dans cette fonction, l'âge venant, par saint Vaast.

soit avéré ou non, Clovis est baptisé par l'évêque Remi, à la Noël 498 ou 499, dans la cathédrale de Reims, construite sous Valentinien Ier, au IVe siècle : immergé par trois fois dans l'eau d'une cuve par laquelle on accède par trois marches – chiffre qui rappelle la Trinité –, Clovis reçoit l'onction du chrême et devient le seul roi barbare catholique. Suivant l'exemple royal, le peuple franc adopte largement le catholicisme. Clovis se pose alors en véritable chef de l'Église catholique de Gaule : en témoigne le concile national gaulois qu'il convoque à Orléans en 511 – première assemblée de ce type de la monarchie franque –, qui sera suivie d'une longue série de conciles organisés par les Mérovingiens. Le concile, qui réunit 32 prélats venus de toute la Gaule, ne porte pas sur les questions doctrinales : il rappelle les droits et les devoirs des évêques et l'intervention du roi dans leur nomination.

Roi romanisé

Clovis se différencie des autres souverains barbares attachés à leur identité germanique, s'entoure de conseillers gallo-romains, frappe des monnaies d'or qui plagient les monnaies de l'empereur d'Orient. S'éloignant de ses bases barbares pour s'installer au milieu de ses sujets, majoritairement gallo-romains, il transfère sa capitale à Paris, ville bénéficiant d'une position stratégique, au carrefour d'un fleuve et de voies publiques fréquentées, et facile à ravitailler ; lui-même s'installe dans le palais de Julien et de Constance Chlore, dans l'île de la Cité. Au sein de son royaume, il cherche à substituer la justice du roi et de ses agents aux violences privées, en faisant coucher par écrit le code de son peuple : c'est l'objet de la « loi salique », code pénal d'inspiration romaine établissant les peines pour les crimes et délits, rédigé entre 507 et 511 – et réduit souvent abusivement à l'exclusion des femmes de la succession au trône de France. Le 27 novembre 511, Clovis meurt à Paris, dans son lit, à 45 ans, un bel âge à une époque où l'espérance de vie ne dépasse guère la trentaine. Il est enterré aux côtés de sainte Geneviève, dans la basilique qu'il a lui-même fondée.

Le vase de Soissons

C'est à l'issue de la bataille de Soissons, en 486, que se situe l'épisode du vase de Soissons, raconté par Grégoire de Tours. L'évêque de Soissons avait demandé que lui soit rendu certain vase liturgique pris au cours des pillages. Clovis avait donc réclamé le vase pour lui-même. Or, le butin devait être en principe partagé par tirage au sort. L'un des guerriers refusa de rendre le vase et le brisa de sa hache. Un an plus tard, Clovis, prenant prétexte du mauvais état des armes du guerrier, frappa ce dernier de sa hache en disant : « *C'est ainsi que tu as fait à Soissons avec le vase !* »

Dagobert Ier, ou l'apogée des Mérovingiens (629-638)

Depuis Clovis, le royaume des Francs a été transmis de père en fils. Les partages entre frères ont pu donner lieu à de terribles guerres fratricides. Celui de 561 a conduit aux démêlés de Frédégonde et de Brunehaut, respectivement reines de Neustrie et d'Austrasie, et au supplice infligé à Brunehaut, attachée à la queue d'un cheval indompté. Clotaire II et son fils Dagobert, qui lui succède en 629, réussissent néanmoins à réunifier le royaume. Jusqu'à la disparition de Dagobert, en 639, la monarchie franque conservera aux yeux des contemporains un immense prestige, lié au charisme du fondateur de la dynastie, à l'exaltation de la lignée royale et à une politique conquérante.

Le « bon roi Dagobert » est entré dans la mémoire collective. La chanson populaire bien connue n'y est pas pour rien. Remontant à la Révolution française, elle aurait eu pour but, sous couvert de l'évocation d'un roi ancien et méconnu, de se moquer en réalité du roi alors au pouvoir, c'est-à-dire Louis XVI. Dagobert était bel et bien un roi distrait, à en croire Wulfram de Strasbourg, chroniqueur du VIIIe siècle : s'il ne mettait pas ses culottes à l'envers, avait l'habitude de se prendre les pieds dans le tapis... Au-delà de la chanson, le roi Dagobert doit sa célébrité à l'abbaye de Saint-Denis, qui, à partir du IXe siècle, lui forge toute une légende. C'est dans cette abbaye, située au nord de Paris, que le roi mérovingien décide de se faire enterrer. En contrepartie, les moines lui assureront prières et louanges perpétuelles. Le choix de Saint-Denis aurait été dicté par un événement miraculeux survenu au cours d'une chasse au cerf, animal symbolisant le Christ : les lévriers du roi l'auraient conduit jusqu'au tombeau de saint Denis et de ses compagnons, Rustique et Éleuthère, suppliciés au IIIe siècle. C'est là l'origine des liens étroits noués entre la royauté et Saint-Denis.

Le renforcement des liens avec l'Église

Au-delà de la légende, Dagobert, qui devient roi de l'Austrasie orientale en 623 puis roi des Francs à la mort de son père, en 629, favorise bel et bien l'abbaye de Saint-Denis : il y installe une communauté de frères augustins et crée une foire destinée à développer le commerce avec les marchands frisons et saxons, qui tendent de plus en plus à supplanter les marchands orientaux. La foire de Saint-Denis rapporte à l'abbaye le paiement des tonlieux, qui lui sont concédés par le roi. Plus généralement, Dagobert renforce l'union entre l'Église et la royauté : une nouvelle législation définit les obligations des chrétiens – assister à la messe et s'abstenir de travailler le dimanche. Le roi s'entoure de nombreux évêques renommés pour leur savoir et leur action. La plupart sont des aristocrates gallo-romains ; plus rares sont ceux qui sont issus de milieux modestes, comme saint Éloi, fils de paysans libres de la région de Limoges, orfèvre connu et apprécié du maire du palais, Bobbon, puis de Dagobert. Saint Éloi, comme saint Didier, saint Ouen ou saint Amand, est à la fois un administrateur et un évangélisateur, envoyé pour fonder des monastères au nord du royaume.

Un roi pacificateur

Les liens étroits noués avec l'Église n'empêchent pas pour autant, quand il faut combler les fidèles, de rattacher au fisc certains de ses biens : car le pouvoir royal est toujours fondé sur le don et sur l'existence d'une aristocratie nombreuse qui entretient des rapports personnels avec le souverain. Avec les victoires

La nécropole royale de Saint-Denis

Dagobert est le premier roi à se faire inhumer à l'abbaye de Saint-Denis, qui s'affirme véritablement comme nécropole royale à l'avènement des Capétiens. Louis XVIII sera le dernier roi à reposer dans la basilique, qui abrite les dépouilles de 42 rois, 32 reines, 63 princes et princesses et 10 grands du royaume. Saint Denis devient au Moyen Âge le saint patron du royaume : c'est au cri de « Montjoie saint Denis ! » que les chevaliers se rallient sur le champ de bataille, où le roi arbore l'oriflamme de saint Denis, précieusement conservé dans l'abbaye.

militaires, à l'extérieur, le nombre de fidèles augmente. Si les possibilités d'extension du domaine royal sont plus réduites qu'aux Ve et VIe siècles, Dagobert lutte avec succès contre les Bretons et les Vascons (les Basques), à qui il impose une paix temporaire – au prix, il faut le dire, de dures campagnes et de la défaite retentissante du duc Arnebert dans un défilé de la Soule qui préfigure Roncevaux et la défaite de Roland. Dagobert réussit aussi à contenir les Saxons, les Alamans et les Frisons, qui lui paient un tribut. Grâce à l'alliance conclue avec les Lombards et les Alamans, les Francs réussissent à arrêter les tribus slaves qui menacent l'Europe occidentale. Quand il le peut, le roi préfère cependant la diplomatie à l'usage de la force : il négocie notamment avec l'empereur de Constantinople, Héraclius, qui veut le pousser à convertir les Juifs de force.

Justicier et réformateur

Soucieux du danger sarrasin, qui menace toute l'Europe, Dagobert se tourne vers l'Espagne : moyennant 200 000 sous d'or, il consent à aider le Wisigoth Sisenand à s'emparer du trône de Tolède. Roi pacificateur, Dagobert est également un justicier et un réformateur, qui modifie la loi salique et fait rédiger les lois des peuples soumis, notamment la loi des Alamans. À l'intérieur de son royaume, il doit faire face à de fortes tendances autonomistes de la part de clans aristocratiques, comme les Pippinides en Rhénanie ou les ducs de Champagne, qui mobilisent des milliers de clients. Pour les satisfaire, Dagobert nomme son fils Sigebert – alors âgé de trois ans – vice-roi et le place sous la tutelle du maire du palais, Otton, qui appartient à un lignage rival de celui des Pippinides. Gouverner consiste à ménager l'aristocratie dominante ! En trame de fond, les difficultés s'accumulent : les impôts rentrent mal, la monnaie s'affaiblit. Celui que ses contemporains comparaient à un lion ardent et redoutable, et à qui l'on a beaucoup reproché la multiplication de ses épouses et concubines, meurt en 639, laissant son royaume à ses deux fils. La monarchie franque amorce son déclin.

Saint Éloi

L'orfèvre Éloi était entré au service du roi Clotaire II après avoir réalisé, avec la quantité d'or fournie pour fabriquer un trône, non pas un mais deux trônes, démontrant son honnêteté. Il devient ensuite contrôleur des mines et des métaux, maître des monnaies, puis grand argentier du royaume. Devenu trésorier du roi Dagobert, il est élu, bien que laïc, évêque de Noyon en 640. Il fonde le monastère Saint-Martial, à Paris, sur l'île de la Cité – il deviendra le monastère Saint-Éloi. Le saint est le patron des ouvriers qui manient le marteau, notamment orfèvres, horlogers, serruriers.

Pépin le Bref, premier des Carolingiens (715-768)

Pépin, surnommé « le Bref » par les historiens sans doute en raison de sa petite taille, était le fils de Charles Martel – celui-là même qui arrêta les Sarrasins à Poitiers en 732. Appuyé sur une puissante clientèle de vassaux gratifiés de terres confisquées à l'Église, allié du pape, dont il soutient la volonté de réforme religieuse, Pépin le Bref réussit à fonder la nouvelle dynastie des Carolingiens, qui succède aux Mérovingiens. Ce changement de dynastie se double d'une modification du sens de la royauté : avec le sacre de Pépin, en 751, suivi du deuxième sacre de 754, qui lui associe ses fils, le roi est désormais l'élu de Dieu, devant qui il est responsable du salut de son peuple.

Avant d'être sacré roi, en 751, Pépin le Bref est d'abord maire du palais, comme son père, Charles Martel, l'avait été avant lui. C'est là une fonction devenue essentielle dans les dernières décennies de la dynastie mérovingienne : le maire du palais, *major domus regia* ou *major palatii*, titulaire au départ d'une simple charge de majordome, de responsable du personnel et d'éducateur de l'héritier du trône, endosse peu à peu le rôle d'un Premier ministre, coordonnateur des services administratifs, judiciaires et financiers et également gestionnaire des domaines fiscaux, dont il garde l'essentiel des revenus. À la fin du VIIe siècle, si les rois mérovingiens sont laissés en place, ce sont les maires du palais successifs qui dirigent en pratique le royaume des Francs. Lorsque Thierry IV – qui sera le dernier roi mérovingien – meurt, en 737, il n'est pas remplacé : le maire du palais, Charles Martel, assume le pouvoir. Lui-même meurt en 741, laissant à son fils Pépin la charge de maire du palais de Neustrie. Lorsque son frère Carloman, maire quant à lui du palais d'Austrasie, décide de se faire moine, en 747, Pépin dirige l'ensemble du royaume.

Maire du palais

L'installation au pouvoir de Pépin ne se fait pas sans heurts. En 743, les princes germains et aquitains ont tenté de rétablir sur le trône un roi mérovingien, Childéric III. Quelques années plus tard, au moment où Pépin devient seul maire du palais, en 747, son neveu Drogon revendique une partie de l'héritage de son père. Dans les deux cas, Pépin est victorieux. C'est que ce chef généreux assure la prospérité de l'aristocratie en accordant des biens à ses fidèles et multiplie les succès militaires lors de ses expéditions répétées en Bavière, en Aquitaine, en Alémanie. Il a par ailleurs le soutien du pape, qui a besoin de lui pour mener à bien la réforme religieuse commencée sous Charles Martel, qui vise notamment à amener le clergé à se distinguer nettement des laïcs et à rejoindre monastères ou églises épiscopales. L'Église recherche l'appui du maire du palais, qui peut organiser des conciles et lutter contre le paganisme. Les confiscations de biens du clergé en vue de les distribuer aux aristocrates en échange de leur service armé créent quelques tensions, mais un compromis est finalement trouvé : les laïcs n'ont que l'usufruit de ces dons, leur propriété restant à l'Église.

Premier roi sacré

L'alliance avec l'Église porte ses fruits : en 751, Pépin est sacré roi par l'évêque Boniface, à Soissons. La cérémonie est sans précédent dans le royaume des Francs, elle revêt une très grande portée : de magique, la royauté est devenue sacrée.

Chrodegang de Metz

D'origine aristocratique, Chrodegang est chancelier de Charles Martel, puis de Pépin. En 766, il devient évêque de Metz, alors capitale de l'Austrasie. Réformateur essentiel des institutions religieuses et de la liturgie du VIIIe siècle, il favorise l'essor des monastères dans son diocèse, fonde notamment l'abbaye de Gorze et impose aux chanoines de sa cathédrale les règles monastiques. Ses services rendus au pape Étienne II – au moment de sa fuite vers Saint-Denis lors de l'invasion des États pontificaux – lui valent d'être nommé archevêque, ce qui fait de lui le chef de l'Église franque.

Ce changement a été voulu par les clercs, notamment Fulrad, abbé de Saint-Denis, et Chrodegang, évêque de Metz. Inspirés par l'exemple des Wisigoths, dont la monarchie est elle-même sacrée, ils défendent une organisation du royaume calquée sur celle de l'Église, avec une seule tête, et obtiennent le soutien du pape pour un changement de dynastie, au nom du maintien de l'ordre. Childéric III est tondu et enfermé dans un monastère, alors que Pépin est oint du saint chrême, jusque-là réservé aux seuls prêtres et évêques ; le roi n'est plus un simple laïc, il est désormais doté d'un pouvoir surnaturel qui lui vient de Dieu ; au jour du Jugement, il sera responsable devant Dieu du salut de son peuple. Trois ans plus tard, le sacre est renouvelé, à Saint-Denis, par le pape Étienne II. Cette fois, ses deux fils, Charles et Carloman, sont associés à leur père : est ainsi instituée une hérédité royale. La dynastie des Carolingiens est née.

« Patrice des Romains »

Pépin le Bref reçoit du pape le titre de « patrice des Romains » : il est officiellement le protecteur de la papauté, qui l'appelle à l'aide contre les Lombards, qui ont pris Ravenne et menacent Rome en 754, puis une nouvelle fois en 756. Pépin, en deux expéditions victorieuses, contribue à fonder l'État pontifical, qui perdurera jusqu'à l'unité italienne de 1870. Il renforce ses conquêtes dans le Midi, en Septimanie, réduit à l'obéissance l'Aquitaine révoltée. S'il remporte un succès moindre auprès des Alamans, des Saxons et des Bavarois, le royaume franc apparaît alors comme seul capable de résister aux Arabes, qui ont conquis l'Espagne, ont réduit le royaume wisigothique au seul petit royaume des Asturies et ont pénétré dans la vallée du Rhône et jusqu'à Poitiers vingt ans plus tôt. Sur le plan intérieur, Pépin appuie la réforme religieuse : le culte se romanise, les recueils liturgiques s'uniformisent, intégrant prières et formules venues de Rome. Il institue également en faveur du clergé une redevance d'un dixième des revenus, la dîme. L'unification du royaume sous l'autorité royale se traduit au niveau monétaire par l'instauration, pour le roi, du monopole de la frappe.

La légende des « rois fainéants »

Les derniers Mérovingiens avant l'avènement de Pépin étaient des rois inconsistants, paresseux, véhiculés sur des chars à bœufs : telle est l'image donnée par Eginhard, biographe de Charlemagne, qui écrit *La Vita Caroli* au début du IXe siècle. Si les derniers Mérovingiens sont en effet des rois appauvris, peu craints et respectés, dépouillés peu à peu de leur pouvoir par la lignée aristocratique des Pippinides, qui contrôlent la vie politique grâce à leur charge de maires du palais, l'image relève de la propagande, destinée à mieux justifier, a posteriori, l'usurpation des Carolingiens.

Charlemagne, empereur à la barbe fleurie (vers 742-814)

Avec Charlemagne renaît, trois siècles après la chute de Rome, un « Empire romain d'Occident » – tel est du moins ce dont Charlemagne voudrait convaincre l'empereur byzantin, « empereur romain d'Orient ». Marchant sur les traces de son père, Pépin le Bref, le roi Charles apporte son soutien à la papauté, à qui il apparaît comme le seul rempart contre les invasions. Qualifié de « grand » en référence aux empereurs romains, Charlemagne est couronné empereur, en l'an 800, par le pape Léon III. Il est alors à la tête d'un vaste empire chrétien qui se maintiendra pendant un siècle, avant que les partages de territoires ne conduisent à son éclatement définitif.

Très vite, l'histoire de Charlemagne a laissé place à la légende : dès la fin du XIe siècle, *La Chanson de Roland* et de nombreuses autres chansons de geste ont vanté les mérites de ce modèle de sagesse politique, de cet empereur, « l'un des neuf preux du royaume ». Charlemagne sera canonisé en 1165 à l'initiative de l'empereur Frédéric Barberousse. Derrière le personnage de légende se cache une force de la nature, gros mangeur, excellent nageur, amateur de lecture des récits antiques, parfait stratège, qui passe sa vie à faire la guerre à la tête d'une armée de quelque 50 000 cavaliers et de très nombreux guerriers à pied, au fil de campagnes militaires – l'ost – qui durent en général trois mois. À la mort de son père, Pépin le Bref, en 768, Charles a 21 ans. Il hérite de la moitié du royaume, l'autre moitié étant confiée à son cadet, Carloman. Cette part revient à Charles dès 771, à la mort prématurée de son frère ; il règne alors seul sur l'ensemble du royaume des Francs. S'il n'a pas de réel plan de guerre, Charles va mener une politique qui obéira à deux principes : protéger le royaume que lui a légué son père et étendre la foi chrétienne.

La conquête d'un immense royaume chrétien

Dès 768, Charles décide de soumettre définitivement l'Aquitaine. Appelé ensuite par le pape à lutter contre les Lombards, il agrandit par ses conquêtes le territoire pontifical et se fait couronner roi des Lombards en 774. Il tente alors de christianiser par la force les Saxons, en recourant parfois à la violence la plus extrême : 4 000 otages sont décapités à Verden. Il faudra une vingtaine d'expéditions au total pour que le peuple germanique finisse, à la toute fin du VIIIe siècle, par se convertir et se soumettre : les Saxons sont intégrés dans le royaume tout en conservant un droit privé, la « loi des Saxons ». Toutes ces conquêtes s'accompagnent de la construction de routes, de forteresses, d'églises, qui unifient peu à peu le royaume. Contre les incursions des envahisseurs, de larges bandes de territoire, aux frontières, sont dotées d'une solide organisation militaire : ce sont les « marches », à l'image de la marche de Bretagne, dont Roland sera comte. Pour s'assurer de la fidélité des territoires périphériques, Charles place sur le trône des membres de sa famille : son fils Louis devient roi d'Aquitaine, Pépin roi d'Italie, et son beau-frère Gérold préfet de Bavière.

Le couronnement impérial de l'an 800

En 793-794, les musulmans franchissent les Pyrénées ; l'Italie se soulève, de même que les Saxons, et l'aristocratie franque se met à comploter. Pour restaurer son pouvoir, Charles s'installe au cœur de son royaume, à Aix-la-Chapelle, où il fait construire depuis

Roland

***La Chanson de Roland*, chanson de geste de la fin du XIe siècle, a rendu célèbres le personnage de Roland le Preux et l'épisode de Roncevaux, défilé situé dans les Pyrénées occidentales, où son armée a été anéantie en 778. Comte de la marche de Bretagne, proche parent du roi Charlemagne, Roland commandait en effet l'arrière-garde au retour de l'expédition menée sur Saragosse, en Espagne. Contrairement à ce que dit la chanson, les ennemis n'étaient pas des Sarrasins (des musulmans d'Espagne), mais des Vascons, peuple chrétien mal soumis aux Francs et allié des Aquitains révoltés.**

788 un palais. Malgré cette crise passagère, Charles apparaît alors comme le plus grand souverain chrétien d'Occident. S'il n'en porte pas encore le titre, il a la stature d'un empereur. Le pape Adrien Ier le qualifie déjà de « grand » (*Rex magnus*), recourant ainsi à un surnom hérité de l'Empire romain. Le couronnement impérial a lieu en l'an 800. Il n'y a plus à cette date aux yeux des Occidentaux d'empereur d'Orient depuis que l'impératrice Irène a fait aveugler son fils pour régner à sa place. Victime de l'aristocratie romaine, qui l'accuse de nombreux crimes, le pape Léon III en appelle au roi Charles en lui envoyant, en signe de soumission, l'étendard de Rome. Il prend alors l'initiative de le couronner empereur. La cérémonie n'est pas tout à fait conforme au souhait de Charles, qui n'est présenté à la foule pour être acclamé qu'après son couronnement, alors qu'il aurait voulu que le peuple ait le premier rôle.

Le gouvernement de l'empire

Quoi qu'il en soit, Charlemagne a désormais le titre impérial dont il rêvait. Dès 813, il associe son fils Louis à l'empire en lui transmettant le titre d'« empereur et Auguste ». Au sein de l'empire chrétien qu'il a constitué, Charlemagne s'efforce d'uniformiser les territoires et d'encadrer les hommes : tous les hommes libres âgés de plus de 12 ans doivent lui prêter serment ; les ordres du souverain sont émis sous forme de capitulaires, recensant chapitre par chapitre les lois touchant l'armée, la justice, l'Église ; des *missi dominici* (« envoyés du maître ») circulent deux par deux pour transmettre les ordres ; l'administration locale est assurée par les comtes – institution héritée des Mérovingiens –, qui sont à la fois juges, chefs militaires et percepteurs d'impôts. Derniers piliers du pouvoir : la vassalité, qui devient un véritable moyen de gouvernement, et l'Église, à laquelle Charlemagne accorde des privilèges sous forme d'immunités. Malgré ces efforts d'unification, l'empire de Charlemagne restera, avec sa superficie immense et le peu de personnel administratif à l'œuvre – 3 000 hommes pour 5 millions d'habitants –, bien moins centralisé et autoritaire qu'on ne le décrit parfois.

Le palais d'Aix-la-Chapelle

La construction du palais d'Aix-la-Chapelle commence en 788 et durera dix ans. Charlemagne s'installe dès 794 dans ce palais dont le plan prend exemple sur les basiliques romaines et chrétiennes. Au centre se trouve la chapelle Palatine, inspirée des exemples byzantins, notamment Sainte-Sophie de Constantinople : de forme octogonale, elle est décorée de mosaïques et surmontée d'une coupole qui représente le monde céleste. Au premier étage est placé le trône réservé à l'empereur, qui a pour mission d'aider à édifier la Cité de Dieu sur la Terre. Les fidèles prennent place au rez-de-chaussée.

Hugues Capet, le fondateur d'une nouvelle dynastie (vers 939-996)

Si le Capétien Philippe Auguste, deux siècles plus tard, cherchera à faire oublier ses origines et à proclamer qu'il descend des Carolingiens, l'avènement d'Hugues Capet est bel et bien une usurpation. La famille des Robertiens à laquelle il appartient a bénéficié de l'éclatement du royaume en principautés rivales. Élu roi en 987, Hugues Capet va transformer cette fonction royale élective en dignité transmise par le sang. En dehors de son rôle politique, Hugues Capet reste un roi sans visage : on ne sait que peu de chose sur ce souverain que les chroniqueurs, portés sur les considérations morales, décrivent comme très laid – un physique conforme aux nombreux péchés qu'on lui prête…

L'avènement d'Hugues Capet, élu roi en 987, n'apparaît pas sur le moment comme un événement fondateur : depuis un siècle, Carolingiens et Robertiens alternent sur le trône. Le pouvoir des Robertiens s'est accru peu à peu à mesure que leur principauté s'agrandissait à partir de Robert le Fort, l'un des *missi dominici* de Charles le Chauve, qui a reçu du roi le comté de Tours. Son fils Eudes obtient le comté de Paris. Devenu duc des Francs, récompensé par l'empereur Charles le Gros par de nouveaux comtés, Eudes devient finalement roi. Si son neveu Hugues le Grand rend la couronne aux Carolingiens, il se voit accorder le titre de « duc des Francs » par le nouveau roi Louis IV, qui le considère comme *« le second après nous dans tous nos royaumes »*. Alors que le domaine royal a fondu à force de transferts aux grands princes, Hugues le Grand apparaît de fait comme le plus puissant des princes territoriaux de la Francie occidentale. À sa mort, en 956, il laisse un fils de 15 ans, lui aussi prénommé Hugues. Il sera surnommé « Capet », du nom du demi-manteau de saint Martin, la *cappa*, conservée comme relique à la collégiale Saint-Martin-de-Tours, au cœur de la principauté des Robertiens.

La fondation d'une dynastie

Hugues Capet devient duc des Francs en 956. La Francie occidentale, dont les frontières sont héritées du partage de Verdun de 843, est alors dirigée par le roi carolingien Lothaire. À l'est de la Saône et du Rhône commence l'empire d'Otton Ier. Quand Lothaire meurt, en 986, suivi de peu dans la tombe par son successeur Louis V, un an plus tard, les grands, réunis à Senlis, élisent Hugues Capet roi à l'unanimité. Adalbéron, archevêque de Reims, et Gerbert d'Aurillac, maître de l'école de Reims, ont joué un rôle décisif dans cette élection : en conflit avec le roi

Lothaire, qui a tenté à plusieurs reprises de réoccuper la Lorraine, et favorable aux Ottoniens et à la restauration d'un grand empire occidental, Adalbéron préfère aux Carolingiens le parvenu Hugues Capet. Sacré à Noyon le 3 juillet 987, Hugues expédie l'héritier carolingien légitime en prison, et, comme Lothaire l'avait fait avant lui, applique le principe de la transmission lignagère : à la Noël 987, il associe au trône son fils aîné, Robert, sacré à Sainte-Croix d'Orléans, au cœur de la principauté capétienne, au mépris des positions du clergé, qui reste largement favorable au principe de l'élection.

« Roi des Francs »

Loin d'être une marque de faiblesse politique, cette association au trône du fils du vivant du père est simplement un moyen d'écarter les cadets, souvent nés d'un deuxième ou troisième mariage,

Adalbéron de Reims

Adalbéron, archevêque de Reims de 969 à 989, est – avec Gerbert d'Aurillac, maître de son école épiscopale et futur pape sous le nom de Sylvestre II – le principal artisan de l'accession au trône d'Hugues Capet. Partisan d'une restauration d'un vaste empire occidental dirigé par les Ottoniens, inquiet des tentatives répétées du roi Lothaire pour réoccuper la Lorraine, il se rapproche de l'empereur. Accusé de trahison et convoqué à Compiègne pour y être jugé, il est sauvé par les morts successives de Lothaire et de son fils Louis V. Adalbéron sacre Hugues à Noyon le 3 juillet 987.

appartenant donc de fait à un autre lignage. Hugues Capet assoit également son pouvoir face à Charles de Lorraine, héritier des Carolingiens, qui échoue dans sa tentative pour récupérer le trône en 991. Désormais, Hugues est le maître incontesté du royaume, sacré « roi des Francs » – titre qui sera repris après lui par tous les Capétiens jusqu'à Philippe le Bel. Le roi est alors moins maître d'un territoire que d'un peuple ; il entretient une relation personnelle avec l'aristocratie, même si elle ne repose pas sur une présence physique du roi, dont les déplacements restent très limités. Suivant l'exemple de ses prédécesseurs carolingiens, Hugues Capet cherche encore à s'imposer à l'ensemble du royaume, mais le pouvoir régalien est de plus en plus dissous, au profit des grands princes territoriaux. En témoignent les diplômes royaux, qui ressemblent fortement à des chartes privées, et qu'on ne retrouve que dans un espace restreint, au nord de la Seine, surtout entre l'Oise et l'Aisne.

L'union avec l'Église

La force des premiers Capétiens réside dans leur union avec l'Église. En accordant des privilèges au clergé, ils constituent tout un réseau d'alliances, essentiel à cette époque où la paix et l'ordre sont largement aux mains de l'Église et des ordres religieux. De nombreux sanctuaires sont les relais de l'idéologie royale. Le sacre – même s'il n'est pas nouveau, puisque les Carolingiens ont été eux-mêmes régulièrement sacrés depuis Pépin le Bref, en 751 – confère au roi un pouvoir proprement sacré, encore peu abstrait, proche du magique, qui a une influence notamment sur la nature, les récoltes, la pluie. Selon le rite qui se met alors en place, le roi, doté de pouvoirs thaumaturgiques, est capable de miracles : par un simple attouchement, il guérit de la maladie des écrouelles, qui affecte les glandes du cou. Au-delà de sa dimension sacrée, la monarchie reste très patriarcale : le roi est accessible à tous, y compris aux petits laboureurs. S'il n'a un pouvoir réel que sur la principauté qu'il dirige, le roi se distingue par la nature de son pouvoir et par son statut : alors que se développent les liens pyramidaux de la vassalité, le roi, lui, n'est le vassal de personne.

L'abbaye de Cluny

Sous les premiers Capétiens, la paix et l'ordre sont en réalité aux mains de l'Église. L'abbaye de Cluny joue un rôle essentiel. Fondée en 910, à la frontière entre la Francie et l'empire, en Mâconnais, par le duc d'Aquitaine Guillaume le Pieux, Cluny réforme la règle de saint Benoît, devient un centre intellectuel de premier plan, doté d'une riche bibliothèque constituée grâce aux ouvrages venus notamment de Saint-Martin-de-Tours et à l'activité de son scriptorium. Elle sera rattachée à la fin du IXe siècle directement à la papauté, échappant ainsi à la mainmise des laïcs.

Philippe Auguste, bâtisseur du royaume de France (1165-1223)

Philippe Auguste a eu plusieurs surnoms de son vivant, notamment « Dieudonné » – allusion à la naissance tardive de ce garçon qui venait après tant de filles – et aussi « le Bienheureux » (*Fortunatissimus*) : il a en effet profité de la mort de son rival anglais, Richard Cœur de Lion, et de l'absence des grands du royaume alors que lui-même était rentré de croisade. Le surnom passé à la postérité, « Auguste », pourrait faire référence soit au mois de sa naissance (août), symbole des moissons et de la fécondité, soit à son rôle de constructeur du royaume, ou encore à son appétit de puissance, à l'instar des empereurs romains. Peu lettré, Philippe Auguste est avant tout un homme d'action.

Philippe Auguste est couronné le 1er novembre 1179, du vivant de son père, suivant la pratique qui prévaut chez les Capétiens depuis 987 et qui tombera en désuétude après lui. Quand il succède à Louis VII, un an plus tard, il a 15 ans. Son autorité s'étend sur une région qui va de Compiègne à Bourges et de la Normandie à Sens. Il n'aura de cesse d'agrandir ce domaine royal, qui est entouré des possessions de grands princes, notamment celles des Plantagenêts. Son mariage avec Isabelle de Hainaut lui apporte ainsi en dot les villes d'Arras et de Saint-Omer et lui permet de récupérer le Vermandois. Philippe II vise ensuite la Normandie : enjeu essentiel du fait de sa situation stratégique, la région dispose également d'une grande richesse agricole et d'une administration de qualité. Philippe Auguste obtient de Jean sans Peur, qui gouverne en l'absence du roi Richard Cœur de Lion, parti en croisade, qu'il lui prête hommage pour la Normandie. Les tensions vont croissant au retour de Richard, en 1194, et ne s'apaisent pas après sa mort, en 1199. En 1202, Philippe Auguste entreprend la conquête de la Normandie. La chute de Château-Gaillard, après six mois de siège, lui ouvre la porte du pays.

La conquête de l'Aquitaine et du Languedoc

Il s'attaque ensuite aux possessions des Plantagenêts du côté des pays de la Loire. Bien décidé à se battre, le roi d'Angleterre, Jean sans Terre, monte une vaste coalition réunissant le comte de Flandre, le comte de Boulogne et l'empereur Otton IV. Les troupes s'affrontent à Bouvines, le 27 juillet 1214, dans une bataille qui se révélera l'une des plus décisives de l'histoire de France. La victoire française conduit Jean sans Peur à cesser les hostilités et à regagner l'Angleterre. Il ne restera en France aux Plantagenêts que la Guyenne. Le roi agrandit également son royaume en direction de l'Auvergne et du Languedoc. Cette dernière région, en proie à l'hérésie cathare, est bientôt la cible de la « croisade contre les Albigeois », demandée par le pape Innocent III et lancée en 1209. Le roi n'y participe pas lui-même : homme du Nord, il laisse le soin aux chefs militaires d'agir dans le Sud. De nombreux barons du Nord se croisent sous la conduite de Simon de Montfort. En 1213, c'est la victoire : le comté de Toulouse passe aux mains des hommes du roi, qui y implantent les coutumes d'Ile-de-France. Montfort fait hommage de son nouveau fief à Philippe Auguste.

Paris, capitale du royaume

Sous le règne de Philippe Auguste, Paris devient véritablement la capitale politique et le centre administratif du royaume : alors que jusque-là chaque roi transportait ses archives avec lui – Philippe Auguste en avait d'ailleurs perdu une partie dans la

Richard Cœur de Lion

Fils d'Henri II d'Angleterre et d'Aliénor d'Aquitaine, Richard est roi d'Angleterre, duc d'Aquitaine et de Normandie, comte de Poitiers, du Maine et d'Anjou. Parti en croisade contre Saladin aux côtés de Philippe Auguste en 1190, il entre ensuite en guerre contre le roi de France pour défendre les territoires dont il a hérité sur le sol français ; il fait construire en Normandie de nombreux châteaux. Blessé par une arbalète lors du siège du château de Châlus, il meurt de la gangrène et est enterré dans l'abbaye de Fontevrault. Son cœur repose dans la cathédrale de Rouen.

forêt de Fréteval, en 1194, lors d'affrontements qui l'opposaient à Richard Cœur de Lion –, elles sont désormais déposées au Trésor des chartes, dans le palais de la Cité, là où le Parlement et la Chambre des comptes nouvellement créés prennent peu à peu l'habitude de siéger. La ville de Paris est unifiée et délimitée par une enceinte, construite à partir de 1190, qui enserre environ 200 hectares ; les rues principales sont pavées ; le roi met en place un prévôt, qui rend la justice au Châtelet. Le pouvoir législatif du roi se développe : Philippe Auguste n'est plus simplement le seigneur de son domaine royal, il devient véritablement un roi souverain. En témoigne la multiplication des actes royaux – 2 500 au cours de ses 42 années de règne, là où on en recensait seulement 108 deux siècles plus tôt, sous Robert le Pieux, fils d'Hugues Capet ; ce sont pour beaucoup des ordonnances applicables à l'ensemble du royaume.

Le roi et la religion

L'Église a laissé de Philippe Auguste l'image peu flatteuse d'un roi bigame. En cause, la question de la répudiation de sa deuxième épouse, Ingeburge de Danemark, au lendemain des noces, et son enfermement dans un monastère, puis le remariage du roi avec Agnès de Méran, qui mourra en 1201. Le pape Innocent III tente de faire céder le roi et jette l'interdit sur le royaume en 1200 : les églises sont fermées, les sacrements n'ont plus cours, sauf le baptême et le viatique, l'enterrement ne peut plus se faire en terre bénie. Le roi finit par rappeler Ingeburge, mais il ne la réhabilitera qu'en 1213, tout en continuant à vivre en concubinage avec une femme uniquement connue sous le surnom de « demoiselle d'Arras ». En dehors de cette affaire, Philippe Auguste manifeste un sens aigu de son devoir religieux : il lui appartient de mener son peuple au salut. Il part donc en croisade en 1190 avec Richard Cœur de Lion – il en reviendra plus tôt que prévu, à la suite d'une maladie contractée en Terre sainte –, distribue les aumônes et crée la charge d'aumônier, qui centralise la distribution de dons aux établissements de charité. En cela, il est le précurseur de saint Louis.

Château-Gaillard

Entre 1196 et 1198, Richard Cœur de Lion décide de fortifier le château de la roche d'Andelys, dominant la vallée de la Seine : avec son donjon rond de 20 m de circonférence, ses murs de 5 m d'épaisseur et sa triple enceinte, le château, appelé désormais « Château-Gaillard », tire sa force de sa masse, à l'instar du krak des Chevaliers, construit en Terre sainte (dans l'actuelle Syrie), et dont Richard a pu s'inspirer. Il faudra à Philippe Auguste six mois de siège, et finalement une offensive décisive, pour prendre Château-Gaillard, verrou essentiel vers la Normandie qui se brise en 1204.

Philippe le Bel, roi des Francs et roi de France (1268-1314)

Philippe le Bel, petit-fils de Saint Louis, fait partie des derniers Capétiens en ligne directe : pendant plus de trois siècles, depuis Hugues Capet, la couronne s'est transmise de père en fils, sans qu'aucun problème de succession ne surgisse – c'est ce qu'on a appelé le « miracle capétien ». L'hérédité du pouvoir est assez ancrée dans les mœurs pour qu'il ne soit plus nécessaire, depuis Philippe Auguste, d'associer le fils au trône avant la mort du père. Le premier problème de succession se posera à la mort, sans descendance, du troisième fils de Philippe le Bel, Charles IV. Les prétentions à la couronne d'Édouard III, roi d'Angleterre et duc de Guyenne, conduiront à la guerre de Cent Ans.

« *Ce n'est ni un homme, ni une bête, c'est une statue* », disait un de ses adversaires, Bernard Saisset. Le pape Boniface VIII le traite de « faux-monnayeur ». Pour les autres, l'image qui revient de façon récurrente est celle d'un roi dominé par des conseillers diaboliques. Si Philippe le Bel est passé à la postérité sous une image très négative, les polémiques ont commencé de son vivant même. Son règne est en réalité un temps fort de la construction de l'État : soucieux de gouverner l'ensemble du royaume et non pas seulement le domaine royal, il lance des réformes successives. Il s'entoure de « légistes », spécialistes du droit – au premier rang desquels Guillaume de Nogaret –, qui sont pour la plupart de noblesse ancienne ou récente, et non des bourgeois, qui pourraient s'opposer à la noblesse. Il fait appel également à des princes et à des banquiers. Avec le sentiment profond d'être un élu de Dieu, qui doit mener son peuple au salut, il se voit comme la tête du corps mystique qu'est à ses yeux le royaume de France. D'une grande piété, Philippe le Bel fait aboutir le procès de canonisation de son grand-père Louis IX. Son mysticisme s'accroît encore après la mort de la reine, en 1305.

Le problème financier

Tout au long du règne se pose la question des finances du royaume. Les revenus ordinaires, tirés du domaine royal, se révèlent insuffisants, d'autant que le nombre d'officiers royaux augmente et que Philippe le Bel rompt avec la politique pacificatrice de Saint Louis pour mener des guerres contre ses vassaux en Guyenne et en Flandre. En 1302, Philippe le Bel subit une cuisante défaite à Courtrai : peu soucieuses des règles du combat chevaleresque, les milices urbaines flamandes achèvent au couteau la fine fleur de la chevalerie française, au cours de la bataille dite « des Éperons d'or ». Pour financer la guerre, le roi a recours aux mutations monétaires. Les dévaluations – qui entraînent l'inflation – alternent avec des retours à la « bonne monnaie », donnant l'impression d'un désordre monétaire qui fait regretter le « bon temps du roi Saint Louis ». En 1314, Philippe le Bel organisera la première grande réunion des trois états du royaume – clercs, nobles et représentants de certaines villes – pour qu'ils consentent à une levée extraordinaire d'impôts ; c'est l'origine des États généraux. Le roi a besoin du consentement du pays, sans lequel il serait considéré comme un tyran.

La querelle avec le pape Boniface VIII

Le règne de Philippe le Bel est par ailleurs marqué par un conflit très net avec la papauté, qui défend la prépondérance du pouvoir spirituel et une forte centralisation appuyée sur les impôts

Guillaume de Nogaret

Juriste, professeur de droit à l'université de Montpellier, Guillaume de Nogaret entre au service du roi Philippe le Bel en 1295 en tant qu'enquêteur en Champagne et dans les provinces de l'est du royaume, avant de devenir principal conseiller du roi et garde du Sceau en 1307 – fonction qui remplace celle de chancelier. Soucieux de renforcer les droits du roi au sein du royaume, y compris contre le pape Boniface VIII, qu'il considère comme indigne, Guillaume de Nogaret est mêlé à l'attentat contre la personne du pape à Anagni, le 7 septembre 1303. Il sera excommunié.

pontificaux – les décimes, d'abord levées pour la croisade puis devenues permanentes. Le premier conflit éclate en 1294, quand le roi demande au clergé le renouvellement des décimes, mais à son profit. Les Cisterciens en réfèrent alors à Boniface VIII, qui oppose son refus et brandit la menace de l'excommunication. La réplique du roi de France ne se fait pas attendre : il interdit les sorties d'or et d'argent de son royaume, rendant de fait impraticable la fiscalité pontificale. Quelques années plus tard, un deuxième conflit affecte cette fois la justice : le pape estime que l'évêque de Pamiers, arrêté par les officiers royaux, relève de la juridiction de l'Église. Philippe le Bel porte l'affaire devant l'opinion et réunit une assemblée de notables, de clercs et de bourgeois. Alors qu'une bulle papale affirme la supériorité du pouvoir du pape et que Philippe le Bel est excommunié, Guillaume de Nogaret, conseiller de Philippe, va jusqu'à porter la main sur le pape à Anagni, le 7 septembre 1303.

Le procès des Templiers

À travers ces deux conflits, le roi de France s'affirme comme le maître de la justice et des finances de son royaume, ainsi que du clergé de France. Il est soutenu par une partie des évêques : ce sont là les premières manifestations d'un courant favorable aux libertés du clergé de France, le gallicanisme. Le procès des Templiers s'inscrit également dans la continuité du conflit avec le pape. L'ordre du Temple, comme les autres ordres militaires, a perdu une part de son prestige depuis la chute de Saint-Jean-d'Acre, en Terre sainte, en 1291. Très impopulaires du fait de leur enrichissement colossal, les Templiers sont accusés, par la population, d'être idolâtres, hérétiques, grands buveurs. À Paris, le Temple est devenu un établissement public de crédit. Le pape veut réformer les Templiers, peut-être faire fusionner les différents ordres militaires. Il s'agit donc pour le roi de le prendre de vitesse. Le 13 octobre 1307, les Templiers sont arrêtés. Le procès, qui vise à la purification du royaume souillé par leurs crimes, aboutit à la condamnation des Templiers en 1312. Le grand maître Jacques de Molay est brûlé comme relaps pour avoir finalement déclaré que l'ordre était pur.

L'ordre du Temple

L'ordre du Temple, ordre militaire créé pour assurer la protection des pèlerins en Terre sainte, est né au début du XIIe siècle. Son procès, deux siècles plus tard, pose question. Philippe le Bel était-il poussé par des raisons financières ? Pendant le procès, les commanderies templières n'ont pas été confisquées mais simplement gérées au profit du roi, et finalement transférées aux Hospitaliers à condition qu'ils se réforment – ils deviendront l'ordre de Malte. Ce procès s'inscrit plus probablement dans la politique générale de réforme religieuse et de réforme des mœurs menée par Philippe le Bel.

La guerre de Cent Ans, deux rois pour un trône (1337-1453)

La guerre de Cent Ans, qui oppose de 1337 à 1453 le royaume d'Angleterre et celui de France, n'a pas, comme on le croit trop souvent, des origines exclusivement dynastiques. Elle est aussi le fait de luttes territoriales, commerciales et politiques complexes. En 1066, lorsqu'il s'empare du trône d'Angleterre, Guillaume le Bâtard, duc de Normandie, plus connu sous le surnom de « Guillaume le Conquérant », se trouve dans une situation qui résume la complexité et les limites du système féodal : en tant que duc de Normandie, le nouveau roi d'Angleterre est également vassal du roi de France. Les rois d'Angleterre s'acquittent de plus ou moins bonne grâce de l'hommage qu'ils doivent à leur rival.

En 1152, quand Henri Plantagenêt, duc d'Anjou, épouse Aliénor d'Aquitaine, dont le mariage avec le roi de France vient d'être annulé, cette dernière lui apporte des territoires considérables. Ce vassal du roi de France règne désormais sur l'Anjou, le Maine, mais également le Poitou, la Normandie et l'Aquitaine. Et quand, par le biais d'une succession complexe, Henri monte sur le trône d'Angleterre en 1154, la situation devient problématique : ce vassal du roi de France, devenu roi d'Angleterre, règne sur plus de terres françaises que son suzerain ! Durant les 100 années qui suivent, de nombreux conflits opposent les descendants d'Henri Plantagenêt aux rois de France, rééquilibrant quelque peu la situation en faveur des Français. La donne change en 1328 avec la mort du dernier fils de Philippe le Bel, qui disparaît sans laisser d'héritier mâle vivant, comme ses deux frères avant lui. Le « miracle capétien », qui avait vu les rois se succéder sans interruption dynastique depuis le Xe siècle, prend fin. C'est Philippe de Valois, cousin des trois derniers rois défunts, qui monte sur le trône en 1328, sans déclencher la moindre protestation de la part du souverain anglais, Édouard III.

La tension monte

En 1337, un conflit oppose Philippe VI de France à Édouard III au sujet de la question écossaise, mais surtout de luttes politiques en Flandre, riche province dont les Anglais dépendent, car ses industries textiles florissantes servent de débouché à la laine anglaise, une matière première que l'on a présentée comme le « pétrole du Moyen Âge ». Philippe VI prononce la confiscation du duché de Guyenne, dont le roi d'Angleterre est le suzerain, pour félonie. La méthode est habituelle ; les rois de France y recourent depuis deux siècles. Mais, cette fois, Édouard III se rebelle et fait connaître ses prétentions au trône de France.

Sa mère, Isabelle, est la fille de Philippe le Bel, sœur des trois derniers rois capétiens. Édouard fait valoir que la couronne de France devrait lui revenir, en tant que seul héritier mâle direct. L'argument est avancé près de 10 ans après la succession. Mais il permet à Édouard de décréter qu'il ne tolère plus que, au prétexte des lois féodales, le roi de France saisisse ses biens au moindre conflit entre leurs deux royaumes. Exaspéré par l'attitude profrançaise du comte de Flandre, Édouard prononce un embargo de sa laine vers cette région.

Débuts calamiteux pour le roi de France

Les bourgeois flamands, craignant la ruine, se soulèvent et poussent Édouard à se proclamer roi de France. C'est chose faite en 1340 ; la guerre peut commencer. Elle débute mal pour les Français. Vaincus sur mer à la bataille de L'Écluse (24 juin 1340),

Le mythe de Jeanne d'Arc

Un mythe, Jeanne d'Arc le fut de son vivant, et le parcours singulier de la « Pucelle d'Orléans » n'a cessé de fasciner et de donner naissance à des légendes farfelues, comme celle de son appartenance à la famille royale. Jeanne ne commanda jamais les armées du roi mais fut placée à leur tête, leur servant en quelque sorte d'étendard. Son mysticisme communicatif joua un rôle déterminant à Orléans comme dans le sacre et redonna espoir aux partisans de Charles VII. La reconquête du royaume étant bien engagée, le roi ne fit rien pour sauver du bûcher la Pucelle, devenue gênante.

ils sont ensuite écrasés à la bataille de Crécy (26 août 1346) par la petite armée du roi d'Angleterre, dont les archers massacrent la fine fleur de la chevalerie française. Les Anglais s'emparent ensuite de Calais. Une trêve s'ensuit. La guerre reprend en 1356. Jean II le Bon, nouveau roi de France, se querelle alors avec le roi de Navarre, Charles le Mauvais, allié des Anglais, qui décident de tirer parti de ce conflit pour reprendre l'offensive. Le Prince Noir, fils d'Édouard III, fait campagne depuis la Guyenne et pille tout sur son passage. Le 19 septembre 1356, l'armée du roi de France lui fait face à Poitiers. Le désastre est encore plus grand qu'à Crécy, car le roi de France est fait prisonnier. Son fils, le futur Charles V, doit faire face à la montée en puissance d'une opposition menée au sein des États généraux par Étienne Marcel. Charles parvient à en triompher en 1358, mais le roi son père demeure prisonnier.

Le redressement français

En 1360, le traité de Brétigny met un terme momentané à la guerre. Le Sud-Ouest de la France reste aux Anglais, et le roi de France est libéré contre le versement d'une rançon colossale : 3 millions d'écus. La mort de Jean II, en 1364, voit l'avènement de Charles V, qui réorganise le royaume en profondeur. Il confie le commandement de ses armées à Bertrand du Guesclin, qui écrase les Navarrais à Cocherel en 1364 et mène à partir de 1369 contre les Anglais une guerre de coups de main, refusant systématiquement la bataille. En 1380, à la mort de Charles V, les possessions anglaises se sont réduites comme peau de chagrin. La folie du roi Charles VI a des conséquences catastrophiques pour la France. Son armée est écrasée à Azincourt en 1415. Charles VI signe, en 1420, le « honteux traité de Troyes », qui désigne Henri V d'Angleterre comme son successeur et déshérite son propre fils, le futur Charles VII. Ce dernier ne l'entend pas de cette oreille, et la mort d'Henri V, en 1422, lui redonne espoir. L'irruption de Jeanne d'Arc, qui prend la tête de ses armées, lève le siège d'Orléans en mai 1429 et le fait sacrer à Reims en juillet, renverse pour de bon la situation.

La fable de la loi salique

La loi salique, fixée par les Francs saliens, dont Clovis fut le roi, est évoquée pour expliquer le refus des Français d'abandonner la couronne à Édouard III, car elle excluait les femmes de la succession royale. Il s'agit d'une pure fraude. Aucun juriste ne la mentionne au début de l'affaire. En Angleterre, on insiste sur le fait qu'Isabelle de France, bien que femme, peut transmettre ses droits à son fils. On répond, en France, qu'une femme ne peut transmettre un droit dont elle ne dispose pas. La loi salique est donc mentionnée a posteriori pour donner raison aux rois de France.

Crécy, le massacre de la chevalerie française (juillet 1346)

C'est en 1340 que le roi d'Angleterre Édouard III s'est officiellement proclamé roi de France. Peu de temps après, la victoire anglaise de L'Écluse lui a permis d'anéantir la flotte française. Il peut désormais aller et venir de part et d'autre de la Manche sans être inquiété. Au début du mois de juillet 1346, Édouard III rassemble une armée de 10 000 hommes dans le sud de l'Angleterre et embarque à Portsmouth, qu'il quitte le 11 juillet. Les intentions du roi d'Angleterre ne sont pas très définies. Il souhaite, au départ, se rendre en Guyenne et faire campagne depuis son fief aquitain, mais il se ravise et opte pour Saint-Vaast-la-Hougue, dans le Cotentin, où il débarque le 12 juillet.

Sitôt son armée rassemblée en France, Édouard marche en direction de Rouen, pillant et saccageant tout sur son passage. Son objectif est double : remplir les caisses de son État et semer la panique chez les sujets du roi de France en leur montrant que leur souverain est incapable de les protéger. Arrivé à Rouen, il entend pousser vers la Flandre pour tendre la main à ses soutiens dans la région. Mais il lui faut pour cela franchir la Seine et la Somme. Sur la Seine, le roi de France a fait couper la majorité des ponts. Édouard, qui ne dispose plus que de 9 000 hommes, car il a laissé des garnisons derrière lui, est contraint de se rapprocher de Paris et de passer la Seine à Poissy avant de remonter vers le comté de Ponthieu, franchissant la Somme à Blanquetaque le 24 août 1346. L'armée anglaise est depuis longtemps suivie à la trace par l'armée française, que le roi de France Philippe VI a levée sitôt le débarquement des Anglais connu. L'ost français est puissant : environ 30 000 hommes, dont plus de 6 000 arbalétriers génois, de nombreux soldats des milices communales et sans doute plus de 10 000 cavaliers, chevaliers et écuyers.

Le roi d'Angleterre déploie son armée

Se sachant poursuivi, Édouard III décide de livrer bataille. L'armée anglaise compte, pour l'essentiel, sur un fort contingent d'excellents archers, équipés de l'arc long, défendus au corps à corps par des chevaliers qui combattent pour la plupart à pied. Édouard déploie son armée en trois divisions et s'est installé entre les villages de Crécy et de Wadicourt. À gauche du dispositif se trouve la division de son fils, le prince de Galles, futur Prince Noir. À droite se positionne la seconde division, commandée par les comtes d'Arundel et de Northampton. La division du roi est en réserve, avec l'essentiel de la cavalerie. L'armée anglaise est disposée au sommet d'une pente fortement inclinée et surtout très longue. Les hommes d'armes à pied sont intercalés avec des archers, qui se sont protégés en plantant des épieux dans le sol. Les deux extrémités de la première ligne anglaise, qui s'appuient sur Crécy et Wadicourt, sont inclinées à 45° par rapport à la ligne, ce qui leur permet de concentrer les tirs sur un éventuel assaillant. Et, le 26 août au matin, cet assaillant connaît la position des Anglais. L'armée du roi de France, très étirée, poursuit sa marche vers Crécy.

Confusion dans le camp français

La suite des événements est confuse. Philippe VI est-il totalement dépassé par sa fougueuse noblesse, impatiente de montrer sa valeur et d'écraser ces misérables Anglais ? Est-ce lui qui, au contraire, ordonne l'assaut ? Les témoignages sont

L'arc long anglais

Pays pauvre, l'Angleterre n'a pas les moyens, comme la France, de posséder une chevalerie nombreuse. L'armée anglaise s'appuie donc sur une paysannerie formée à l'usage de l'arc long. Cet arc en if peut mesurer jusqu'à 2 m. L'arc long a une cadence de tir supérieure à celle de l'arbalète et une puissance de pénétration extraordinaire. Les archers se réunissent plusieurs fois par an pour s'entraîner à son maniement, ce qui leur permet de s'exercer au tir en salves, car le volume de flèches tirées a, en plus de son pouvoir de destruction, un grand effet moral sur l'ennemi.

contradictoires. Toujours est-il que, vers 16 heures, l'armée française engage son avant-garde, composée d'arbalétriers génois. La position des Anglais est considérée comme forte, mais les replis du terrain tendent à faire croire aux Français que les soldats ennemis sont bien moins nombreux qu'ils ne le sont, la division de réserve étant masquée à leur vue. C'est alors qu'un violent orage se déclenche, qui ralentit encore la marche des Français. Les arbalétriers génois, bien entraînés, sont équipés d'une arme excellente, mais dont la cadence de tir est inférieure à celle des archers anglais. Pour pallier ce handicap, ils transportent un pavois, sorte de grand bouclier derrière lequel ils s'abritent pour recharger leur arme. Manque de temps ou mauvaise organisation ? Les pavois sont restés dans les bagages, et, très rapidement, les archers anglais taillent en pièces les Génois, qui ne parviennent pas à avancer.

Le massacre de la chevalerie française

Voilà qui a le don d'irriter les chevaliers français, qui décident donc de charger, alors qu'une partie de l'armée n'est pas encore arrivée. Le roi Philippe VI est-il à l'origine de cet acte inconsidéré ? On a dit qu'il aurait lancé l'attaque en disant : *« Qui m'aime me suive ».* D'autres pensent qu'il est incapable de faire preuve d'autorité. Quoi qu'il en soit, cette masse de cavaliers se trouve tout d'abord empêtrée dans la ligne formée par les Génois, qui ne se replient pas assez vite à leurs yeux, et que les chevaliers français tentent d'écarter par la force. Les arbalétriers ne se laissent pas faire, et la confusion la plus totale s'étale donc devant les Anglais, qui continuent de cribler de flèches leurs adversaires. Au lieu d'attaquer de manière coordonnée et de faire ainsi jouer leur masse, les chevaliers français chargent dans le plus grand désordre et se font littéralement massacrer avant même d'atteindre les lignes anglaises. Les rares héros qui y parviennent sont aussitôt désarçonnés et faits prisonniers, quand ils ne sont pas tués. Plus d'une dizaine d'attaques sont ainsi menées durant près de quatre heures, sans infliger de pertes notables à l'ennemi.

La mort de Jean de Luxembourg

Le roi Jean de Luxembourg, roi de Bohême, allié de la couronne de France, participe à la bataille de Crécy. Devenu aveugle en 1340 par suite d'une intervention chirurgicale ratée, il souhaite combattre, accompagné par deux écuyers, qui lui indiquent où il doit diriger ses coups. Il meurt devant les lignes d'archers du prince de Galles. Sa coiffe, en plumes d'autruche, devient par la suite le symbole du Prince Noir, qui fait également de la devise du roi de Bohême, *« Ich Dien »* (« je sers ») sa devise. Ces deux emblèmes sont demeurés ceux des héritiers du trône d'Angleterre jusqu'à ce jour.

Charles VII, roi de la guerre de Cent Ans (1403-1461)

C'est sous le règne de Charles VII que se termine de fait la guerre de Cent Ans. Le conflit – opposant la France et l'Angleterre depuis 1337 et en réalité entrecoupé de nombreuses trêves – s'inscrit dans la longue rivalité qui existe entre Capétiens et Plantagenêts depuis le XIIe siècle. Ce qui est au départ un conflit féodal – le roi d'Angleterre est le vassal du roi de France pour la Guyenne – évolue rapidement vers un conflit dynastique : les Plantagenêts essaient de faire valoir leurs prétentions à la couronne de France. Charles VII parvient finalement à « bouter » les Anglais hors du pays. L'intervention de Jeanne d'Arc constitue l'un des épisodes bien connus du règne de Charles VII.

C'est en 1422, à la mort de Charles VI, que le dauphin Charles prend le titre de roi de France. Mais il joue un rôle important avant cette date, du fait de la folie de son père, qui le rend peu à peu incapable de gouverner, de la situation de guerre civile qui règne dans le pays et de la guerre qui a repris avec l'Angleterre. Il est devenu Dauphin en 1417, à l'âge de 14 ans, après la mort de ses frères aînés. Le pays est alors déchiré entre Bourguignons et Armagnacs, deux partis politiques aux intérêts opposés : d'un côté, les partisans du duc de Bourgogne, Jean sans Peur, qui a une forte influence au gouvernement, de l'autre, ceux du feu frère du roi, Louis, duc d'Orléans. En 1407, Jean sans Peur a fait assassiner le duc d'Orléans, poussant Bernard VII d'Armagnac et ses amis à décider de le venger. Jean sans Peur se rend maître de la ville de Paris en 1418 ; pendant un mois, la ville est le théâtre du massacre des Armagnacs. Alors que la reine Isabeau de Bavière a rallié le camp bourguignon et tenté d'installer un gouvernement à Troyes, le dauphin Charles, lui, réussit à s'échapper de Paris, prend le titre de régent et se réfugie à Bourges, entouré d'hommes du parti Armagnac.

La lutte du « soi-disant Dauphin »

La rencontre de conciliation entre le dauphin Charles et Jean sans Peur, prévue sur le pont de Montereau, en 1419, tourne finalement à l'assassinat du duc de Bourgogne et ouvre un nouveau cycle de vengeances mutuelles impliquant les Anglais, alliés des Bourguignons. En 1420, le traité de Troyes est signé par la reine avec les Anglais : Charles est déshérité *« en raison de ses énormes crimes et délits »* et devient le « soi-disant Dauphin ». Le traité prévoit aussi le mariage du roi d'Angleterre Henri V avec la fille de Charles VI ; il devient ainsi l'héritier de la couronne de

France. S'engage alors une lutte violente à coups de libelles : pour les partisans du Dauphin, la Couronne est inaliénable, seul le sang transmis par les mâles assure la légitimité du pouvoir royal, et le Dauphin, avant même d'être roi, possède un pouvoir de « chef ». En face, Anglais et Bourguignons prétendent que Charles est un bâtard. Charles VI et Henri V meurent en 1422. Le fils d'Henri V, âgé de neuf mois, est proclamé roi de France et d'Angleterre, sous la régence du duc de Bedford. Aux yeux de ses ennemis, Charles VII n'est donc que le chef d'une faction rebelle qui usurpe son titre de roi !

La reconquête du « roi de Bourges »

La France est alors divisée en trois : d'un côté la France lancastrienne, appuyée sur le duché de Normandie et sur Rouen ; la France anglo-bourguignonne – Flandre, Artois, Charolais,

Jeanne d'Arc

Fille de laboureurs aisés, Jeanne est née dans le village de Domrémy, en Lorraine. En 1425, elle entend pour la première fois les voix de sainte Catherine, sainte Marguerite et saint Michel, lui commandant de rejoindre Charles VII pour « bouter » les Anglais hors du royaume. Condamnée au bûcher en 1431, avant qu'un procès en nullité soit ouvert en 1455 à la demande de sa mère, Jeanne d'Arc suscite les polémiques dès le XVe siècle. C'est au milieu du XIXe siècle qu'elle devient une héroïne nationale. Déclarée sainte et patronne de la France en 1920, son histoire est aujourd'hui controversée.

Mâconnais et Paris –, aux mains du duc de Bourgogne, Philippe le Bon ; enfin, le sud et l'est de la France, aux mains de Charles VII, le « roi de Bourges », comme l'appellent ses adversaires. Alors que la situation semble bloquée, le duc de Bedford décide, en 1428, d'en finir avec Charles VII et de prendre Orléans pour ouvrir un passage vers le Berry. Le roi reçoit l'aide de Jeanne d'Arc, dont l'intervention permet la levée du siège par les Anglais. Charles VII se rend ensuite à Reims, où il se fait sacrer le 17 juillet 1429. Après avoir échoué à reprendre Paris, il décide, à court d'argent et d'armes, de se replier sur Bourges, alors que Jeanne continue l'offensive. Faite prisonnière le 23 mai 1430, elle est vendue, pour 10 000 écus, aux Anglais, qui la livrent à l'évêque de Beauvais, Pierre Cauchon, alors replié à Rouen. Jugée par l'Église pour hérésie puis par les Anglais, elle est conduite au bûcher le 30 mai 1431. Charles VII n'a rien tenté pour la sauver.

La victoire sur les Anglais

La multiplication des complots en faveur de Charles VII, à Paris et en Normandie, conduit à des pourparlers franco-bourguignons, puis à la paix d'Arras, en 1435, par laquelle Charles VII s'engage à punir les coupables du meurtre de Jean sans Peur. L'année suivante, Paris se rend sans combat, et le roi y fait une entrée triomphale. L'unité du royaume est ainsi reconstituée. Il faut cependant attendre 1449 pour que le roi entame la reconquête de la Normandie, effective en moins d'un an. Celle de la Guyenne, région davantage liée aux Anglais, notamment par le commerce du vin, sera plus difficile ; Bordeaux capitule finalement en 1453, et la Guyenne est rattachée au royaume. À partir des années 1440, le pouvoir de Charles VII est enfin consolidé, après des années de luttes acharnées. Il n'est plus seulement le porte-parole d'un parti politique dominant, mais le roi de tout le royaume. Il met en place un pouvoir fort, appuyé sur deux instruments essentiels : un impôt permanent, notamment la taille, levée d'office, et une armée permanente, créée par l'ordonnance de 1445. Un pouvoir fort qui remet en cause l'image, esquissée par les premières années de son règne, d'un roi indécis.

Le siège d'Orléans

En 1428, les Anglais contrôlent la moitié nord de la France, face à une moitié sud restée fidèle au dauphin Charles. Orléans apparaît comme un verrou sur la Loire, qu'il s'agit de faire sauter. Thomas de Salisbury met donc le siège devant la ville en octobre 1428. Au printemps, la situation semble désespérée. Jeanne d'Arc rencontre alors Charles à Chinon et lui fait part des quatre prédictions qui lui ont été révélées par ses « voix ». Le 29 avril 1429, Jeanne pénètre dans Orléans. Après dix jours de combat, les Anglais lèvent le siège, conformément à la première prédiction.

François Ier, prince de la Renaissance (1494-1547)

François Ier, de la branche des Valois, monté sur le trône en 1515, symbolise la période de la Renaissance : héritier des traditions chevaleresques, il méprise l'arquebuse, cette arme à feu lourde apparue vers 1450, parce qu'elle ne permet pas aux chevaliers de s'illustrer. Amoureux des arts et des lettres, il s'entoure d'artistes italiens, notamment Leonard de Vinci, qui s'installe dans le val de Loire, près d'Amboise, dès 1516. Le roi de France mène par ailleurs de nombreuses guerres en Italie, sans réussir pour autant à s'y implanter durablement, et lutte contre l'empereur Charles Quint. La nécessité de financer ces nombreux conflits conduit au renforcement du pouvoir royal.

François d'Angoulême n'était pas destiné à la Couronne. La mort sans héritier mâle vivant de Charles VIII puis celle de son oncle Louis XII le conduisent au trône. Il a alors 20 ans. Élevé par sa mère, Louise de Savoie – qui jouera toujours auprès de son fils un rôle prééminent, notamment dans les affaires étrangères –, François a acquis, à la cour de Louis XII, le goût des lettres et des arts et a découvert les chefs-d'œuvre italiens. Avec sa forte carrure et sa haute taille, cet habile cavalier, soldat courageux, amateur de peinture, de musique et d'architecture, mais aussi grand séducteur, incarne parfaitement le prince de la Renaissance. Marchant dans les pas de ses prédécesseurs, François Ier se lance dans l'aventure italienne : les États italiens, divisés et en conflit les uns contre les autres, semblent des proies faciles. Dès la première année de son règne, il fait appel à des lansquenets allemands, laisse la régence du royaume à sa mère et se rue sur Milan. Face aux troupes du pape, du duc de Milan, de l'empereur et du roi d'Aragon, François Ier remporte la bataille de Marignan en septembre 1515. À l'issue des combats, le roi est fait chevalier par le seigneur de Bayard.

La rivalité avec Charles Quint

Le règne de François Ier est marqué par de nombreuses guerres avec Charles Quint, alternant avec des périodes de paix. François Ier a entretenu un temps l'espoir de devenir empereur. Mais c'est finalement Charles, roi des Espagnes, qui est élu en juin 1519, sous le nom de « Charles Quint ». Il règne sur de nombreux territoires – les Pays-Bas mais aussi la Franche-Comté, l'Autriche et Naples – et rêve de reconstituer l'héritage bourguignon de son arrière-grand-père Charles le Téméraire. Inquiètes de cette nouvelle puissance, la France et l'Angleterre cherchent alors à se rapprocher pour pouvoir lui faire face : ce sera la rencontre du « Camp du Drap d'or », non loin de Calais – succession de fêtes, de tournois et de festins qui ne déboucheront finalement sur aucun engagement précis. Les tensions croissantes avec l'empereur conduisent à la reprise de la guerre en Italie en 1523. Lors du siège de Pavie, en 1525, François Ier est fait prisonnier par le vice-roi de Naples. De Madrid, où il a demandé à être transporté pour pouvoir négocier directement avec l'empereur, il écrira à sa mère : *« De toutes choses ne m'est demeuré que l'honneur et la vie sauve. »*

L'alliance avec les Turcs

François Ier obtient finalement sa libération contre la promesse de céder la Bourgogne à Charles Quint – avant, une fois libéré, de décréter ses concessions nulles et non avenues. Pour effacer l'humiliation de la défaite, François Ier lance une autre guerre, déclarée à Charles Quint en 1528 et conclue rapidement par la

La trahison du connétable de Bourbon

Charles III de Bourbon, comte de Montpensier, est connétable de France, c'est-à-dire chef des armées du roi, de 1515 à 1521. À la mort de son épouse, Suzanne de Bourbon, Charles entre en conflit avec Louise de Savoie, mère du roi et petite-fille de Charles Ier de Bourbon, qui revendique l'héritage. En 1523, le connétable se rapproche alors de l'empereur et envisage une attaque contre la France. La conspiration découverte, Charles est contraint à la fuite, et ses biens – recouvrant tout le nord du Massif central – sont confisqués pour trahison.

« paix des Dames » : l'Empire turc apparaît alors comme la nouvelle puissance menaçante sur les marges du Saint Empire, et Charles Quint préfère avoir la paix du côté français. La Bourgogne n'est finalement pas cédée, et François Ier paie les 2 millions d'écus d'or demandés comme rançon pour libérer ses deux fils, qui avaient pris sa place en captivité. Inquiet quant à lui de la puissance impériale, François Ier conclut de son côté une alliance d'abord secrète, puis ouvertement déclarée avec le sultan Soliman le Magnifique. Cette alliance couvre François Ier d'opprobre aux yeux des Occidentaux : elle est contraire au principe selon lequel la chrétienté doit être unie contre l'infidèle ! En 1543, le corsaire Barberousse ira jusqu'à jeter l'ancre à Toulon, avec l'autorisation du roi, qui compte sur son soutien pour une prochaine guerre en Italie.

Le roi en son royaume

Sur le plan intérieur, François Ier renforce le pouvoir royal. Il établit, grâce au concordat signé à Bologne en 1516, la mainmise royale sur l'Église : s'ils reçoivent du pape l'institution canonique, les évêques, prieurs et abbés sont désormais nommés par le roi. Le fameux édit de Villers-Cotterêts – qui fait du français la langue officielle des documents juridiques – réforme aussi le système judiciaire : il s'agit de contrôler les nominations aux bénéfices ecclésiastiques, et notamment l'âge des candidats, ce qui impose la tenue de registres. Grâce au premier Code pénal forestier, François Ier interdit la chasse aux roturiers et la réserve aux gentilshommes. La chasse est en effet l'un des plaisirs favoris du roi, qui fait construire le château de Chambord pour s'y livrer à sa guise. François Ier fait par ailleurs transformer le château de Blois et le château de Fontainebleau, qui se dote de la « porte Dorée » et de la « galerie François Ier », décorée de stucs par l'artiste florentin Rosso, premier peintre du roi. Protecteur des arts et des lettres, le roi fonde le Collège royal, doté de quatre chaires, et où l'on enseigne les langues anciennes – l'ancêtre du Collège de France.

Le château de Chambord

Dans le val de Loire, très prisé aux XVe et XVIe siècles, y compris des financiers, qui font construire Azay-le-Rideau ou Chenonceau, François Ier aménage le château de Blois, résidence royale depuis Louis XII, et lance en 1519 la construction du château de Chambord. S'il suit un plan médiéval, avec ses quatre grosses tours rondes et son donjon central, Chambord tient nettement de la Renaissance, comme en témoigne son grand escalier double en spirale, ses terrasses et ses clochetons. François Ier aurait passé en tout et pour tout 36 jours dans ce château, avant tout destiné à ses parties de chasse.

Marignan, François Ier écrase les Suisses (septembre 1515)

Les guerres d'Italie débutent en 1494 sous le règne de Charles VIII et se poursuivent sous Louis XII et sous François Ier. L'Italie est, à l'époque, dans une situation paradoxale : à l'épanouissement matériel et spirituel répond une grande faiblesse des cadres politiques. Les rois français entendent en profiter pour y faire valoir leurs droits, dont ceux sur le Milanais, que Louis XII a hérités de sa grand-mère, Valentine Visconti, et que François Ier reprend à son compte. Guerres de droit et de succession, les guerres d'Italie s'expliquent avant tout par le désir des rois de France de desserrer l'étau de l'empire de Charles Quint.

C'est ainsi que, à la fin de l'été 1515, le roi de France François Ier fait campagne dans le nord de l'Italie pour tenter de mettre la main sur la ville et le duché de Milan. Il dispose pour cela d'alliés de poids, les Vénitiens, partenaires commerciaux de la France et qui verraient d'un bon œil l'abaissement de leur voisin milanais. Le duché de Milan peut quant à lui compter sur le soutien du pape et des Espagnols. À cette époque, les mercenaires constituent la majeure partie des troupes sur les champs de bataille ; les armées médiévales, composées de levées, ont fait leur temps. La plupart des soldats sont des professionnels, bien entraînés et pourvus d'un attirail de plus en plus fourni. La pique, qui peut parfois mesurer plus de 4 m de long, est une des reines des champs de bataille, secondée par la hallebarde, que manient généralement les soldats déployés sur les flancs des lourdes formations de piquiers. Ces dernières, malgré la puissance du choc frontal dont elles sont capables, sont en effet très fragiles sur leurs flancs. Les cavaliers lourds (les « gendarmes ») sont également redoutés, comme les pièces d'artillerie et les arquebusiers, de plus en plus nombreux.

Manœuvres dans le Milanais

Pour assurer sa défense, Milan compte, essentiellement, sur un imposant contingent de mercenaires suisses, équipés de la pique. Depuis qu'ils ont infligé des défaites cuisantes aux Bourguignons de Charles le Téméraire, les Suisses sont devenus la terreur de l'Europe, et de nombreuses nations recrutent des mercenaires eux aussi équipés de la pique, mais qui font difficilement jeu égal avec eux. Milan dispose de 22 000 piquiers suisses et d'un petit contingent de 200 cavaliers. François Ier dispose, quant à lui, de 20 000 piquiers, 10 000 arquebusiers, d'un petit train d'artillerie et de 2 500 cavaliers lourds. Début septembre, il quitte Novare, où il avait rassemblé ses forces, franchit sans difficulté le Tessin et, le 10 septembre, atteint Abbiategrasso. Il pourrait marcher droit sur Milan, mais il préfère effectuer un mouvement tournant en direction de Marignan. Son objectif est triple : il peut tendre la main à son allié vénitien, qui accourt vers lui avec près de 10 000 hommes. Il isole également la ville de Milan de celle de Plaisance, où stationnent les alliés des Milanais, Espagnols et troupes du pape. Il peut enfin contraindre les Milanais à tenter une sortie.

La bataille se prépare

Le 11 septembre, François Ier s'entretient avec le commandant vénitien, Bartolomeo d'Alviano. Il est convenu que le Vénitien demeurera en retrait et fera écran devant Plaisance, afin d'empêcher les alliés de rejoindre les Milanais. François déploie quant à

Les lansquenets

Le terme « lansquenet » vient de l'allemand *Landsknecht*, qui signifie « serviteur des plaines » – par opposition aux piquiers suisses, qui viennent des montagnes. Ils ont adopté les méthodes de combat suisses, avec la pique, les hallebardes pour protéger les flancs et parfois l'épée à deux mains pour rompre les formations ennemies. Lansquenets et piquiers suisses s'affronteront jusqu'à la fin du XVIe siècle, avec une très grande férocité : aucun des deux camps n'a l'habitude de faire des prisonniers dans celui d'en face, tant la haine est tenace entre ces deux corps de combattants d'élite.

lui son armée sur plusieurs lignes, sur la route de Marignan, ses arquebusiers en première ligne, derrière des parapets. En deuxième ligne, il déploie une partie de ses lansquenets allemands, le reste de l'armée se trouvant en troisième ligne. Chacune des lignes est pourvue d'artillerie. Les Suisses quittent Milan le 13 septembre vers midi et se mettent en marche vers les positions françaises. Ils débouchent dans la plaine vers 16 heures, cheminant en quatre formations déployées en échelons, de la droite vers la gauche. Ils avancent sous les balles et culbutent bien vite l'écran d'arquebusiers qui leur fait face. Les canons ont à peine le temps de tirer qu'il faut les replier pour qu'ils ne soient pas pris. Conformément à sa technique habituelle, la phalange suisse continue de pousser et heurte bientôt les lansquenets allemands déployés en deuxième ligne. Deux des quatre formations suisses sont à présent en première ligne.

Une victoire tardive

Elles taillent la deuxième ligne française en pièces mais sont ralenties par un écran de cavalerie. Il est presque minuit et la lune, pourtant pleine, est à présent voilée par des nuages. Les deux camps cessent le combat ; les Suisses sont persuadés d'avoir remporté une grande victoire. Mais, dans la nuit, François Ier réorganise sa troisième ligne, abondamment garnie d'artillerie et renforcée par les Vénitiens qui l'ont finalement rejoint, car les Espagnols ne font aucun mouvement. Les Suisses se réveillent en pensant que les Français ont décampé. Ils sont bientôt détrompés par les tirs de l'artillerie française. Les Suisses passent immédiatement à l'attaque et bousculent les lignes françaises, qui plient et commencent à se disloquer. C'est alors que la cavalerie vénitienne surgit et les prend à revers. Les Français et les mercenaires allemands en profitent pour se ressaisir. Ils contre-attaquent, tandis que leur cavalerie enveloppe l'armée suisse. Pour les Suisses, c'est le coup de grâce : ils se voyaient vainqueurs et, en quelques minutes, la situation se renverse. Leur moral s'effondre tandis que les mercenaires allemands se déchaînent et se livrent à un massacre affreux.

La paix perpétuelle

En novembre 1516, par le traité de Fribourg, François Ier et la Suisse signent la « paix perpétuelle » entre les Cantons suisses et le royaume de France. Les Suisses s'engagent à ce que leurs soldats ne puissent porter les armes contre la France. Si les Suisses ont été battus, c'est qu'ils opéraient sans soutien. Ils demeurent donc des guerriers redoutables que la France va continuer d'employer jusqu'à la Révolution française : ils seront même les derniers défenseurs de la famille royale lors des émeutes du 10 août 1792, pendant lesquelles les gardes suisses des Tuileries sont massacrés.

Henri IV, roi de France et de Navarre (1553-1610)

Henri IV est parent d'Henri III au 22e degré – leur ancêtre commun étant Saint Louis. Un lien qui semble bien fragile : si la loi salique est garante de l'accession au trône du roi de Navarre protestant, ses conseillers n'auront de cesse de célébrer le roi, par l'image et par l'écrit, pour établir sa légitimité et faire passer la notion d'État avant celle de religion. Henri III avait résisté à la désagrégation de son royaume ; Henri IV finira, quant à lui, par s'imposer par son courage, son habileté et son charisme. Après une première période de reconquête et de pacification de son royaume, Henri IV doit ensuite reconstruire le pays et assurer la continuité dynastique.

Sur son lit de mort, en août 1589, Henri III reconnaît Henri de Navarre comme son héritier, l'exhorte à se convertir au catholicisme et demande aux hommes présents de lui jurer fidélité. Si Henri IV hérite ainsi officiellement du trône, il va devoir se faire reconnaître comme roi. Alors âgé de 35 ans, Henri de Navarre a mené jusqu'ici une vie mouvementée. Ses premières années passées en Béarn ont été assez rustiques. Sa mère, Jeanne d'Albret, l'initie au protestantisme pour faire de lui le chef du parti protestant. Henri est très vite entraîné dans les guerres de Religion : c'est à l'occasion de la célébration de son mariage avec Marguerite de Valois, sœur de Charles IX et d'Henri III, qu'est déclenchée la Saint-Barthélemy, le 24 août 1572. Contraint quelques semaines plus tard de se convertir au catholicisme, Henri se lie aux « Malcontents », opposés au roi et dirigés par François d'Alençon. Le roi de Navarre établit sa cour à Nérac, avec son épouse Marguerite, et non en Béarn, où on lui reproche son manque de sincérité religieuse. Les nombreuses aventures féminines du « Vert Galant » conduiront finalement au départ de Marguerite, puis à la rupture définitive en 1588.

La négociation avec les catholiques

Au cours des différentes guerres de Religion du règne d'Henri III, Henri de Navarre a révélé ses qualités d'homme de guerre et de diplomate habile. Ses nombreuses chevauchées l'ont amené à bien connaître le royaume de France. Cette expérience lui servira quand, au lendemain de la mort d'Henri III, il doit rallier le royaume de France à sa cause. Première étape : la négociation avec les grands seigneurs catholiques. Le 4 août 1589, il s'engage à respecter la religion catholique, à se soumettre aux décisions d'un concile général et à réunir les États généraux dans un délai de six mois. S'il est reconnu à l'étranger par les souverains protestants d'Angleterre, des Provinces-Unies et d'Allemagne, ainsi que par la République de Venise, il doit lutter en France contre la Ligue, dirigée par le duc de Mayenne. Après un premier échec pour reprendre Paris, il s'installe dans les pays de la Loire, avant d'entreprendre à nouveau le siège de Paris en mai 1590. Mais il se heurte à une population fanatisée par le clergé et les ligueurs et au soutien des Espagnols. Après avoir longtemps tergiversé sur la question religieuse, Henri IV annonce son intention de se convertir au catholicisme en mai 1593.

La pacification religieuse

« *Paris vaut bien une messe* », aurait-il lancé. C'est le 25 juillet 1593 que, dans l'abbaye de Saint-Denis, il abjure le protestantisme. Il jure de vivre et de mourir dans la religion catholique et de renoncer à toutes les hérésies. Conséquence : de nombreuses

Sully

Le protestant Maximilien de Béthune, d'abord marquis de Rosny, puis duc de Sully, a été, auprès d'Henri IV, grand maître de l'artillerie puis surintendant des Finances et grand voyer – une charge nouvelle qui lui donne autorité sur toutes les voies de communication –, surintendant des Bâtiments et des Fortifications. Il est l'artisan de la politique de renforcement de l'État menée par Henri IV. Il s'éloigne de la Cour après l'assassinat de ce dernier et rédige ses Mémoires, où il donne a posteriori une cohérence parfaite à la politique territoriale du roi, qualifiée de « grand dessein ».

villes et provinces abandonnent la Ligue, suivant en cela Aix, dont le parlement ligueur est le premier à se rallier. Le 27 février 1594, Henri IV est sacré à Chartres, car Reims est encore aux mains des ligueurs. Il fait son entrée dans Paris, de nuit, le 22 mars 1594 ; il y est acclamé par la foule, à qui il a promis l'amnistie générale. Il faudra cependant attendre 1598 pour que la paix soit signée avec les Espagnols et que l'édit de Nantes mette fin aux guerres de Religion en accordant aux huguenots le droit de pratiquer leur culte. Les Français peuvent désormais choisir entre catholicisme et protestantisme. Après presque 40 ans de guerres de Religion, le pays, fatigué, ne souhaite plus qu'une chose : la paix. Cet édit de Nantes gagne à Henri IV l'indéfectible loyauté des protestants français. Sur le plan extérieur, le roi reste fidèle aux alliances avec les puissances protestantes.

La reconstruction du royaume

Une fois son pouvoir assuré, Henri IV doit reconstruire le royaume. Il charge Sully d'assainir les finances royales : l'instauration de nouveaux impôts permet de renouer avec l'excédent budgétaire. Avec le retour des Jésuites en France, en 1603, l'Église de France connaît un renouveau. Dans les campagnes, la paix permet la reconstruction. Le roi mène de grands travaux d'urbanisme – achèvement du Pont-Neuf commencé par Henri III, aménagement de la place des Vosges et de la place Dauphine –, fait creuser le canal de Briare entre Loire et Seine, envoie Champlain découvrir le Canada... En matière de politique étrangère, il obtient la Bresse, le Bugey, le Valromey et le pays de Gex – autant d'extensions qui donnent une nouvelle cohérence au royaume. Henri IV a eu par ailleurs le souci d'assurer une continuité entre sa dynastie et celle des Valois : après avoir fait annuler son mariage avec Marguerite, il épouse Marie de Médicis, qui lui donne en 1601 un

Dauphin – le futur Louis XIII. Henri IV, après avoir échappé à plusieurs tentatives d'assassinat – notamment le complot organisé par Biron en 1602 –, succombe finalement aux coups de Ravaillac, le 14 mai 1610, rue de la Ferronnerie, à Paris.

L'édit de Nantes

Signé en 1598, l'édit de Nantes est la reconnaissance des droits d'une minorité protestante dans un pays majoritairement catholique. Le culte protestant est autorisé dans certains lieux, précisément listés ; il est ainsi interdit à Paris, à la Cour et aux armées. Les protestants peuvent accéder aux charges publiques à égalité avec les catholiques, et ils obtiennent 144 places de sûreté. L'édit suscite l'indignation de la papauté et les réticences de l'Église de France. Il lie en revanche indéfectiblement les protestants à la personne d'Henri IV. L'édit reste en vigueur jusqu'en 1685.

Les guerres de religion (1534-1598)

Au XVIe siècle, le relâchement des mœurs du clergé catholique encourage l'émergence d'idées réformatrices. En France, elles sont portées par le théologien Jean Calvin, émule de Martin Luther, ce moine allemand excommunié par le pape Léon X en 1521 pour ses critiques acerbes envers une Église dépravée et vénale. La Réforme s'insinue, crée une émulation spirituelle et intellectuelle ; elle reçoit le soutien de personnalités du royaume de France, dont Marguerite d'Angoulême, la propre sœur du roi François Ier. Bientôt, la communauté protestante inclut bourgeois et grands nobles. Elle apparaît de plus en plus comme un État dans l'État. L'Église et le pouvoir royal répondent par la répression.

La querelle religieuse débute par un événement anodin, l'« affaire des Placards » : dans la nuit du 17 au 18 octobre 1534, des individus collent des affichettes (ou « placards ») dans les rues de Blois, Orléans et Paris. Comble de l'hérésie, une de ces affichettes est collée sur la porte de la chambre du roi François Ier. L'auteur, un certain Antoine Marcourt, déclare vouloir « *dénoncer les horribles, grands et [intolérables] abus de la messe papale* ». En 1536, Jean Calvin publie son *Institution de la religion chrétienne*. La réaction intervient en 1540 avec la signature de l'édit de Fontainebleau, qui donne au pouvoir la légitimité d'« *extirper du royaume les mauvaises erreurs* ». Les publications réformistes sont interdites. En 1545, les Vaudois, communauté dissidente du Lubéron, sont victimes d'une expédition punitive. Les soldats du roi égorgent les hommes ; femmes et enfants, réfugiés dans l'église de Cabrières, sont brûlés vifs. Ces réactions violentes n'empêchent pas la propagation des idées de la Réforme. En 1560, il y a 2 millions de protestants en France, soit 10 % de la population du royaume, essentiellement dans les villes et dans l'ensemble du Béarn et de l'Armagnac.

La noblesse française s'entre-déchire

Le conflit théologique prend de l'ampleur en 1560. Sous la régence de Catherine de Médicis, mère du jeune Charles IX, le pouvoir est partagé entre les chefs du parti catholique, François de Guise et Charles de Lorraine. En face, le parti protestant réunit des hommes puissants : les Coligny, Louis de Condé et Antoine de Bourbon, roi de Navarre. Le massacre de protestants à Wassy le 1er mars 1562 plonge le royaume dans la guerre civile jusqu'à l'édit d'Amboise du 19 mars 1563, qui autorise de manière encadrée la pratique du culte protestant. La rivalité entre le prince de Condé et Henri d'Anjou, futur Henri III, rallume la mèche en

1567. L'assèchement des finances de chaque camp conduit à la signature le 23 mars 1568 à Longjumeau d'une paix précaire. Quatre mois plus tard, l'armée royale entreprend de s'emparer des villes entre Charente et Dordogne, dont La Rochelle, important fief protestant. Louis de Condé trouve la mort à Jarnac en mars 1569 tandis qu'à Moncontour, près de Loudun, Henri d'Anjou remporte une brillante victoire sur les protestants. Coligny s'établit sur la route du Midi, poussant le jeune roi Charles IX à accepter une trêve, l'édit de Saint-Germain, le 8 août 1570.

Le massacre de la Saint-Barthélemy

En août 1572, Charles IX, Catherine de Médicis et l'amiral Coligny semblent s'accorder. Les chefs du parti protestant sont à Paris, où est célébré le mariage d'Henri de Navarre et de Marguerite de Valois, sœur du roi. L'union offre l'espoir d'une paix durable.

Les révoltes huguenotes du XVIIe siècle

En 1621, sous le règne de Louis XIII, la France orpheline d'Henri IV connaît une nouvelle vague de révoltes huguenotes. En cause : le non-respect des clauses de l'édit de Nantes par Marie de Médicis, mère du roi et fervente catholique. Le duc Henri II de Rohan prend les rênes de l'armée protestante. La ville de La Rochelle devient le symbole de la résistance ; assiégée par le cardinal de Richelieu pendant plus d'un an, elle tombe le 28 octobre 1628. La paix d'Alès, en 1629, maintient la liberté de culte mais ouvre la voie à la répression puis à la révocation définitive de l'édit de Nantes, en 1685.

Mais des différends ne tardent pas à réapparaître : Coligny souhaite une intervention contre l'Espagne en Flandres pour soutenir le soulèvement des protestants et se heurte au refus de Catherine de Médicis. Le 22 août, l'amiral est victime d'une tentative d'attentat, dont l'auteur présumé est un certain seigneur de Maurevert, homme de main de la reine. Celle-ci craint les représailles des protestants présents au cœur même de Paris. À l'aube du 24 août 1572, la purge commence. Elle va durer trois jours et se propager à toutes les villes de France. Une folie meurtrière s'empare des soldats, miliciens et bourgeois catholiques, convaincus d'agir au nom de la vraie foi. Le bilan est terrifiant : plus de 20 000 morts. À l'annonce de la nouvelle, le pape se réjouit. Henri de Navarre, en vertu de son mariage, est épargné. Il prononce son abjuration en septembre, un acte qui pourrait lui permettre un jour de devenir roi de France.

L'accession d'Henri IV au pouvoir

Pour l'heure, c'est Henri d'Anjou qui accède au trône sous le nom d'« Henri III ». Il approuve le 6 mai 1576 l'édit de Beaulieu, garantissant aux protestants la liberté de culte et des places de sûreté. Il indemnise les victimes de la Saint-Barthélemy, ce qui provoque l'ire des catholiques. Le royaume est secoué par une nouvelle guerre entre Henri de Guise, chef du parti catholique, Henri III, roi de France, et Henri de Navarre, chef du parti protestant. Le premier est tué par la garde royale en 1588. Henri III est assassiné en 1589. Le roi étant mort sans descendance, Henri de Navarre accède au trône sous le nom d'« Henri IV ». Pour pacifier son royaume, il doit réussir l'amalgame entre catholiques et protestants mais également mater la Ligue catholique, encore très active et soutenue militairement par l'Espagne. La prise d'Amiens par les troupes royales le 25 septembre 1597 met un terme à la guerre. La paix avec l'Espagne est convenue à Vervins le 2 mai 1598. La paix intérieure est quant à elle scellée par l'édit de Nantes, signé par Henri IV le 13 avril, qui accorde aux protestants la liberté de conscience, la liberté de culte (limitée) et l'égalité civile avec les catholiques.

Qu'est-ce que le protestantisme ?

La Réforme dénonce le « commerce des indulgences », pratique offrant aux fidèles la possibilité de monnayer la rémission de leurs péchés. Pour les protestants, le salut de l'âme ne peut être garanti que par la foi, dont la Bible est l'unique source. Par conséquent, l'autorité du pape est rejetée. Fidèles et pasteurs sont égaux devant Dieu ; ces derniers peuvent donc se marier. Seuls trois sacrements sont reconnus : le baptême, la pénitence et l'eucharistie. La présence du Christ dans l'eucharistie est déclarée spirituelle et non physique. Enfin, le culte de la Vierge et des saints est banni.

Louis XIII, deuxième roi Bourbon (1601-1643)

Le règne de Louis XIII, sacré quelques mois après la mort d'Henri IV, s'ouvre sur une régence confiée à la reine mère, Marie de Médicis. Celle-ci rompt avec la politique d'Henri IV, se rapproche de l'Espagne et favorise la cause catholique. Louis XIII assume timidement le pouvoir royal à partir de 1614, puis plus pleinement quand il en écarte sa mère, en 1617. Le règne reste ensuite indissociable du personnage de Richelieu, principal ministre à partir de 1629, en charge de la politique étrangère. C'est lui qui assume l'impopularité de toutes les mesures : les différentes révoltes qui surviennent ne sont pas dirigées contre Louis XIII, mais destinées à avertir le roi des abus commis en son nom.

Le 17 octobre 1610, Louis XIII est sacré à Reims : la monarchie renoue avec la tradition, après la célébration du sacre d'Henri IV à Chartres. Le roi n'a que neuf ans, et c'est la reine mère Marie de Médicis qui assure la régence. Celle-ci s'inscrit d'abord dans une continuité parfaite avec le règne d'Henri IV : Sully est maintenu, tout comme Villeroy, qui dirige les affaires étrangères depuis 40 ans. Afin de rassurer les protestants, Marie confirme l'édit de Nantes. Très vite cependant, on assiste au triomphe du parti ultracatholique et de Concini, le favori de la reine. Pour resserrer les liens avec l'Espagne, un double mariage est organisé : Louis XIII épousera Anne d'Autriche, la fille de Philippe III d'Espagne, et Élisabeth de Bourbon épousera le prince héritier Philippe. L'échange des princesses a lieu sur la Bidassoa, et le mariage de Louis XIII est célébré à Bordeaux le 28 novembre 1615. Entre-temps, après un grand tour de France qui a permis de montrer le jeune roi au peuple, Louis XIII est devenu majeur, à l'âge de 13 ans. En 1614, au cours d'un lit de justice, il s'est vu remettre la régence par Marie de Médicis et l'a remerciée en la nommant chef de son Conseil.

Contre les grands seigneurs et la reine

Le rôle prééminent de la reine mère ne dure pas. Le 24 avril 1617, le roi fait assassiner Concini, écarte Marie du pouvoir et disgracie les ministres qu'elle avait fait entrer au gouvernement, notamment Richelieu. Louis XIII fait preuve dès lors de beaucoup d'application dans son métier de roi, assiste tous les jours au Conseil des affaires et se montre très jaloux de son autorité royale, qu'il fait parfois respecter avec brutalité, à l'intérieur comme à l'extérieur du royaume. Il fait de Luynes son favori. Celui-ci, qui était initialement grand fauconnier du roi, l'avait aidé dans son coup d'État de 1617 en réunissant un petit conseil secret. Louis XIII rappelle également un certain nombre de vieux ministres d'Henri IV. Ce sont ces « barbons » qui empêchent le jeune roi, qui rêvait déjà de combats, de s'engager prématurément dans la guerre de Trente Ans, ouverte en 1618 à Prague. Le roi confie les affaires étrangères à Richelieu. De son côté, il doit imposer son autorité sur le royaume, en proie aux manœuvres des grands seigneurs et de la reine mère, qui se terminent finalement par la bataille des Ponts-de-Cé – connue aussi sous le nom de « drôlerie des Ponts-de-Cé » –, en 1620.

Reconquête catholique et engagement étranger

Louis XIII doit ensuite s'imposer aux protestants, pour lesquels il n'éprouve pas la sympathie de son père : le Béarn et la Navarre sont incorporés au domaine royal. Le roi doit affronter les députés protestants de La Rochelle, menés par le duc de Rohan, qui défient

Richelieu

C'est en prononçant la harangue du clergé aux États généraux de 1614 qu'Armand Jean du Plessis de Richelieu, évêque de Luçon, issu de la noblesse poitevine par son père et de la bourgeoisie par sa mère, attire l'attention de la reine mère : il deviendra son conseiller, avant de diriger les affaires étrangères du royaume. Fait cardinal en 1622, il est le principal ministre de Louis XIII de 1629 à sa mort, en 1642. Réputé pour sa dureté et son insensibilité, le cardinal de Richelieu avait une très haute idée de l'autorité du roi et de la gloire du royaume, qui seule a guidé sa politique.

l'autorité royale. Malgré l'aide apportée par les Anglais, dirigés par le duc de Buckingham, le siège de La Rochelle aboutit à une capitulation sans condition en 1628 : la ville perd ses franchises, son maire, son administration municipale pour redevenir un port comme un autre. C'est ensuite la révolte du Languedoc, avant que la paix d'Alès, en 1629, mette fin aux prises d'armes des protestants. Le roi a désormais les mains libres pour s'engager plus avant en matière de politique étrangère. Il a jusqu'ici noué des alliances – avec les Provinces-Unies, l'Angleterre, la Savoie, la Suède – et a mené une « guerre couverte » : quelques interventions en Italie, en Savoie pour garder le passage des Alpes, dans les pays rhénans et en Lorraine, où s'est réfugié Gaston d'Orléans. Le frère du roi – et héritier présomptif de la Couronne jusqu'à la naissance du futur Louis XIV, en 1638 – multiplie en effet les intrigues et les complots.

La guerre ouverte contre l'Espagne

Louis XIII déclare finalement la guerre à l'Espagne en mai 1635 : l'offensive est lancée aux Pays-Bas, en Allemagne et en Italie du Nord. L'armée espagnole franchit la Somme et prend Corbie. Richelieu et Louis XIII s'établissent à Compiègne pour prendre la tête de l'armée ; les Français prennent pied à Brisach, sur la rive droite du Rhin, et à Arras, qui avait été perdu au XVe siècle. Pour financer la guerre, Richelieu multiplie les charges, ce qui conduit à la dévaluation des anciens offices et à l'agitation de la haute noblesse, perceptible notamment à l'occasion de la conjuration de Cinq-Mars. De nouvelles taxes sont imposées au peuple (taxe sur les cabaretiers, sur le vin), et les révoltes populaires se succèdent (révolte des croquants, émeutes urbaines en Guyenne, révolte des va-nu-pieds en Normandie, suite à une rumeur sur l'imposition du sel dans des villes exemptées). Par manque de coordination, ces révoltes n'ont guère d'effets et sont violemment réprimées par Richelieu. À la mort du cardinal, en 1642, Louis XIII appelle Mazarin au Conseil. Il meurt lui-même quelques mois plus tard, à la suite de plusieurs semaines de coliques et de vomissements.

L'évolution de la guerre

L'apparition du fusil, qui remplace le mousquet et l'arquebuse à partir de 1635, impose un changement tactique : à un ordre de bataille compact succède une ligne moins profonde de soldats qui tirent puis rechargent pendant que d'autres tirent à leur tour. La guerre devient avant tout une guerre de sièges. Le rôle des ingénieurs s'en trouve renforcé. Les murailles des villes et des forteresses s'épaississent ; on les enfonce dans la terre pour augmenter leur résistance aux canons ; le bastion et la forme polygonale s'imposent afin de multiplier les angles de tir contre les assaillants.

Louis XIV, le Roi-Soleil (1638-1715)

Louis XIV a pu, grâce à la durée exceptionnelle de son règne et à la grande stabilité ministérielle qui l'a accompagné, conduire des réformes à l'intérieur du royaume, imposer un style de gouvernement et mener de nombreuses guerres destinées à renforcer la puissance militaire française et à agrandir le territoire. S'il a laissé une empreinte durable, c'est aussi qu'il a eu particulièrement le souci de la célébration de sa personne : l'Académie des inscriptions, créée par Colbert en 1663, devait ainsi préparer devises, dédicaces et autres inscriptions pour les monuments à la gloire du roi. Les statues équestres du Roi-Soleil se multiplient également dans les villes à partir de 1685.

En mourant, le 14 mai 1643 – 33 ans jour pour jour après son père, Henri IV –, Louis XIII laisse le pouvoir à un fils qui n'a que cinq ans. Anne d'Autriche, devenue régente du royaume, confie la direction des affaires à Mazarin. En tant que mère du roi de France, elle entend défendre la puissance du royaume. Si les négociations aboutissent avec le Saint Empire à la signature, dès 1648, des traités de Westphalie, la paix avec l'Espagne attendra 1659 : Anne d'Autriche n'est pas prête à accepter une paix à n'importe quel prix. Entre-temps, la France a dû affronter cinq ans de guerre civile : la Fronde constitue la réaction d'un pays exsangue à la crise économique, aux prélèvements fiscaux et au climat de contrainte et de peur qui règne depuis Richelieu. L'opposition vient d'abord du parlement de Paris, qui refuse l'imposition de la taille à la capitale, jusque-là exemptée. L'arrestation des parlementaires frondeurs provoque émeutes et barricades, avant que la révolte ne gagne la province. Mazarin est déclaré *« ennemi du roi et de son État »*. La paix de Saint-Germain est signée en avril 1649, mais il reste à reconquérir les provinces. La Cour sillonne alors le royaume pour montrer le roi.

Fin de la régence et règne personnel

Louis XIV, déclaré majeur en septembre 1651, doit encore faire face à la révolte du prince de Condé. Après 13 mois de dures campagnes militaires, le roi rentre triomphalement dans la capitale le 21 octobre 1652. La Fronde a été mise en échec. Mazarin a su, à deux reprises, s'éloigner pour permettre l'apaisement. Si le gouvernement a été remis en cause, la monarchie n'a pas été visée en tant que telle. Louis XIV est finalement sacré à Reims en juin 1654. Alors que la guerre avec l'Espagne se poursuit et nécessite de nouvelles levées de fonds, le roi est prêt à imposer sa volonté. En 1655, il se serait présenté au Parlement en habit de chasse, fouet à la main, menaçant les magistrats récalcitrants et prononçant cette phrase restée célèbre : *« L'État, c'est moi. »* Sa détermination se confirme à la mort de Mazarin – à qui il doit sa formation politique –, en 1661 : le jour même, il annonce à ses ministres qu'il n'y aura désormais plus de Premier ministre. À 22 ans, Louis XIV entend non seulement régner mais aussi gouverner. La même année, il fait arrêter Fouquet, surintendant des Finances, qui s'est considérablement enrichi et se voit accusé de prévarication (fautes graves).

Versailles au cœur de la monarchie

Louis XIV s'entoure de bourgeois ou de nobles de fraîche date, choisis dans quelques familles – qui forment bientôt de véritables dynasties ministérielles. Ainsi de Colbert, principal collaborateur

Le cardinal Mazarin

Appelé par Louis XIII au Conseil à la mort de Richelieu, en 1642, le cardinal Mazarin est maintenu dans ses fonctions de Premier ministre par la régente Anne d'Autriche en 1643. Il est chargé, à partir de 1646, de l'éducation du jeune roi, dont il est le parrain. Bouc émissaire de la Fronde, il fait l'objet d'une intense guerre de libelles, les « mazarinades ». On lui reproche son origine italienne, son pouvoir sur le roi, son goût pour le luxe et l'opéra italien qu'il a introduit en France, et son enrichissement : il est surnommé « l'abbé à vingt chapitres », le « seigneur à mille titres ».

du roi jusqu'en 1683. Le roi s'efforce d'effacer le souvenir de la Fronde : la noblesse est mise au pas, au moyen notamment d'une étiquette de cour rigide. C'est en 1682 que la Cour s'établit à Versailles, où les familles de la haute noblesse sont tenues de vivre une partie de l'année, sous les yeux du roi, et de se plier au cérémonial royal – lever, dîner, coucher du roi, etc. Le choix de Versailles avait obéi à la nécessité de disposer de beaucoup d'espace pour s'entourer d'une Cour nombreuse et à l'amour du roi pour la chasse. Du petit château de Louis XIII, Louis XIV fait un immense palais, orné des deux ailes de Jules Hardouin-Mansart, de la galerie des Glaces, longue de 73 m, et des jardins de Le Nôtre. Louis XIV sera un grand protecteur des arts : il soutient notamment Jean-Baptiste Poquelin (Molière), dont la plupart des œuvres sont jouées devant le roi entre 1662 et 1672, crée l'Académie royale de peinture et de sculpture, apprécie la musique, en particulier celle de Lully.

Réformes intérieures et politique de gloire

Sur le plan intérieur, Louis XIV réorganise le pays : les lois du royaume sont modifiées, le commerce est doté de bases juridiques plus sûres, l'activité économique est encouragée par le mercantilisme – qui voit dans le commerce une source de richesses nationales. En matière religieuse, Louis XIV, de plus en plus pieux avec l'âge, révoque l'édit de Nantes en 1685 ; le culte protestant est désormais interdit. À l'extérieur, le roi cherche à renforcer la puissance militaire : la marine est confiée à Colbert, les fortifications à Vauban, Le Tellier est secrétaire d'État à la guerre. Louis XIV se lance dans la guerre de Dévolution (1667-1668) puis dans la guerre de Hollande. La « politique de réunions », destinée à récupérer des territoires au nom d'anciens droits féodaux, conduit finalement à la guerre, avant qu'un nouveau conflit n'apparaisse autour de la succession d'Espagne et ne provoque une coalition européenne contre la France. Les traités de 1713 et 1715 marquent la fin de la suprématie française, mais le royaume s'est néanmoins agrandi, avec les guerres de Louis XIV, de la Franche-Comté, de l'Artois, de territoires flamands et de Strasbourg.

Les fortifications de Vauban

On doit à Sébastien Le Prestre de Vauban, commissaire général des fortifications à partir de 1678, la construction de 33 places fortes et la transformation de quelque 300 autres. Trois systèmes défensifs sont soutenus par Vauban : d'abord un système de glacis et de fossés successifs ; puis une ligne de bastions détachés qui doublent l'enceinte ; enfin, une muraille non plus droite, mais elle-même bastionnée. Vauban cherche par ailleurs à constituer une frontière plus linéaire, mieux défendue et plus éloignée de Paris : c'est la politique du « pré carré ».

Le siècle des Lumières (XVIIIe siècle)

La fin du règne de Louis XIV (1643-1715) coïncide avec un essor des lettres et des arts. Ce mouvement s'accompagne d'un renouveau des idées humanistes soutenues par Descartes et Spinoza. C'est le temps des grands philosophes, appelé a posteriori « les Lumières » ; ce courant de pensée est à l'origine de réflexions et postulats fondamentaux dans l'histoire culturelle française et européenne. Sur le plan politique et social, la bourgeoisie commence à prendre le pas sur la noblesse et le clergé ; la raison triomphe de la foi et des superstitions. Ce n'en est pas moins un siècle violent émaillé de guerres dynastiques ruineuses pour la France, derniers sursauts d'un absolutisme royal en déclin.

En 1715, le règne du Roi-Soleil, apogée de la monarchie absolue, s'achève. Le XVIIIe siècle s'annonce comme une période charnière sur le plan artistique : le passage des styles décoratifs classique et rococo au style néoclassique et celui de la musique baroque (Bach, Vivaldi et Lully) à la musique de style classique (Haydn, Mozart et Beethoven) s'amorcent déjà. Mais ce siècle sera avant tout celui des philosophes. En 1734, François Marie Arouet, dit « Voltaire », un bourgeois irrévérencieux, farouche partisan du progrès, de la tolérance et de la liberté de pensée, entame son combat littéraire contre l'« infâme », nom par lequel il désigne le fanatisme religieux. Vers le milieu du siècle, Jean-Jacques Rousseau, écrivain genevois tourmenté, partage avec Voltaire le rejet des régimes autocratiques. À Paris en 1747, Diderot et d'Alembert se lancent dans une aventure de vulgarisation pharaonique, *L'Encyclopédie ou dictionnaire raisonné des sciences, des arts et des métiers*. Face à l'irrationnel, l'arbitraire, l'obscurantisme, les « Lumières » prônent le renouvellement du savoir, de l'éthique et de l'esthétique. Des noms illustres rejoignent le courant : Montesquieu, Kant, Sade, Buffon...

L'Encyclopédie de Diderot et d'Alembert

C'est une somme de 28 volumes, dont 11 volumes de planches, qui rend compte au plus grand nombre de la réforme intellectuelle et des savoirs scientifiques acquis depuis le XVIIe siècle. La parution du premier volume, en 1751, entraîne une levée de boucliers dans la communauté jésuite et les milieux conservateurs. Mais Diderot et d'Alembert peuvent compter sur la protection de Malesherbes, directeur de la Librairie (censure), et de la marquise de Pompadour, favorite du roi Louis XV. Les philosophes des Lumières attirent l'attention des monarques européens « éclairés » que sont Charles III d'Espagne, Marie-Thérèse et Joseph II d'Autriche, Catherine II de Russie – qui accueille Diderot à sa cour – et Frédéric II de Prusse – qui fait de même avec Voltaire. Les sociétés et cafés littéraires, déjà existants au XVIIe siècle, fleurissent ; savants, philosophes et écrivains y débattent des idées du moment. Les académies forment des scientifiques aux nouveaux savoirs et organisent des concours dotés de prix. Les marchands ambulants facilitent la diffusion des textes malgré la censure. Enfin, les périodiques d'information, de plus en plus nombreux, participent à la constitution d'une opinion publique.

La désacralisation de la monarchie

La philosophie des Lumières vante les vertus de la tolérance dans une Europe marquée par les violences religieuses et les guerres dynastiques meurtrières : les guerres de succession d'Espagne (1701-1714) et d'Autriche (1740-1748) font près de 1 million de

Les débuts du féminisme

Les plus grands savants progressistes de la seconde moitié du XVIIIe siècle se croisent dans les salons littéraires. Ces salons, majoritairement tenus par des femmes de la haute bourgeoisie, sont autant de vecteurs d'idées neuves. Une autre avancée pour la cause féministe est, en 1761, l'arrivée à la tête de la rédaction du *Journal des dames* de Mme de Beaumer, qui joue d'audace et de provocation pour prouver que les femmes ont la faculté d'écrire et de penser. La montée du féminisme inquiète les autorités, qui tenteront sans relâche de réduire le titre au silence, ce qui sera chose faite en 1777.

morts. En 1710, le baron Louis de La Hontan publie ses *Dialogues*, une étude provocatrice sur l'organisation des peuples du Québec mais surtout une satire dissimulée de l'absolutisme. La désacralisation de la monarchie est enclenchée. La théorie du « contrat social » professée par l'Anglais John Locke à la fin du XVIIe siècle prend tout son sens : l'idée de séparer les pouvoirs exécutif et législatif est reprise en 1748 par Montesquieu – qui y adjoint le pouvoir judiciaire – dans *De l'esprit des lois* puis par Rousseau dans *Du contrat social* en 1762. À partir des années 1750, les monarchies européennes s'ouvrent et rationalisent leurs lois. Mais la guerre de Sept Ans achève de plonger l'Europe dans le marasme. La France se retrouve dans une situation financière catastrophique, et les remèdes fiscaux très décriés pèsent sur la population, créant des troubles croissants jusqu'au déclenchement de la Révolution française de 1789.

Un siècle de révolutions

Les pères de l'indépendance américaine, Jefferson et Franklin en tête, sont sensibles aux théories de Locke, de Montesquieu et de Rousseau. Ils témoignent de liens très étroits avec les philosophes français : en 1776, l'influence de la philosophie des Lumières transparaît dans la Déclaration d'indépendance des États-Unis, qui proclame que *« les hommes ont été créés égaux en droits »* et qu'*« ils peuvent s'opposer à la tyrannie »*. En février 1778, le roi Louis XVI signe avec Benjamin Franklin un traité d'alliance contre la Grande-Bretagne et décide l'envoi d'un corps expéditionnaire pour venir en aide aux insurgés. La nouvelle soulève en France un vent d'enthousiasme. L'expérience américaine devient un formidable laboratoire politique. Ainsi, la Constitution des États-Unis d'Amérique (1787) est fidèle aux principes de séparation des pouvoirs législatif, exécutif et judiciaire défendus par Montesquieu. Mais l'état de grâce retombe rapidement : Louis XVI, manquant de clairvoyance et d'audace, ne suit pas le mouvement. Les réformes se feront par la force. En 1789, Robespierre se réclame des Lumières, à l'instar de Condorcet, qui en 1792 s'inspire de *l'Émile* pour sa refonte du système éducatif.

L'éducation philosophique selon Rousseau

Jean-Jacques Rousseau est un écrivain à part parmi les philosophes des Lumières. Son œuvre, souvent qualifiée de « préromantique », donne une place prépondérante à la sensibilité et à l'introspection. Elle suit une ligne directrice : la pensée tire sa force de l'éducation sensorielle et de la confrontation avec le milieu naturel sous l'égide d'un mentor. En 1762, *l'Émile*, un surprenant traité d'éducation des enfants, s'attire les critiques de ses pairs, dont Voltaire et d'Alembert. Le livre est condamné par le parlement de Paris et interdit à la vente en France, aux Pays-Bas et en Suisse.

Louis XVI, dernier roi de l'Ancien Régime (1754-1792)

Si Louis XVI n'est pas le dernier roi de France, il est le dernier roi de l'« Ancien Régime », ainsi que les révolutionnaires ont baptisé la période qui précède la Révolution française. Les Bourbons auront beau remonter sur le trône en 1814, après 25 années de quête d'un nouveau régime (de la Ire République au Consulat et à l'Empire), il sera impossible de faire table rase de la Révolution. Louis XVI est le dernier monarque absolu, qui concentre tous les pouvoirs, militaire, religieux et judiciaire, qu'il tient de Dieu. Charles Ier d'Angleterre avait été décapité un siècle et demi plus tôt. Louis XVI paie de sa vie son refus d'une évolution vers une monarchie parlementaire.

En 1774, Louis XV meurt brutalement de la variole. Son seul fils, Louis Ferdinand, étant lui-même décédé en 1765, c'est son petit-fils Louis Auguste qui monte sur le trône. Âgé de 19 ans, il est peu expérimenté : son grand-père ne l'a guère initié aux affaires de l'État. Si on peut reprocher à Louis XVI sa faiblesse de caractère, il faut lui reconnaître une grande curiosité intellectuelle : il encouragera notamment les expériences des frères Montgolfier sur le ballon à air chaud et préparera lui-même les instructions du voyage d'exploration de La Pérouse dans le Pacifique, en 1785, à la suite du capitaine Cook. Dès son avènement, Louis XVI rompt avec la politique de son grand-père, jugée trop rigoureuse et impopulaire, et rappelle les parlements. La monarchie doit résoudre la question de la crise financière. Deux contrôleurs généraux des Finances se succèdent : Turgot, qui cherche les économies – mais Louis XVI sera seul à faire des efforts sur sa maison personnelle, sans que les courtisans et la famille royale, en premier lieu la reine Marie-Antoinette, qu'il a épousée en 1770, suivent cet exemple –, puis Necker, qui a recours aux emprunts pour financer la guerre d'Amérique.

Lutte contre l'Angleterre et crise financière

Car la ligne directrice de la politique étrangère est la revanche contre l'Angleterre : l'aide apportée aux 13 colonies d'Amérique du Nord, révoltées contre la métropole britannique, doit permettre de rétablir l'équilibre entre la France et l'Angleterre, sur mer comme dans les colonies. Louis XVI reconnaît donc l'indépendance des États-Unis dès 1776 et, conformément au traité d'alliance signé en 1778, envoie un appui militaire – notamment Gilbert de La Fayette – et une aide financière. La reconnaissance de l'indépendance américaine, lors de la paix de Versailles, en 1783, marque un grand succès pour la France. Mais l'intervention dans la guerre a fortement alourdi la dette et aggravé la crise financière que connaît la monarchie. L'impuissance des ministres des Finances successifs face aux parlements, opposés à toute tentative pour faire payer des impôts au clergé et à la noblesse – les deux ordres privilégiés, jusque-là exemptés –, conduit finalement à la convocation des États généraux à Paris en mai 1789. La réunion de l'assemblée des représentants des trois ordres, chargée de conseiller le monarque, est précédée de la rédaction de « cahiers de doléances » dans tout le royaume.

Vers une monarchie constitutionnelle

Dès l'ouverture des États généraux, Louis XVI multiplie les maladresses et suscite les oppositions. Loin d'annoncer les réformes attendues dans son discours d'ouverture, il affirme son autorité. Il réagit à la réunion spontanée des députés du Tiers état en faisant

Le procès de Louis XVI

Les Girondins sont initialement réticents à l'idée d'un procès : selon la Constitution de 1791, la personne du roi est inviolable et sacrée. Mais la découverte, dans l'« armoire de fer » du palais des Tuileries, de documents prouvant les relations du roi avec les émigrés et les monarchies européennes rend le procès inévitable. Louis XVI comparaît devant les députés de la Convention entre le 11 et le 26 décembre 1792. Le 17 janvier, sa mise à mort est votée par 361 voix (contre 360). Le 20 janvier, tout sursis est refusé. La sentence est donc exécutée le lendemain.

fermer leur salle ; ils se retrouvent dans la salle du jeu de Paume, où ils font le serment de ne pas se séparer avant d'avoir rédigé une constitution. À la suite de la prise de la Bastille, le 14 juillet 1789, déclenchée en partie par le renvoi de Necker, ministre populaire, et devant la rumeur d'un encerclement armé de Paris, Louis XVI cède face au peuple, rappelle Necker et accepte la cocarde tricolore, alliant le blanc de la royauté aux couleurs de Paris. Le roi semble finalement consentir aux évolutions, comme en témoigne la fête de la Fédération, qui commémore, le 14 juillet 1790, la prise de la Bastille et manifeste l'unité du roi et de la nation à travers le serment prononcé par Louis XVI, l'armée et les députés. La Constitution, promulguée en 1791, met en place une monarchie parlementaire, dans laquelle le roi conserve un pouvoir important : il nomme les ministres et peut s'opposer aux lois grâce à un droit de veto.

La rupture entre Louis XVI et la nation

Mais Louis XVI juge cette Constitution « effrayante et monstrueuse ». Espérant que la population s'en lassera rapidement, il mène la « politique du pire » et tente d'user la Constitution en soutenant les partis extrêmes contre les modérés. Il songe de plus en plus à une intervention armée des puissances étrangères pour rétablir son autorité. L'attitude du roi conduit bientôt à la rupture avec la nation. En juin 1791, le roi tente de fuir la France pour rejoindre l'Autriche, pays d'origine de la reine ; il est finalement arrêté à Varennes et remis sur le trône. Alors que la France est envahie par l'Autriche, à laquelle les révolutionnaires ont déclaré la guerre en avril 1792, Louis XVI met son veto aux mesures proposées pour protéger Paris, ce qui lui vaut le surnom hostile de « Monsieur Veto ». L'insurrection populaire du 10 août 1792, menée par les sans-culottes, prend d'assaut les Tuileries ; le roi et sa famille sont arrêtés et emprisonnés au Temple. La royauté est finalement abolie le 22 septembre 1792 : deux jours après la bataille de Valmy, la république est proclamée. Jugé coupable de trahison, « *Louis Capet XVI*[e] *du nom* » est guillotiné le 21 janvier 1793 sur la place de la Nation.

Louis XVII

Louis Charles de France, second fils de Louis XVI et de Marie-Antoinette, n'a jamais régné. Il est pourtant intégré dans la succession des rois de France : au nom du principe de la continuité dynastique, il est reconnu héritier de la couronne de France en 1793, à la mort de Louis XVI, par les puissances européennes coalisées contre la France, et par son oncle, futur Louis XVIII. Enfermé à la prison du Temple en août 1792, il meurt de maladie en 1795, à l'âge de dix ans. Son cœur, dont l'authenticité a été prouvée en 2004, a été placé dans la chapelle des Bourbons de la basilique Saint-Denis.

La Révolution française (1789-1799)

La monarchie absolue de droit divin, ébranlée sous Louis XV par la diffusion des idées des Lumières, est plus que jamais contestée dans les années 1780. En 1789, la convocation des États généraux puis la prise de la Bastille par le peuple de Paris en armes deviennent les symboles de la chute de la royauté. La France sort brutalement de l'Ancien Régime pour plonger dans un des chapitres les plus mouvementés de son histoire. Mais les causes de la Révolution sont plus complexes et profondes. En juin 1789, les bourgeois, petits nobles et membres du bas clergé qui prêtent serment dans la salle du Jeu de paume souhaitent avant tout établir une monarchie parlementaire sur le modèle britannique.

La France des années 1780 est régentée par des privilèges et traditions qui entravent l'activité économique du pays et empêchent toute rationalisation du pouvoir. La société française est sclérosée dans de nombreux conflits. La bourgeoisie d'affaires, riche mais reléguée à l'arrière-plan du pouvoir, dénonce les privilèges fiscaux dont jouit la noblesse. Cette même noblesse, évincée du pouvoir par l'absolutisme de Louis XIV, est limitée dans ses activités économiques ; en province, la rente de la terre connaissant un net reflux, les nobles s'arc-boutent sur leurs privilèges. Les paysans, accablés par la désastreuse récolte de l'été 1788, réclament l'abolition des droits seigneuriaux, plus écrasants que jamais. Enfin, il y a la personnalité du monarque : Louis XVI n'est pas un roi visionnaire et autoritaire capable d'imposer les réformes essentielles ; d'autant que le royaume tire la majeure partie de ses revenus des droits seigneuriaux... La participation à la guerre d'Indépendance américaine a asséché le Trésor, et la dette de l'État atteint en 1781 quelque 310 millions de livres – dont 36 millions en fêtes et pensions de courtisans. Le prestige de la monarchie française est entamé.

L'échec des États généraux

Confronté à la banqueroute imminente de l'État et sous la pression des trois ordres (noblesse, clergé et Tiers état), Louis XVI accepte de convoquer les États généraux du royaume à Versailles ; ils s'ouvrent le 5 mai 1789. La bourgeoisie ainsi qu'une partie de la noblesse et du clergé demandent l'égalité des droits et l'établissement d'une monarchie parlementaire. Les débats tournent vite au dialogue de sourds, le roi mettant en garde contre toute tentative de réforme. Mais, le 20 juin, les députés réunis dans la salle du Jeu de paume prennent le titre d'Assemblée nationale et promettent de donner une Constitution à la

France. L'effervescence gagne les rues de Paris. Le 14 juillet, des émeutiers à la recherche d'armes et de poudre enfoncent les portes de la prison de la Bastille. Mis devant le fait accompli et redoutant un soulèvement général, Louis XVI abolit les privilèges et droits féodaux, la vénalité des offices et les inégalités fiscales. L'Assemblée constituante, désormais dépositaire du pouvoir législatif, vote le 26 août 1789 la Déclaration des droits de l'homme et du citoyen. Le roi, qui garde la prérogative de promulguer lois et décrets, doit s'installer aux Tuileries.

La chute de la monarchie parlementaire

L'existence de la monarchie constitutionnelle est remise en cause par la tentative d'évasion du roi le 21 juin 1791. Louis XVI, arrêté à Varennes, a trahi son serment à la Nation et à la Constitution ; il s'affiche comme un contre-révolutionnaire. La confiance est

Le Laki, le volcan de la Révolution

Le 8 juin 1783, le volcan islandais Laki entre en éruption jusqu'en février 1784. Cet événement anodin a des conséquences climatiques surprenantes. Il modifie durablement le climat européen, déjà frappé par le « petit âge glaciaire », provoquant sécheresses et hivers rigoureux ; pendant l'été, des orages violents ravagent les cultures. Le paroxysme est atteint en 1788, année dont les récoltes en céréales comptent parmi les plus catastrophiques du siècle. L'économie du pays décline, et les paysans se trouvent privés de leurs moyens de subsistance ; autant de facteurs déclencheurs de la Révolution.

brisée ; la Constitution de septembre 1791 restreint ses pouvoirs. Le roi s'oppose aux décrets réformant le statut des ecclésiastiques et pousse le pays à la guerre. Lors d'une nouvelle révolte, le 20 juin 1792, le peuple prend d'assaut les Tuileries. À l'annonce de l'entrée en guerre de la Prusse et de l'Autriche, l'Assemblée déclare la patrie en danger. À l'intérieur, la psychose d'un complot royaliste gagne la population, qui se livre à des exécutions sommaires, les « massacres de Septembre ». Face à l'urgence, les jacobins contournent l'autorité du roi et décrètent la mobilisation générale ; une « Convention nationale », conseil exécutif de six ministres, est nommée. En septembre 1792, la victoire de Valmy puis en novembre celle de Jemmapes inversent le rapport de force intérieur. Le 21 septembre, la Convention proclame l'abolition de la royauté et l'avènement de la République. Louis XVI est guillotiné le 21 janvier 1793.

Une République répressive

Les premières heures de la République voient les affrontements entre Montagnards et Girondins, les deux partis dominant l'Assemblée. L'assassinat de Marat par Charlotte Corday, en juillet 1793, sonne le glas des Girondins. En septembre 1793, le Comité de salut public, organe exécutif dominé par Danton et Robespierre, suspend la Constitution. La Terreur, entreprise de répression contre les ennemis de la Révolution, est décrétée ; elle fera près de 35 000 morts, condamnés par les tribunaux révolutionnaires. Sur ses frontières, la France, victorieuse à Fleurus le 26 juin 1794, sent l'étau se desserrer. Mais la position hégémonique de Robespierre inquiète ; le « tyran » est guillotiné le 28 juillet. À sa mort, le pays subit de nouvelles purges : la « réaction thermidorienne » contre les Montagnards puis la « Terreur blanche », orchestrée en province par les royalistes contre les jacobins. Une nouvelle Constitution, votée le 22 août 1795, établit le Directoire. Forcé de composer avec les royalistes et les extrémistes jacobins, le régime se distingue par son inefficacité et sa corruption, tandis que les finances de l'État se dégradent aussi vite que la misère gagne les campagnes.

Les guerres de Vendée

Les causes du conflit vendéen (1793-1796) sont essentiellement religieuses. Une partie de la paysannerie refuse la disparition du clergé en tant qu'ordre politique ainsi que l'appropriation par la République des biens ecclésiastiques. Des troubles analogues surviennent en Bretagne, en Normandie, dans le Maine, l'Anjou, l'Aveyron et la Lozère. En juin 1795, les émigrés royalistes débarquent sur la presqu'île de Quiberon avec l'appui des Anglais et sont impitoyablement écrasés par le général Hoche. Un bref soulèvement a lieu en 1799, jusqu'à ce que le Consulat proclame la liberté de culte.

Valmy, la patrie en danger (septembre 1792)

L'ouverture des États généraux à Versailles en mai 1789 a des conséquences imprévues sur le cours de l'histoire de l'Europe. Le roi faisant la sourde oreille aux revendications du tiers état, la situation dégénère et la tension est bientôt à son comble. Le 14 juillet, le peuple de Paris s'empare de la forteresse de la Bastille. Une Assemblée constituante voit le jour, suivie par une Assemblée législative. Après des décennies d'absolutisme, l'Ancien Régime français tremble sur ses bases. La personne du roi ne se trouve pas encore remise en cause. Elle l'est en juin 1791, lorsque le roi tente de s'enfuir et de rejoindre les coalisés avant d'être arrêté à Varennes. La vieille Europe s'inquiète.

Les puissances d'Ancien Régime, comme la Prusse, l'Autriche ou l'Angleterre, voient d'un très mauvais œil cette situation qui pourrait faire tache d'huile et multiplient les avertissements à l'égard des révolutionnaires français. Ces derniers n'entendent pas se faire dicter leur conduite, et, le 20 avril 1792, une Assemblée surchauffée déclare la guerre à l'Autriche. En vertu des traités qui lient l'Autriche à la Prusse, cette dernière rejoint immédiatement la coalition des puissances européennes et réunit son armée. L'objectif des coalisés est simple : entrer en France, marcher sur Paris et rétablir le roi de France dans tous ses pouvoirs. En théorie, la chose paraît aisée. L'État français est alors en grand désordre et son armée en difficulté. Le statut d'officier étant réservé à la noblesse et cette dernière se montrant de plus en plus hostile à la Révolution, de nombreux cadres ont fui la France, avec leurs soldats dans leur sillage. L'armée française est donc en pleine période de transition : des officiers issus du peuple et de la bourgeoisie commencent à prendre la place des nobles partis à l'étranger, l'armée incorpore en masse de nouvelles recrues.

La France est envahie

Cette armée française est incapable de monter une offensive et se contente donc d'une posture défensive, mais très maladroite. Au lieu de concentrer les troupes en divers endroits, on déploie les unités en un mince cordon sur les frontières. Comme le disait Frédéric le Grand : « *Qui veut tout défendre ne défend rien.* » Dès la fin du mois d'avril, les Autrichiens franchissent aisément la frontière du Nord depuis leurs possessions aux Pays-Bas, bousculant les quelques troupes françaises qui leur font face. Les Prussiens, eux, entrent dans l'est de la France et progressent également sans rencontrer de difficulté. La situation paraît mal engagée pour les Français, mais, fort heureusement pour eux, les coalisés multiplient les erreurs et les maladresses. Les armées autrichienne et prussienne sont bien loin de leur splendeur de la guerre de Sept Ans. Commandées par des généraux âgés, elles emploient des méthodes tactiquement très dépassées et sont servies par un système logistique déplorable : un imposant train de chariots les accompagne, qui les ralentit considérablement – l'armée prussienne progresse en moyenne de 7 km par jour –, permettant aux Français de se replier.

Les coalisés se rapprochent de Paris

Les maladresses sont également politiques. Le 23 juillet, le manifeste de Brunswick, plein de menaces à destination du peuple français, n'intimide pas celui-ci et provoque au contraire l'indignation. À Paris, on s'inquiète des progrès des coalisés,

Les bleus et les blancs

La couleur traditionnelle des uniformes de l'armée française est le gris perle, qui, à partir de la fin du XVIIIe siècle, devient le blanc. Cette armée voit ses effectifs comblés par un afflux de volontaires qui portent généralement un uniforme bleu. Il faut attendre un certain temps pour que ces soldats atteignent le niveau de formation de leurs aînés et plus encore pour que l'amalgame entre les anciens et les nouveaux s'opère. Cet afflux permet de renouveler les cadres de l'armée française et lègue également à la langue française l'expression « bleu » pour désigner un nouveau venu.

mais on ne sait quoi faire. Dumouriez, qui sera nommé commandant de l'armée du Nord le 27 août, propose une offensive en Belgique, destinée à détourner l'attention des Autrichiens. Servan, le ministre de la Guerre, s'y oppose. Le 23 août, Longwy capitule. Le 2 septembre, les Prussiens prennent Verdun, ville symbole du partage entre les trois fils de Charlemagne. La situation est grave. Dumouriez se range au plan de Servan, qui vise à empêcher coûte que coûte les Prussiens de rejoindre Paris. Entre eux et la capitale se trouve le massif de l'Argonne, dans lequel il est difficile de progresser, et que Dumouriez est chargé de verrouiller. Il prend ensuite une décision audacieuse, reprise de son plan d'origine, à une plus petite échelle : abandonnant les passes de l'Argonne, il se rapproche de Sainte-Menehould, menaçant ainsi directement les lignes de communication des Prussiens, et est bientôt rejoint par les troupes du général Kellermann.

La canonnade de Valmy

Le pari est risqué, car la route de Paris est ouverte. Mais Brunswick, qui commande les Prussiens, reçoit l'ordre de son souverain, Frédéric-Guillaume II, d'écraser les Français avant de se tourner vers la capitale. L'armée prussienne compte dans ses rangs 32 000 hommes et 36 canons, contre 36 000 Français et une quarantaine de canons. Les Français se déploient sur une position défensive, en arc de cercle. Kellermann commande le centre, Stengel l'aile droite et Chazot l'aile gauche, avec quelques troupes en avant-poste, entre le village de La Lune et une petite colline surmontée d'un moulin. Les Prussiens s'approchent à l'aube et chassent rapidement les troupes d'avant-poste avant de se placer en ligne face aux Français et de déployer leurs canons. Vers midi, le bombardement commence de part et d'autre. Brunswick est persuadé que cela suffira à disperser les Français.

Mais les soldats français résistent à ce bombardement aux cris de *« Vive la Nation ! »* et de *« Vive la France ! »*. Vers 13 heures, Brunswick lance ses grenadiers à l'attaque, mais ils doivent s'arrêter à 200 m des Français tant le feu des mousquets est vif. Vers 16 heures, une immense averse met un terme aux combats.

Le duc de Brunswick

Né en 1735, le duc de Brunswick, qui commande les armées prussiennes entrées en France, est un pur produit de l'aristocratie autoritaire. Son manifeste, dans lequel il menace la ville de Paris d'une « exécution militaire et [d'] une subversion totale » s'il est fait « la moindre violence, le moindre outrage » ou roi et à la reine, provoque l'indignation à Paris. Brunswick était par ailleurs franc-maçon, comme Dumouriez. S'est-il entendu avec son adversaire pour ne pas livrer bataille ? Des maçons se sont suffisamment affrontés par le passé pour que l'on tienne cette hypothèse pour peu sérieuse.

Napoléon Ier, empereur des Français (1769-1815)

En 1799, le besoin d'un homme providentiel se fait sentir : le régime du Directoire, mis en place en 1795, après la Terreur, pour éviter la dictature d'un seul homme, est non seulement instable, mais corrompu et discrédité. Les seuls succès du régime sont militaires : la France installe des « Républiques sœurs » en Europe, notamment en Suisse et en Italie, mais provoque l'inquiétude de l'Angleterre, qui monte une nouvelle coalition. Le directeur Sieyès, qui souhaite renforcer le pouvoir exécutif, en appelle au général Bonaparte pour qu'il intervienne : c'est le coup d'État du 18 Brumaire et la mise en place du Consulat. Bonaparte, Premier consul, se fera couronner empereur en 1804.

Rien ne laissait présager que cet officier corse, né à Ajaccio en 1769, atteindrait un jour les sommets de la gloire. Issu d'une famille de petite noblesse pauvre, Napoléon Bonaparte décide, quand éclate la Révolution, de servir sa cause plutôt que d'émigrer. Après quelques moments difficiles à la chute de Robespierre, il participe activement aux campagnes du Directoire, qui le voient enchaîner les victoires. Après la bataille de Campoformio, en 1797, l'armée d'Italie lui est définitivement acquise. Avec les forces dont il dispose, il pourrait d'ores et déjà tenter de renverser le régime, impopulaire et corrompu. Mais la méfiance est grande à l'égard du pouvoir militaire, et la réussite d'un coup d'État reste très incertaine. Il faut attendre le moment favorable, et, jusque-là, ne pas se faire oublier. La campagne d'Égypte offre à Bonaparte l'occasion idéale. Débarqué à Alexandrie en 1798, Bonaparte se pose en libérateur. Mais les difficultés surgissent : la flotte française est détruite par l'amiral Nelson, et l'Égypte est soumise à un blocus. Bonaparte, rappelé par le directeur Sieyès en 1799, rentre néanmoins auréolé de la victoire d'Aboukir, dont la nouvelle vient de parvenir en France.

Du Consulat à l'Empire

Bonaparte, général largement vaincu qui a abandonné ses troupes, revient, grâce à une habile propagande, en vainqueur. Il prend le pouvoir par le coup d'État des 18-19 brumaire an VIII (9-10 novembre 1799) et devient Premier consul d'un régime qui conserve la République et s'appuie sur un triumvirat composé, outre Bonaparte, de Sieyès et de Ducos. Ces deux derniers n'ont en réalité qu'un pouvoir consultatif, et Bonaparte concentre entre ses mains l'essentiel du pouvoir, qu'il n'aura de cesse de renforcer. Arguant du fait qu'il est le seul rempart contre les deux menaces majeures du moment – le retour de la monarchie et la guerre –, il se fait accorder le consulat à vie par le plébiscite de 1802. En 1804, au lendemain d'un complot prétendument royaliste, il lance une nouvelle consultation populaire, qui le proclame empereur héréditaire des Français. Le sacre a lieu à Notre-Dame de Paris, en présence du pape, le 2 décembre 1804 – Bonaparte a en mémoire le sacre de Charlemagne, à Rome, et tient à ne pas répéter les mêmes erreurs. La République a vécu, même si les apparences républicaines ont été respectées jusqu'au bout, par l'organisation de plébiscites au suffrage universel masculin.

Les « masses de granit »

C'est un régime fort qui est rapidement établi. Monarque de fait, Napoléon instaure une vie de cour au cérémonial rigide. La société est mise au pas : surveillance accrue des individus, grâce notamment au ministère de la Police dirigé par Fouché et

Joseph Fouché

Professeur de sciences, Joseph Fouché s'engage résolument dans la Révolution en 1789 et est élu député en septembre 1792. D'abord Girondin puis Montagnard, il organise la garde nationale à Nantes et mène la lutte contre les Vendéens puis contre l'insurrection royaliste de Lyon. Ministre de la Police sous le Directoire, le Consulat, puis à plusieurs reprises sous l'Empire et durant les Cent-Jours, il devient après la défaite de Waterloo, en 1815, président du gouvernement provisoire, puis ministre de Louis XVIII. Proscrit en 1816 pour avoir voté la mort de Louis XVI, il meurt en exil en 1820.

à la création d'un livret pour les ouvriers destiné à contrôler leurs allées et venues, arrestations arbitraires, utilisation des journaux à des fins de propagande... Pour consolider le régime et mettre fin à l'instabilité qui a marqué l'époque révolutionnaire, Napoléon dit vouloir « jeter sur le sol quelques masses de granit » : ce sera, sur le plan juridique, le Code civil, rédigé en 1804, et toujours en vigueur à l'heure actuelle ; sur le plan administratif, une nouvelle organisation fondée sur les préfets, nommés par le pouvoir à la tête de chaque département ; sur le plan économique, le franc germinal et la Banque de France ; enfin, sur le plan religieux, le Concordat, signé avec le pape en 1801 et qui accorde à l'État la nomination des évêques en échange de la rémunération des prêtres. Il crée par ailleurs le lycée, avec une discipline proche de l'armée, et la Légion d'honneur, pour récompenser les hommes fidèles et méritants.

De la gloire militaire à l'exil

Au-delà des frontières, Napoléon mène une politique de conquête, qui aboutit à une domination française sur l'ensemble de l'Europe. Six « Républiques sœurs » sont instaurées aux Pays-Bas, en Suisse et en Italie et dotées de Constitutions calquées sur le modèle français, avec pour base la Déclaration des droits de l'homme et du citoyen. D'autres pays, comme l'Espagne, sont des États vassaux. L'Empire lui-même compte 130 départements. L'apogée est atteint en 1812. L'échec de la campagne de Russie et les défaites de la Grande Armée en 1813 en Prusse, notamment à Leipzig, marquent le début du déclin. Les soutiens du régime se dérobent : le 2 avril 1814, le Sénat, cœur de l'édifice constitutionnel napoléonien, proclame la déchéance de l'Empereur. Contraint à l'abdication, il s'exile sur l'île d'Elbe, entre la Corse et l'Italie. Il reconquiert néanmoins son trône quelques mois plus tard, en débarquant à Golfe-Juan le 1er mars 1815 et en remontant triomphalement jusqu'à Paris. Mais la défaite de Waterloo, le 18 juin 1815, entraîne presque immédiatement la chute du régime et clôt l'épisode des Cent-Jours. Napoléon meurt en exil à Sainte-Hélène, dans l'océan Atlantique, en 1821.

La bataille d'Austerlitz

Surnommée « la bataille des trois empereurs », la bataille d'Austerlitz, le 2 décembre 1805 (en actuelle République tchèque), met en présence Français, Russes et Autrichiens. Napoléon, en situation d'infériorité numérique, prend l'initiative de la bataille : feignant la retraite, découvrant son aile droite pour attirer l'ennemi, il pousse les Autrichiens et les Russes à la faute et réussit à couper leur armée en deux. Conséquences de la défaite, les Russes se retirent progressivement et les Autrichiens demandent l'armistice. La paix sera signée à Presbourg le 26 décembre 1805.

Trafalgar, la grande victoire de l'amiral Nelson (octobre 1805)

Napoléon a envisagé très tôt de débarquer des troupes en Angleterre. Il a stationné, pour cela, toute son armée au camp de Boulogne. Cette « Armée de l'Océan », qui deviendra la Grande Armée, attend, pour traverser la Manche à bord de navires de transport, que la marine française écarte la menace de la Royal Navy. La chose est plus facile à dire qu'à faire, car les derniers succès français contre elle, bien épisodiques, remontent à la guerre d'Indépendance américaine, et particulièrement à la victoire de l'amiral de Grasse à la bataille de la baie de Chesapeake, en 1781, qui donne leur indépendance aux Américains.

Dès l'année suivante, de Grasse est vaincu à la bataille des Saintes. Le lent déclin de la marine française, que le roi n'a plus les moyens d'entretenir, s'accélère. Le corps des officiers de marine, excellent, est, au sens propre comme au sens figuré, décapité par la Révolution, tandis que celui de la Royal Navy conserve son niveau d'excellence. Les batailles des guerres de la Révolution se soldent par des défaites. À Aboukir, en 1798, la flotte française est anéantie par un officier de marine britannique en vue : l'amiral Nelson.
L'amiral Villeneuve, en charge de la flotte française, est donc dans l'incapacité de permettre à Napoléon de franchir la Manche. L'Empereur est furieux et, le 14 septembre 1805, envoie à Villeneuve, qui stationne alors à Cadix aux côtés de la flotte espagnole, son alliée, l'ordre de croiser en Méditerranée et de s'attaquer au commerce britannique. Villeneuve ne reçoit son ordre que le 27 septembre. À cette date, la flotte britannique met déjà le blocus devant Cadix avec 33 navires de guerre. La flotte française compte 18 navires, celle des Espagnols en compte 15. Mais ces chiffres ne veulent hélas rien dire.

Des forces disproportionnées

Si la Royal Navy peut compter sur des équipages surentraînés et des navires en très bon état, les navires franco-espagnols sont, pour la plupart, mal entretenus et moins bien armés. Pire encore, certains navires français n'ont pas pris la mer depuis deux ans, ce qui est aussi le cas de leur équipage. Quant aux marins espagnols, les deux tiers d'entre eux n'ont jamais navigué...
Si, par ailleurs, Nelson est un chef charismatique et peut s'appuyer sur des subordonnés aussi vaillants et compétents que lui, comme Collingwood, l'amiral Villeneuve n'est pas reconnu comme un très grand marin et n'a rien d'un chef de guerre. Face

à la flotte britannique, il se montre hésitant. Ayant appris que quelques navires britanniques se sont détachés de la formation, il décide, enfin, une sortie et quitte Cadix le 19 octobre. N'ayant pas très confiance, et à juste titre, dans les qualités de marins des Espagnols, il forme des divisions mixtes, mélangeant les navires des deux nationalités, afin que les Français, un peu meilleurs, puissent soutenir les Espagnols. Ce choix va se révéler désastreux, pour des raisons tant tactiques que de communication au sein de la flotte.

Villeneuve tente une sortie

Villeneuve commande son escadre depuis le Bucentaure, déployé derrière le Santisima Trinidad, fort de 130 pièces (la majorité des navires d'alors embarque entre 74 et 80 canons), avec à son bord le chef d'escadre espagnol, Cisneros. Comme le veut la

L'amiral Nelson

Né en 1758, Nelson embarque dans la Royal Navy à l'âge de 12 ans. À 20 ans, en 1778, il devient le plus jeune capitaine de navire de la marine britannique et prouve son génie tactique et sa témérité. Il perd un œil devant Calvi en 1794 et un bras devant Tenerife en 1797. Chef charismatique, réputé pour n'en faire qu'à sa tête, il n'est pas l'inventeur des méthodes tactiques qu'il applique mais en use à merveille. Mortellement frappé par une balle tirée depuis le Redoutable, qui le touche à la colonne vertébrale vers 13 heures, il meurt à 16 h 30 et se voit offrir des funérailles de héros.

coutume, Villeneuve a déployé sa flotte en une longue ligne, la plupart des batailles navales de l'époque voyant s'affronter des lignes de navires qui se canonnent avant de s'aborder. Villeneuve met le cap sur Gibraltar, comme on le lui a ordonné.
Le 21 octobre, alors que la flotte alliée double le cap Trafalgar, elle est attaquée par la flotte de Nelson, qui ne compte plus que 27 navires. Villeneuve vire de bord, préférant engager le combat près de Cadix. Nelson ne lui en laisse pas le temps. Il donne le signal de l'attaque. Contrairement à ce que Villeneuve avait anticipé, Nelson opte pour une manœuvre classique, consistant à tronçonner la ligne de l'ennemi en l'abordant de flanc, bien aidé par le vent qui le sert dans sa manœuvre périlleuse. Les navires de l'époque n'ont en effet que très peu de pièces sur le gaillard d'avant et se trouvent pris sous le feu de l'ennemi durant toute leur approche sans pouvoir répliquer.

Le désastre

La manœuvre dure plus de 40 minutes. Vers midi, le Royal Sovereign de Collingwood coupe la ligne devant le Santa Ana. Le Victory, sur lequel se trouve Nelson, coupe la ligne française derrière le Bucentaure un quart d'heure plus tard. La situation est alors risquée pour les Britanniques, car certains navires plus lents ont du mal à suivre.
La première bordée délivrée par le Victory contre le Bucentaure, à bout portant et en enfilade, tue plus de 200 marins. Les ordres que Villeneuve tente d'envoyer à ses subordonnés demeurent sans réponse. La bataille dégénère en une suite de petits affrontements au canon ou à l'abordage. Le carnage est affreux ; les équipages français font montre de leurs lacunes, et les Espagnols de leur inexpérience. À 16 h 30, le Bucentaure est pris et l'amiral Villeneuve capturé. Vers 17 h 30, l'explosion du navire français

Achille donne le signal de la fin de la bataille, un véritable désastre pour les flottes française et espagnole.

Les communications entre navires

La communication au sein des flottes du XVIIIe siècle et du début du XIXe est un exercice périlleux. La radio n'existe pas et les télégraphes optiques sont de peu d'utilité. Les navires communiquent donc par le biais de fanions. De couleurs et de motifs suffisamment différents pour qu'ils ne soient pas confondus, ils peuvent, comme dans le système Popham, signifier des lettres ou des chiffres, mais certains assemblages de fanions figurent les mots les plus courants. Avant la bataille, Nelson envoie ainsi à sa flotte un message célèbre : « L'Angleterre espère que chacun fera son devoir. »

Austerlitz, l'Empire consacré (décembre 1805)

Le 2 décembre 1804, Napoléon se sacre lui-même empereur des Français à Notre-Dame, à Paris. La Révolution française est terminée et l'histoire de l'Empire peut commencer. Si les premières années du XIXe siècle ont vu la dislocation des coalitions des puissances d'Ancien Régime contre la France, ces dernières demeurent prêtes à intervenir, ne reconnaissant aucune légitimité à celui qu'elles tiennent pour un usurpateur. Napoléon a déployé son armée au camp de Boulogne, car il a le projet de débarquer en Angleterre. Les troupes y passent leurs journées à parfaire leur entraînement, et les grandes manœuvres permettent à chacun de se familiariser avec les nouvelles formations.

Le traité d'Amiens, qui a marqué le retour de la paix sur le continent, devient lettre morte. En mars 1804, Napoléon a déjà indigné l'Europe en faisant enlever, en territoire allemand, puis juger sommairement et exécuter le duc d'Enghien, jeune noble émigré soupçonné – à tort – d'avoir participé à un complot royaliste visant à tuer Napoléon... En 1805, Napoléon, déjà empereur, se coiffe de la couronne de fer du royaume d'Italie. L'ambition de la France semble dévorante, et, à l'été 1805, des contacts sont pris entre la Grande-Bretagne, l'Autriche et la Russie. Cette troisième coalition entend se débarrasser de Napoléon et envisage un plan si ambitieux qu'il porte en lui-même les germes de son échec, car il nécessite la bonne coopération de puissances européennes qui, bien que réunies par la haine de l'Empereur, ont des intérêts souvent contradictoires, en Méditerranée comme en Europe du Nord ou centrale. Grâce à ses espions, Napoléon est parfaitement au courant que les Autrichiens et les Russes doivent se tendre la main pour entrer en France. Il entend frapper le premier afin d'empêcher les deux alliés de se réunir et tisse même une alliance avec l'électeur de Bavière.

Premiers succès français

Le 8 septembre 1805, l'armée autrichienne du général Mack entre en Bavière, espérant que cette puissance va autoriser son passage, voire rejoindre son mouvement. C'est le contraire qui se produit. Certes, les 20 000 Bavarois qu'ils rencontrent ne sont pas de taille face aux 75 000 Autrichiens de Mack, mais ils gênent leurs mouvements. Mack, qui comptait sur un appui rapide des Russes, apprend qu'ils ne le rejoindront pas avant plusieurs semaines. Tandis que Mack se rapproche de la ville d'Ulm, sur le Danube, sept corps français convergent vers lui

et le prennent dans une nasse en le coupant de ses arrières. Le 15 octobre, la ville est encerclée, et, le 20, Mack capitule avec plus de 20 000 hommes, le reste de son armée s'étant échappé vers les Russes.
Côté autrichien, il n'existe presque plus aucune force capable d'empêcher les Français de marcher sur Vienne. Le 13 novembre, par un coup de bluff, Murat s'en empare. Ce qu'il reste de l'armée autrichienne réussit à tendre la main aux Russes en Moravie, à la grande fureur de Napoléon. L'empereur autrichien se trouve à présent à Olmütz, avec le tsar Alexandre, et Napoléon rejoint Brünn (Brno) pour leur livrer bataille.

Manœuvres en Moravie

Napoléon dispose désormais de la garde impériale, de quatre corps d'armée, de la réserve de cavalerie de Murat et de 140 canons,

Le soleil d'Austerlitz

Le « soleil d'Austerlitz » fait, comme la légende des lacs gelés s'effondrant sous le poids des soldats, partie des éléments célèbres de la bataille. Lorsque l'offensive des coalisés commence, vers 7 heures du matin, le soleil se lève à peine et la vallée où est déployé le centre renforcé de l'armée française, d'où la contre-attaque doit partir, est noyée dans le brouillard. Les Français ne voient rien, mais ils sont dissimulés à la vue des coalisés. Vers 8 h 30, le soleil commence à dissiper le brouillard et permet à Napoléon d'envisager le mouvement qu'il ordonne quelques minutes plus tard.

pour un total de 73 000 hommes. Face à lui, les coalisés sont forts de sept corps d'armée, plus la garde russe et 278 canons, pour un total de 90 000 hommes. Ils sont déployés sur le plateau du Pratzen, position particulièrement sûre et que Napoléon sait ne pouvoir prendre d'assaut de vive force.

Arrivé sur les lieux avec son armée le 1er décembre, il a eu le temps de reconnaître le terrain une semaine auparavant, alors que les coalisés n'y étaient pas encore, et a déjà un plan. Son armée se déploie derrière le ruisseau du Goldbach, en travers et au sud de la route qui mène de Brünn à Olmütz. Afin d'appâter l'ennemi, il a volontairement dégarni son aile droite, qui protège Vienne. Pour le tsar, la tentation est forte d'en profiter. Peu avant l'aube du 2 décembre 1805, les troupes russes quittent le sud du plateau et marchent en direction du village de Sokolnitz, avec comme objectif de tourner l'armée française et de se rabattre sur ses arrières. Ce faisant, les coalisés tombent dans un piège mortel.

La bataille

Napoléon attend le corps de Davout, qui marche depuis Vienne et va pouvoir consolider la position si elle tient, ou prendre les Austro-Russes de flanc s'ils parviennent à percer. La division Legrand, submergée par le nombre, commence à plier lorsque les troupes de Davout apparaissent. Au nord, la garde russe et la cavalerie austro-russe de Liechtenstein livrent bataille à Murat. Par une brillante contre-attaque, ce dernier les repousse, tandis que le tsar fait engager toujours davantage de troupes au nord et au sud, dégarnissant son centre. « *Combien de temps vous faut-il pour atteindre le plateau ?* » demande alors Napoléon à Soult. « Vingt minutes », lui répond son subordonné. Vers 9 heures, Napoléon lui donne l'ordre attendu et Soult s'empare rapidement du plateau, coupant l'armée coalisée en deux. Les troupes coalisées engagées au sud voient, à partir de 13 heures, les hauteurs qu'elles ont quittées tenues par les Français. Elles tentent alors de se replier vers le sud-est en passant sur un étang gelé, qui craque sous leur poids et les tirs de boulets français, tandis qu'au nord le tsar ordonne la retraite aux unités qui ne sont pas encore encerclées. La bataille est finie.

Le mythe des étangs gelés

Le bulletin de la Grande Armée le dit : « *On vit ce spectacle horrible, tel qu'on l'avait vu à Aboukir : 20 000 hommes se jetant dans l'eau et se noyant dans les lacs.* » La légende est restée. Elle est inexacte.

L'étang de Satschan, dont la glace rompt sous le poids des soldats coalisés, est peu profond. Lorsqu'il est drainé, quelques mois plus tard, on n'y trouve qu'une trentaine de canons et quelques cadavres. La glace s'est rompue, mais la plupart des soldats, trempés jusqu'aux os, sont parvenus à s'en extraire. Les 20 000 noyés (un quart des effectifs !) d'Austerlitz sont donc une fable.

Waterloo, le crépuscule de l'Aigle (juin 1815)

Après la calamiteuse campagne de France de 1814, au cours de laquelle il a pourtant remporté quelques victoires, Napoléon a été contraint d'abdiquer à Fontainebleau le 6 avril. Il est alors exilé sur l'île d'Elbe, en Méditerranée. C'est l'heure en France de la Restauration. Louis XVIII monte sur le trône et tente d'asseoir son pouvoir. Mais Napoléon ronge son frein et projette déjà de revenir en France. C'est chose faite le 1er mars 1815, quand il débarque à Golfe-Juan. Sitôt la nouvelle connue, Louis XVIII ordonne qu'on l'arrête. En vain : Napoléon rallie tout le monde sur son passage. Le maréchal Ney, qui avait promis au roi de ramener Napoléon « dans une cage de fer », tombe dans ses bras.

Partout, les soldats dépêchés pour lui faire barrage se rallient à lui. Certains officiers royalistes sont arrêtés par leurs hommes. Le « vol de l'Aigle » est irrésistible, et Napoléon s'installe au château des Tuileries, que le roi a déserté en toute hâte, dès le 20 mars 1815. La période des « Cent-Jours » débute. Napoléon tente de convaincre de ses intentions pacifiques les autres souverains d'Europe, en pure perte, comme on s'en doute. Les puissances sont d'ailleurs réunies au congrès de Vienne, qui se penche sur la future carte de l'Europe. Une décision est rapidement prise par les nouveaux coalisés : ce sera la guerre. Napoléon compte asseoir son pouvoir et fait voter l'Acte additionnel aux Constitutions de l'Empire, rédigé par Benjamin Constant. Cet amendement, approuvé par plébiscite et promulgué le 1er juin, donne un tour plus libéral à l'Empire. Mais le spectre de la guerre est déjà là.

La guerre se prépare

Dès le 13 mars, les coalisés ont déclaré la guerre à « Buonaparte ». Autrichiens et Russes sont loin, leurs armées ont été rudement éprouvées et l'empereur des Français sait que la menace principale viendra des Britanniques et des Prussiens. Début juin, les premiers sont déjà en Belgique, sous les ordres de Wellington. Blücher marche vers lui.

Comme en 1805, à Austerlitz, Napoléon entend livrer bataille aux deux adversaires avant qu'ils aient eu le temps de se réunir. Son armée a dû être entièrement réorganisée et de nombreux régiments recréées après avoir été dissous par la Restauration. Ce miracle est, pour l'essentiel, dû au ministre de la Guerre, le maréchal Davout.

Mais un homme manque à l'appel, et non des moindres : le maréchal Berthier, chef d'état-major de Napoléon, véritable courroie de transmission entre l'Empereur et ses hommes, est mort le 1er juin, dans des circonstances mal élucidées. Son remplaçant, Soult, n'est pas à la hauteur. Malgré cela, Napoléon peut partir en campagne avec une armée nombreuse, 125 000 hommes au total. Face à lui, Wellington, avec 100 000 Britanniques et alliés hanovriens et hollando-belges, et Blücher, avec 120 000 Prussiens.

Napoléon franchit la Sambre

Le 15 juin, Napoléon franchit la Sambre et entre en Belgique. Il apprend bientôt qu'une importante armée prussienne s'est rassemblée à Ligny et décide de l'attaquer en premier. Plus à l'ouest, au carrefour dit « des Quatre-Bras », l'armée britannique tente de se regrouper. Napoléon y dépêche le maréchal Ney afin qu'il écarte cette petite force et ouvre la route de Bruxelles. Sa mission sera ensuite de se rabattre sur le flanc droit des Prussiens

L'infortuné Grouchy

Dans l'imaginaire collectif, Grouchy est responsable de n'avoir pas arrêté Blücher à Wavre et donc de la défaite de Waterloo. Mais Napoléon croyait Blücher battu et en pleine retraite vers la Prusse, il n'avait confié à Grouchy que deux corps d'armée pour suivre les quatre corps d'armée de Blücher, et par ailleurs les instructions et rapports envoyés à Grouchy étaient peu clairs. Grouchy est donc devenu le bouc émissaire de Napoléon. S'il a sa part de responsabilité, en l'occurrence celle de n'avoir pas poursuivi Blücher avec beaucoup d'entrain, la première faute incombe à l'Empereur.

pour provoquer leur déroute. Mais la bataille de Ligny, violente, frontale, qui se termine par une défaite prussienne, n'anéantit pas l'armée de Blücher. Ney, quant à lui, fait preuve de pusillanimité et ne parvient pas à vaincre Wellington. Les Alliés battent en retraite, Wellington vers Bruxelles et Blücher vers Wavre. Voulant rejoindre Ney pour battre Wellington, dont il pense ne faire qu'une bouchée, Napoléon confie la poursuite de Blücher au général Grouchy.

Bataille sur le plateau de Mont-Saint-Jean

Le 18 juin au matin, l'armée française et l'armée anglo-alliée se font face dans une plaine boueuse de Belgique. Les Britanniques et leurs alliés sont déployés à Mont-Saint-Jean, leur front protégé par deux fermes fortifiées servant de brise-lames aux offensives, Hougoumont et la Haye Sainte. L'attaque débute par une canonnade à l'effet limité : le sol est détrempé et les boulets s'y enfoncent. Napoléon n'écoute pas ceux de ses généraux qui ont déjà affronté les Anglais et opte pour une attaque frontale alors qu'il a les moyens d'envelopper les Britanniques. Des combats terribles se déroulent autour des fermes fortifiées. Les Français ne parviennent pas à percer mais infligent de lourdes pertes ; les alliés de Wellington semblent chanceler. Vers 16 heures, à l'est du champ de bataille, apparaissent bientôt des masses de troupes. Napoléon espère qu'il s'agit de Grouchy, mais c'est Blücher, qui menace son flanc. De nouvelles charges de cavalerie sont lancées contre Mont-Saint-Jean, avec l'énergie du désespoir, par le maréchal Ney, qui réclame à Napoléon de l'infanterie. « Où veut-il que j'en prenne ? Veut-il que j'en fabrique ? » maugrée l'Empereur, qui sent venir sa perte.

Pourquoi Waterloo ?

Un examen de la carte et un récit même détaillé de la bataille peuvent pousser le lecteur à se demander pour quelle raison la bataille de Waterloo s'appelle ainsi. Elle se déroule en effet à Mont-Saint-Jean et aurait dû prendre ce nom. En Prusse, après la guerre, elle reçoit le nom évocateur de « bataille de la Belle-Alliance », du nom du hameau où Napoléon installa son quartier général. Le village de Waterloo, situé sur les arrières de l'armée britannique, offrait à ces derniers un avantage énorme : celui d'être facilement prononçable par eux. Voilà comment ce nom est entré dans l'histoire !

La conscription en France sous le règne de Napoléon Ier

La Révolution Française remet en cause les structures de la société française. Comme le reste, l'armée n'échappait pas à ce phénomène. L'Assemblée constituante n'avait conservé que l'armée régulière, dont le Corps législatif devait tous les ans voter le chiffre sur la proposition du roi. Lorsque s'ouvrent les États généraux, la plupart des députés du Tiers état sont favorables à une « régénération de l'armée » par la conscription. On développe alors le thème qui court dans les rues : pour empêcher que l'armée ne soit l'outil d'une dictature, il faut qu'elle soit nationale. C'est le début du principe de service militaire obligatoire, réformé par Dubois-Crancé, et la genèse du citoyen-soldat.

La France de la Révolution, au-delà des tensions internes qu'elle connaît, doit faire face à l'hostilité de ses voisins qui voient d'un mauvais œil les prétentions de liberté du peuple français. Pour lutter contre cette masse d'ennemis, le Directoire, sur la proposition de Jourdan, établit la loi de la conscription. Mais les ressources pour équiper les contingents sont faibles. Malgré ses efforts, il ne peut réunir que 180 000 hommes disséminés sur une ligne de 600 lieues, allant du Zuyderzée au golfe de Tarente, afin de protéger toutes les républiques faites à l'image de la France, batave, helvétique, ligurienne, cisalpine, florentine... La loi sur la conscription votée le 5 septembre 1798 doit être l'instrument d'intimidation propre à faire reculer les ennemis de la France. « *Anglais,* s'écrit Decomberousse, *osez donc être les témoins de cette fête ! Sicaires, assassins, fanatiques outrés, cruels, royalistes, approchez de cette enceinte qui renferme une partie de ce grand peuple ; considérez avec l'attention de la rage ; reportez ces détails à vos maîtres, avec la loi de la conscription militaire, et qu'ils nous disent qu'ils conservent encore l'espoir de vaincre un tel peuple !* »

Les prémices de la loi Jourdan-Delbrel

Le principe de conscription n'est pas une évidence dans l'esprit de la Révolution. En effet, le principe du service militaire obligatoire va à l'encontre de la liberté des citoyens. C'est pourquoi Jourdan n'utilise dans un premier temps pas le terme de conscription. Il énonce l'idée que « *tout citoyen français est défenseur de la patrie dès l'instant où il a atteint sa dix-huitième année, jusqu'à celui où il termine, en temps de paix, sa vingt-unième année, et, en temps de guerre, sa vingt-quatrième ; et que, pendant cet espace de temps, il est obligé de servir dans les troupes de la République, lorsqu'il y est appelé par la loi* ». Quant au mode d'appel, il ne trouve rien de mieux que de recourir au procédé déjà usité en 1791, lors de la première levée des volontaires, et en 1793, lors de la levée en masse. Il propose la formation d'une armée auxiliaire, destinée à renforcer, par fractions convenables, l'armée régulière. L'armée auxiliaire se formerait par voie de tirage au sort, mais ne recevrait aucune organisation ; ses cadres seuls existeraient en permanence. Les 100 000 conscrits désignés ne seraient soumis qu'aux obligations communes de la garde nationale.

Les débuts de l'armée nationale

Jourdan connaît des difficultés pour faire accepter le principe de conscription. Il se heurte aux idées de Delbrel, plus marqué par la Révolution. Cependant, une armée nationale semble nécessaire et la plus apte à défendre les valeurs de la Nation. Face à

Biographie de Jean-Baptiste Jourdan

Né à Limoges le 29 avril 1762, ce fils de chirurgien devient capitaine dans la garde nationale de Limoges en juillet 1789, est envoyé à l'armée du Nord, nommé général de brigade en mai 1793 et général de division en juillet. Il est député des Cinq-Cents en avril 1797, et en devient président le 19 septembre où il fait voter la loi sur la conscription. Il est nommé maréchal d'Empire le 19 mai 1804. Président du conseil de guerre chargé de juger Ney, en 1815, il est nommé comte par Louis XVIII en 1816. Pair de France en mars 1819, il est gouverneur des Invalides en août 1830. Il meurt en 1833.

cette évidence, le conseil des Cinq-Cents adopte la résolution proposée par Jourdan et Delbrel, après qu'un compromis eut été trouvé. Le 5 septembre 1798 marque la date mémorable où la France vient de se soumettre au système de la conscription. La loi Jourdan-Delbrel donne naissance aux conscrits, tirés au sort parmi les jeunes gens âgés de 20 ans. La durée du service est de cinq ans. La loi prévoit un système de remplacement, qui permet aux réquisitionnaires et conscrits qui ont obtenu des congés ou des dispenses pour cause de maladies, d'infirmités ou d'inaptitude au service militaire de fournir un suppléant ou de payer 300 francs pour l'équipement des conscrits nouvellement appelés. Ce système est vivement critiqué car il induit que les conscrits suffisamment riches pour payer un suppléant ont la possibilité d'éviter le service, et que par conséquence, seuls les pauvres gens seraient contraints à la conscription.

L'impopularité de la conscription

La loi sur la conscription est vite appliquée pour subvenir aux besoins des armées. Mais contrariée par l'insoumission et les inégalités de fait, elle est altérée par les lois d'application qui suivent. Sur 72 618 conscrits partis de leurs cantons, 51 000 seulement ont rejoint leur corps. On est bien loin des 200 000 appelés. Les historiens de la Révolution puis de l'Empire expliquent le phénomène de l'insoumission à son origine. Avant la Révolution, la milice était odieuse aux populations des campagnes. L'hostilité s'est naturellement poursuivie après 1789 parce que les méthodes de recrutement et les conséquences sont les mêmes. La cause invoquée le plus souvent est l'agitation discrète de la contre-révolution royaliste qui se nourrit de toutes les formes d'opposition à l'État révolutionnaire. Pour autant, cette opposition au régime n'est souvent que le catalyseur d'une résistance plus profonde, ancrée dans la population des campagnes, depuis plusieurs siècles. Le spectacle d'une société rurale vidée de ses bras par les levées successives, et dans le même temps en recherche désespérée de main-d'œuvre pour garder les troupeaux ou cultiver les champs, incite à l'insoumission.

Extrait de la loi Jourdan-Delbrel

« Art.1. Tout Français est soldat et se doit à la défense de la patrie. 2.Lorsque la patrie est déclarée en danger, tous les Français sont appelés à sa défense, suivant le mode que la loi détermine [...]. *3.Hors le cas du danger de la patrie, l'armée de terre se forme par enrôlement volontaire et par la voie de la conscription militaire. 4.Le Corps législatif fixe,* [...] *le nombre des défenseurs qui doivent être mis en activité de service. 5.Ce nombre se règle par la connaissance de l'incomplet de l'armée, et du nombre des enrôlés volontaires non encore présents aux drapeaux. »*

Louis XVIII, roi de la Restauration (1755-1824)

L'Empire a révélé une impasse politique. Napoléon n'a pas trouvé de formule constitutionnelle satisfaisante : s'il a maintenu de grands acquis révolutionnaires, comme la souveraineté de la nation et le suffrage universel masculin, il les a vidés de leur substance. En 1814, après les 10 ans d'instabilité politique de la Révolution française et les 15 années de pouvoir personnel de Napoléon, le retour de Louis XVIII semble inévitable. La dynastie des Bourbons remonte donc sur le trône après 23 ans d'absence. Louis XVIII est accueilli dans l'indifférence, sans hostilité particulière. Après les guerres napoléoniennes, les Français aspirent à la paix et à la stabilité politique.

Louis XVIII a laissé une image négative, véhiculée par Chateaubriand, qui le décrit comme un *« être égoïste voulant sa tranquillité à tout prix »*, ou par le général Thiébault, qui le voit comme un homme inconstant, peu intéressé par les affaires de l'État. S'il est vrai que Louis XVIII fait relativement pâle figure à côté de son frère et successeur Charles X, qu'il est obèse et quasiment impotent quand il monte sur le trône, à presque 60 ans, il faut tout de même lui reconnaître quelques mérites, notamment celui d'avoir cherché à réconcilier la France d'Ancien Régime avec la France issue de 1789 : *« Je ne veux pas être le roi de deux peuples. »* Émigré en 1791, Louis Stanislas Xavier de France a passé 23 ans en exil. Dès la mort de Louis XVII, en 1795, il prend le titre de « Louis XVIII ». L'abdication de Napoléon, en avril 1814, lui offre l'opportunité escomptée : Louis XVIII accepte la Charte proposée par le Sénat à Saint-Ouen le 2 mai 1814, par laquelle il admet les principaux acquis révolutionnaires. Si le régime n'est pas entièrement parlementaire – le gouvernement n'est responsable que devant le roi –, les Assemblées ont des compétences importantes : elles votent les lois et les impôts.

De la première à la seconde Restauration

Le nouveau pouvoir commet quelques maladresses : transfert des cendres supposées de Louis XVI à Saint-Denis, menaces contre les acquéreurs des biens nationaux… À cela s'ajoute la colère d'une partie des officiers de l'ex-armée impériale mis en demi-solde. Napoléon réussit à reprendre le pouvoir, mais pour « cent jours » à peine. Louis XVIII, réfugié à Gand, aux Pays-Bas, en mars 1815, revient le 8 juillet, 20 jours après la défaite de Waterloo. Il rentre *« dans les fourgons de l'ennemi*, dira Chateaubriand, *« entre le vice et le crime »* – c'est ainsi qu'il désigne Talleyrand et Fouché, deux anciens ministres de

Napoléon passés opportunément du côté des Bourbons. Sur le plan européen, Louis XVIII signe le traité de Paris : la France est ramenée à ses frontières de 1790, doit payer une indemnité de guerre et entretenir une armée d'occupation sur ses territoires frontaliers. Sur le plan intérieur, le roi a tiré les leçons de la première Restauration : son principal souci va être de canaliser les ardeurs des ultras – qui veulent le retour à l'Ancien Régime – et d'enraciner une monarchie à l'anglaise, telle qu'il a pu l'observer lors de ses années d'exil en Angleterre.

Des gouvernements constitutionnels

À l'intérieur du pays, la page de l'Empire se tourne dans la violence : l'armée impériale est dissoute, l'administration épurée, et une terreur blanche se déchaîne contre les bonapartistes. Les élections législatives du mois d'août se déroulent dans une

Élie Decazes

Favori de Louis XVIII, qui l'appelle « *mon cher fils* », Élie Decazes dirige le gouvernement de décembre 1818 à février 1820, à l'âge de 37 ans à peine. Il a connu une ascension rapide sous la Révolution et l'Empire : fils d'un avoué de Libourne, il a été juge du tribunal de la Seine puis secrétaire de la mère de l'Empereur, avant de se rallier aux Bourbons en 1814. Devenu duc en 1820, il mène une politique du juste milieu constitutionnel et prend un certain nombre de mesures libérales. L'assassinat du duc de Berry est le prétexte utilisé par la Chambre pour exiger son départ.

atmosphère de guerre civile et aboutissent à une Chambre composée de façon très majoritaire d'ultras – réaction des électeurs qui craignent le désordre. Les députés prolongent la terreur par une épuration légale à l'été 1815, faisant arrêter 70 000 individus pour délit politique. Mais cette « Chambre introuvable » est finalement dissoute, et la majorité, de 1816 à 1820, est faite de « constitutionnels », favorables à l'application de la Charte. Malgré l'opposition entre libéraux et ultras, aux deux bouts de l'échiquier politique, des lois essentielles sont promulguées, d'abord sous la houlette du duc de Richelieu, puis du duc Decazes : modification de la loi électorale qui réduit l'influence des ultras, lois libérales sur la presse qui suppriment l'autorisation préalable et la censure, réorganisation de l'armée, libération totale du territoire, en 1818, par paiement anticipé des deux dernières annuités de la dette de guerre.

La réaction ultra

« Seul le système de la modération peut empêcher la France de se déchirer de ses propres mains », affirmait Louis XVIII à son favori Decazes. La mort du duc de Berry, neveu du roi et héritier du trône, assassiné en 1820 à sa sortie de l'opéra par un ouvrier bonapartiste, marque un tournant dans le règne de Louis XVIII. La Chambre exige le départ de Decazes, jugé responsable moralement. À partir de 1820, l'influence des ultras va croissant ; les libertés individuelles sont suspendues, la censure rétablie. Le pouvoir de l'Église est renforcé, et les élites traditionnelles sont favorisées par la loi du double vote, qui permet aux électeurs les plus fortunés de voter deux fois. Le comte de Villèle, chef des ultras à la Chambre, devient président du Conseil en 1822. Face à l'effacement progressif de Louis XVIII, il prend l'habitude de gouverner seul. La politique, de plus en plus réactionnaire,

laisse espérer aux ultras un retour à l'Ancien Régime. La mort de Louis XVIII, le 16 septembre 1824, ne change pas la donne, puisque Villèle reste au ministère sous le règne de Charles X. Cette mort fut qualifiée par le diplomate autrichien Metternich de « *fait insignifiant* ».

La Charte de 1814

La Charte reflète à merveille les ambiguïtés de la Restauration : c'est une Constitution, mais qui n'en porte pas le nom, baptisée d'un terme issu de l'Ancien Régime. La Charte est « octroyée » par le roi, et la date – « *Donné* [...] *l'an de grâce 1814 et de notre règne le dix-neuvième* » – prétend ignorer l'abolition de la monarchie, en faisant remonter le règne de Louis XVIII à la mort de Louis XVII, en 1795. Le drapeau blanc vient remplacer le drapeau tricolore. Malgré tout, certains acquis révolutionnaires ne sont pas remis en cause, et le préambule de la Charte reconnaît notamment les Lumières.

Charles X, roi ultra (1757-1830)

La mort de Louis XVIII, en septembre 1824, ouvre la voie aux ultras. Le plus jeune frère de Louis XVI, le comte d'Artois, chef de file de la droite, devient roi et se fait sacrer à Reims, marquant sa volonté d'être un monarque de droit divin. Six ans plus tard à peine, Charles X est contraint à l'abdication : selon le mot célèbre de Talleyrand, le 29 juillet 1830, ***« à midi cinq minutes, la branche aînée des Bourbons a cessé de régner ».*** **Par son intransigeance, Charles X a largement contribué à la fin de la Restauration :** ***« Mes résolutions sont immuables »,*** **disait-il en mars 1830, ou, encore en juillet :** ***« La première reculade que fit mon malheureux frère*** **[Louis XVI]** ***fut le signal de sa perte. »***

« *Plutôt scier du bois que de régner à la façon d'un roi d'Angleterre* » : cette phrase, répétée à plusieurs reprises par Charles X au cours de son règne, donne le ton. Le comte d'Artois est un ultra, qui refuse le régime parlementaire. Le plus jeune frère de Louis XVI – Charles Philippe – a été le chef de file des émigrés : parti parmi les premiers en 1789, il n'a eu de cesse d'exhorter les monarques européens à déclarer la guerre aux révolutionnaires. Rentré d'Angleterre en 1814, le comte d'Artois fait preuve de l'incompréhension la plus complète des changements issus de la Révolution. Dès son accession au trône, il entend durcir la politique réactionnaire du ministère, dirigé par Villèle depuis 1822. Les premiers mois font cependant illusion : le roi, malgré ses 67 ans, a une prestance qui contraste fortement avec la décrépitude de Louis XVIII. Grand, mince et élégant, Charles X sait plaire. Habilement, il gracie de nombreux prisonniers politiques. Lors de son entrée solennelle dans la capitale, il est accueilli par des ovations. Mais cette bonne impression est vite effacée : renouant avec les traditions de l'Ancien Régime, Charles X se fait sacrer à Reims le 29 mai 1825.

Le triomphe de la contre-Révolution

La réaction ultra s'amorce alors : la Chambre est dissoute, et tous les moyens sont utilisés pour favoriser les ultras. Le contrôle de la presse s'intensifie ; l'autorisation préalable est rétablie ; les délits de presse dépendent désormais des tribunaux correctionnels, et les cours royales peuvent condamner tout journal ayant fait paraître des articles « tendancieux ». La lutte contre l'opposition s'accompagne d'une très forte réaction cléricale : l'enseignement est repris en main, le personnel épuré – tout candidat instituteur doit avoir un certificat de bonne conduite de son curé –, l'École normale supérieure, foyer de contestation, est fermée en 1822. Point culminant de la réaction religieuse : la « loi du sacrilège », en 1825, en vertu de laquelle tout vol avec effraction dans une église devient passible de la guillotine. Outrancière, cette loi est inapplicable, mais elle est révélatrice de la politique menée. La loi du « milliard des émigrés » accorde quant à elle une compensation financière aux propriétaires fonciers dont les biens ont été confisqués pendant la Révolution – le duc d'Orléans, futur Louis-Philippe, avec ses 12,5 millions d'indemnité, en est le premier bénéficiaire !

Des tentatives de conciliation

Cette politique radicale provoque la montée des oppositions. L'obstruction parlementaire systématique à partir de 1826 puis le succès des libéraux aux élections de 1827 conduisent finalement

Le duc de Polignac

Fils cadet de la duchesse de Polignac, favorite de la reine Marie-Antoinette, Jules de Polignac a émigré, enfant, avec sa famille dès 1789. Revenu en France en 1814 avec le comte d'Artois, futur Charles X, il s'exile à Gand avec la famille royale pendant les Cent-Jours. Ultraroyaliste, artisan d'une restauration intégrale de l'Ancien Régime, il est ambassadeur à Londres, puis ministre des Affaires étrangères. Appelé en août 1829 à former un ministère ultra pour contrebalancer la majorité de députés libéraux élus en 1827, il conduit, par sa politique, au renversement du régime en juillet 1830.

à la nomination d'un ministère de centre dirigé par Martignac, plus conforme à la majorité parlementaire et donc à l'application de la Charte. Mais le roi lui est hostile, et la politique de Martignac mécontente les ultras sans pour autant satisfaire les libéraux. Martignac est finalement remplacé en août 1829 par Polignac, qui prend la tête d'un ministère ultra, en décalage complet avec la majorité de la Chambre. Face au refus de Charles X de jouer le rôle de monarque constitutionnel établi par la Charte, l'opposition républicaine se développe. En parallèle se fait jour peu à peu l'idée de faire appel au duc d'Orléans. Il existe un précédent : l'Angleterre, en 1688, *« avait changé les personnes sans changer les choses »* – c'est l'arrivée au pouvoir de Guillaume d'Orange. Adolphe Thiers porte tout particulièrement cette idée orléaniste : il faut *« enfermer les Bourbons dans la Charte*, écrit-il dans *Le National*. *« Je leur fermerai toutes les portes de sorte qu'ils devront sauter par la fenêtre. »*

Le renversement de Charles X

Très impopulaire, le gouvernement Polignac se trouve, en outre, dans l'incapacité totale de gouverner. En mars 1830, 221 députés réclament, par le biais d'une adresse au roi, le respect de la Charte. Pour toute réponse, Charles X dissout la Chambre. Les nouvelles élections se soldent par la défaite des ultras. Mais le roi décide de ne pas en tenir compte et recourt à l'article 14 de la Charte, qui lui permet, au nom de la sûreté de l'État, de promulguer des ordonnances sans l'accord des Chambres. Le 25 juillet 1830, la liberté de la presse est suspendue, la Chambre dissoute – les élections auraient été faussées –, le droit de vote limité à l'aristocratie foncière, de nouvelles élections sont prévues. Le lendemain, *Le National, Le Globe* et *Le Temps* décident de paraître sans autorisation préalable. La saisie des presses ordonnée par le roi conduit aux premiers incidents, puis aux barricades, et, le 29 juillet, à l'attaque des Tuileries. Suite aux tractations de Thiers, le duc d'Orléans est acclamé par la foule à l'Hôtel de Ville. Charles X le nomme lieutenant général du royaume et abdique en faveur de son petit-fils le duc de Bordeaux, avant de fuir vers Cherbourg et l'Angleterre.

Les « Trois Glorieuses »

Les trois journées d'insurrection parisienne, les 27, 28 et 29 juillet 1830, voient se multiplier les barricades ; elles aboutissent à la prise des Tuileries et à la fuite de Charles X. Ces « Trois Glorieuses » ont inspiré à Eugène Delacroix son fameux tableau *La Liberté guidant le peuple*, où l'allégorie de la Liberté, triomphante, coiffée du bonnet phrygien, brandit le drapeau tricolore. Place de la Bastille, la colonne de Juillet, surmontée d'un génie de la Liberté, rend hommage aux victimes : elle a été érigée en 1840, au-dessus de deux cryptes qui abritent 500 dépouilles.

Louis-Philippe, le roi bourgeois (1773-1848)

Louis-Philippe est le dernier roi de France. Descendant de Philippe d'Orléans – petit-fils de Louis XIII, qui assura la régence pendant la minorité de Louis XV –, fils de Louis-Philippe d'Orléans, dit « Philippe Égalité », Louis-Philippe aurait pu fonder une nouvelle dynastie. Il est renversé, en 1848, après à peine 18 ans de règne : la IIe République est mise en place, bientôt remplacée par le second Empire. L'éventualité d'une restauration monarchique s'est complexifiée : d'un côté, les orléanistes sont favorables au comte de Paris, petit-fils de Louis-Philippe ; les légitimistes, eux, sont partisans de l'héritier de Charles X, le duc de Chambord. Ils se révéleront incapables de trouver un accord.

Le père du nouveau roi, Philippe Égalité, avait siégé à la Convention et voté la mort de Louis XVI. Lui-même a combattu dans les armées révolutionnaires et participé aux batailles de Valmy et de Jemmapes, en 1792, avant de déserter, sans rejoindre pour autant les autres émigrés. Ce descendant du Régent et de Louis XIII se réfugie en Suisse, donne des cours de mathématiques et voyage en Suède, aux États-Unis et en Sicile. Réconcilié finalement avec les Bourbons de la branche aînée en 1800, il rentre en France en 1814, tout en conservant ses distances vis-à-vis de Louis XVIII. Pendant toute la période de la Restauration, il s'occupe de reconstituer la fortune de la famille d'Orléans, et, en bon bourgeois, envoie ses fils au collège Henri-IV. Il gardera un mode de vie similaire une fois monté sur le trône, parcourant les rues à pied parapluie sous le bras, serrant la main des passants. Dès 1828, une lettre ouverte lui lance un appel pour qu'il succède à Charles X. Mais l'initiative est prématurée. Deux ans plus tard, le 30 juillet, Thiers vient le voir dans sa résidence à Neuilly et le fait paraître le lendemain, dans son uniforme de garde national, au balcon de l'Hôtel de Ville.

Roi des Français et drapeau tricolore

Le 7 août, après quelques jours de vide monarchique, Louis-Philippe fait le serment au palais Bourbon de respecter la Charte – une Charte révisée. Il est proclamé roi des Français « *par la grâce de Dieu et la volonté nationale* ». Il ne tient donc plus son pouvoir de sa naissance ; il ne le tient pas non plus, en réalité, de la souveraineté populaire, car la monarchie de Juillet est née des intrigues de quelques hommes. Il a d'emblée à faire face à la contestation de sa légitimité par les partisans de Charles X – les « légitimistes » –, qui le considèrent comme un usurpateur. Le nouveau régime procède à une libéralisation modérée et intègre certains acquis de la Révolution : le drapeau tricolore est rétabli ; la religion catholique, de religion d'État, devient la religion de la majorité des Français ; l'initiative des lois est désormais partagée entre la Chambre des députés et le roi, le suffrage censitaire est élargi, et la presse retrouve une certaine liberté. Louis-Philippe sera la cible des caricaturistes, notamment de Charles Philipon, qui représentera le roi sous la forme d'une poire – image destinée à évoquer mollesse et bêtise, et qui lui reste associée encore aujourd'hui.

Un roi qui règne puis gouverne

Sous ses dehors bourgeois, Louis-Philippe entend bien être le roi. Face à la grande instabilité ministérielle qui dure jusqu'en 1836, le roi fait figure de seul élément stable de l'exécutif. Le nouveau régime doit faire face à quelques menaces. De 1830 à 1835,

Adolphe Thiers

C'est à Adolphe Thiers, avocat marseillais, également journaliste et historien, que Louis-Philippe doit en quelque sorte son trône. Alors que les Parisiens ont pris les Tuileries le 29 juillet 1830 et réclament une république, Adolphe Thiers est d'avis qu'*« il n'y a que le duc d'Orléans qui puisse nous tirer de là »*. D'abord ministre de l'Intérieur, Adolphe Thiers devient président du Conseil en 1836, puis à nouveau en 1840. Habile orateur, mais de petite taille, il est surnommé « Mirabeau-Mouche ». Il fait voter la construction d'une nouvelle enceinte entourant Paris, les « fortifs ».

l'agitation de rue, alimentée par la crise sociale et la nostalgie de la grandeur impériale amputée par les traités de 1815, est incessante : au soulèvement des canuts lyonnais en 1831 succèdent les émeutes parisiennes de 1832, puis l'insurrection de 1834. Sept attentats visent la personne du roi entre 1835 et 1846 et conduisent à une répression de plus en plus sévère. À la suite de l'attentat de Fieschi, en 1835, le terme de « républicain » est tout bonnement proscrit. À partir de la seconde moitié des années 1830, Louis-Philippe ne se contente plus seulement de régner, il entend bien gouverner : *« Le trône n'est pas une chaise vide »*, dira-t-il. Il trouve en Guizot un Premier ministre d'envergure, qui partage ses vues : *« Guizot, c'est ma bouche ! »* La politique se caractérise alors par un grand immobilisme. Pour tout programme, Guizot a un mot d'ordre : *« La paix à l'extérieur, l'ordre à l'intérieur. »*

Immobilisme et autoritarisme

Le choix est fait du maintien des traités de 1815, et les bases d'une « entente cordiale » avec l'Angleterre sont jetées. Sur le plan économique, la loi de 1842 sur les chemins de fer – neuf lignes majeures, une infrastructure à la charge de l'État, une exploitation confiée à des compagnies privées – marque une étape essentielle pour le développement économique français. Les dernières années du règne sont marquées par un autoritarisme de plus en plus fort du roi, qui s'obstine à maintenir Guizot malgré son impopularité croissante. Le gouvernement reste sourd aux demandes d'un élargissement du corps électoral. Une campagne de banquets est organisée pour signer des pétitions en faveur d'une réforme électorale, en 1847, puis à nouveau en février 1848, contre le « système Guizot ». Le roi finit par renvoyer son Premier ministre, mais l'agitation persiste. Soucieux de ne pas faire couler le sang, Louis-Philippe abdique en faveur de son petit-fils, le comte de Paris, et fuit vers l'Angleterre, où il meurt en 1850. Un gouvernement provisoire comprenant Lamartine, Arago et Ledru-Rollin est acclamé par les députés, et la foule se rend à l'Hôtel de Ville au cri de « *Vive la République !* ».

La conquête de l'Algérie

Les prémices de la conquête de l'Algérie remontent au règne de Charles X et à un affront du dey d'Alger au consul français, en 1827, qui provoque la réaction de la France : elle décrète un blocus contre l'Algérie. Suit, en mars 1830, l'expédition lancée par le roi pour rehausser son prestige, destinée officiellement à lutter contre l'esclavage et la piraterie, et qui conduit à la chute d'Alger en juillet 1830. Malgré une opinion défavorable, Louis-Philippe poursuit les interventions. Bugeaud, nommé gouverneur général, entreprend la conquête totale du pays, effective en 1847.

La IIe République (1848-1852)

En 1848, la monarchie de Juillet, celle-là même qui en 1830 a mis un terme au règne absolutiste de Charles X, est rongée par la corruption, les scandales financiers et un autoritarisme grandissant du pouvoir. Louis-Philippe Ier, le « Roi citoyen », a perdu la confiance du peuple en cédant peu à peu aux fastes de la monarchie et en s'éloignant des préoccupations des Français. Portée par le romantisme ambiant, l'opposition républicaine professe l'impossible réforme de la monarchie de Juillet et la nécessité pour le peuple de reprendre le pouvoir par la révolte. Celle-ci intervient le 22 février 1848 : Paris se hérisse de barricades, et les manifestants réclament un retour immédiat à la République.

La France, à l'instar des autres pays d'Europe, est durement touchée par une crise économique depuis 1846. Aux mauvaises récoltes en pommes de terre et en céréales, dues à des hivers rigoureux, s'ajoutent des inondations catastrophiques dans les régions irriguées par la Loire et le Rhône. Les manufactures de textile, cœur de l'industrie française, ferment les unes après les autres – le chômage dans ce secteur avoisine les 50 % en 1848. L'entrepreneuriat et l'investissement sont en berne, tout comme le moral de la classe ouvrière. Le gouvernement de François Guizot est vu comme l'un des plus conservateurs qui aient jamais dirigé le pays. Son leitmotiv libéral – « *Enrichissez-vous par le travail et l'épargne !* » – lui garantit l'appui inconditionnel de la bourgeoisie d'affaires. Il s'aliène en revanche les classes les plus modestes en creusant davantage les inégalités sociales – bien que des efforts remarquables soient fournis dans le domaine de l'instruction publique. Sur la scène diplomatique, le constat n'est guère plus reluisant : depuis 1815, la France a perdu de sa superbe. Sous Louis-Philippe, elle se contente de suivre le mouvement dicté par les grandes puissances monarchiques.

La révolution parisienne de 1848

Au début de l'année 1848, l'opposition déplore l'absence de mesures d'urgence pour soulager la misère du peuple. Les sympathisants républicains, face à l'interdiction des réunions politiques, lancent une grande campagne de banquets afin de diffuser les idées de réformes. Ils souhaitent la fin de la corruption, le suffrage universel et l'amélioration de la condition du peuple. La « *révolution du mépris* » annoncée par Lamartine s'immisce dans les esprits. L'interdiction du dernier banquet parisien le 22 février est l'événement déclencheur : le jour même, la foule se rassemble devant le palais Bourbon (Chambre des députés) en réclamant la démission de Guizot. L'homme fort du régime est immédiatement renvoyé, mais le soir venu la troupe ouvre le feu sur les manifestants ; 16 personnes tombent sous la mitraille. Dans tout Paris, la nouvelle se répand comme une traînée de poudre : *« On égorge le peuple ! »* Conscient du risque d'insurrection, Louis-Philippe abdique le 24 février en faveur de son petit-fils, le comte de Paris, mais les députés réprouvent la régence. Alphonse de Lamartine et François Arago sont appelés pour former un gouvernement provisoire mêlant républicains et socialistes.

L'éphémère République sociale

Sous la pression du peuple, la république est proclamée. La Chambre des députés est dissoute, la Chambre des pairs

Louis Napoléon Bonaparte l'« imbécile »

Prétendant au trône impérial, Louis Napoléon Bonaparte tente à deux reprises, en 1836 et 1840, de renverser Louis-Philippe, mais ses tentatives mal préparées échouent lamentablement. Emprisonné au fort de Ham (Picardie), il s'évade en 1846. La chute de la monarchie de Juillet lui offre l'occasion de revenir en France. Il est élu député ; son allure empruntée lui vaut des quolibets à l'Assemblée. Lamartine le traite de « chapeau sans tête » et Ledru-Rollin d'« imbécile ». Mais son nom illustre inspire le parti de l'Ordre, qui fait de lui son candidat à la présidence de la République en 1848.

(Chambre haute) dispersée. Le suffrage universel est adopté, en lieu et place du suffrage censitaire, faisant passer le corps électoral de 241 000 à près de 25 millions de votants. Le droit au travail est décrété ; des ateliers nationaux sont créés pour résorber le chômage. L'esclavage est aboli dans les colonies. La liberté de la presse est rétablie. L'emprisonnement pour endettement et les exécutions politiques sont supprimés. Mais l'état de grâce est de courte durée. Contre toute attente, les élections législatives d'avril 1848, symbole d'un nouvel espoir, donnent une forte majorité aux républicains modérés et aux monarchistes. L'emprise des notables en milieu rural a semble-t-il fait pencher la balance. Les socialistes disparaissent pratiquement du paysage politique, avec un seul député, Armand Barbès ! Le 15 mai, ce dernier, accompagné des chefs de file du parti socialiste, Blanqui, Raspail et Albert, entre de force dans l'Assemblée pour réclamer sa dissolution. Leur arrestation va provoquer du 22 au 28 juin une nouvelle insurrection populaire, sévèrement réprimée.

Le coup d'État de Louis Napoléon Bonaparte

Le gouvernement conservateur du général Cavaignac revient sur toutes les avancées républicaines. Des mesures répressives sont prises à l'encontre des fauteurs de troubles de juin 1848 et des opposants au régime. La censure est rétablie et on lève un impôt impopulaire, l'« impôt des 45 centimes », pour l'entretien de l'armée. La Constitution adoptée le 4 novembre exige l'élection d'un président de la République au suffrage universel pour un mandat de quatre ans. Les socialistes présentent un candidat, Raspail. Les républicains en proposent trois : Cavaignac lui-même, Lamartine et Ledru-Rollin. Le parti de l'Ordre, ultraconservateur et monarchiste, se range quant à lui derrière un certain Louis Napoléon Bonaparte, fils de Louis Bonaparte et d'Hortense de

Beauharnais et donc neveu de Napoléon Ier. Il est élu triomphalement avec presque 75 % des voix. Le parti de l'Ordre obtient une majorité écrasante lors des élections législatives de mai 1849. Les conditions sont idéales pour épurer l'administration des républicains et glisser vers une monarchie constitutionnelle. Mais le 2 décembre 1851, Louis Napoléon Bonaparte prend de vitesse son propre parti et se livre à un coup d'État.

L'abolition de l'esclavage, dernier acte

Le 4 février 1794, l'abolition de l'esclavage est proclamée par la Ire République, en vertu du principe révolutionnaire : « *Les hommes naissent et demeurent libres et égaux en droits.* » Rétablie par Napoléon en 1802, puis abolie de nouveau en 1815, la traite négrière se perpétue dans les colonies, la contrebande bénéficiant de la complicité des autorités. En 1848, Victor Schœlcher est nommé sous-secrétaire d'État aux Colonies dans le gouvernement provisoire. Son décret sur l'abolition de l'esclavage paraît le 27 avril 1848. Au cours des semaines qui suivent, 250 000 esclaves sont affranchis.

Napoléon III, le dernier empereur (1808-1870)

Napoléon III est auréolé d'une légende noire, issue des très nombreux pamphlets qui l'ont pris pour cible et également de l'image caricaturale donnée par ses premiers biographes. Surnommé par Victor Hugo « Napoléon le Petit », il reste aux yeux de beaucoup un parvenu, pour les autres un pantin insignifiant. C'est vrai que l'on sait peu de chose sur « le Sphinx » (Émile Zola) : dressé au secret par la pratique des conspirations, Napoléon III a longtemps vécu en marge des milieux établis et a exercé un pouvoir très personnel. La réhabilitation tarde encore à venir pour celui qui, élu président de la IIe République en 1848, a fait un coup d'État en 1851 et rétabli l'Empire en 1852.

« L'*Aiglon* », fils de Napoléon Ier, éphémère Napoléon II – il régna quelques jours en avril 1814, à la première abdication de Napoléon Ier, et après l'épisode des Cent-Jours –, était mort sans descendance en 1832. Louis Napoléon Bonaparte, neveu de Napoléon, se veut à son tour l'héritier de l'Empereur. Né en 1808, banni du territoire français comme tous les Bonaparte en 1816, il a grandi en Suisse alémanique auprès de sa mère. Engagé dans la carrière militaire en 1830, il tente un premier coup d'État à Strasbourg en 1836 – l'affaire sera étouffée et il se verra contraint de s'embarquer pour l'Amérique –, puis un débarquement à Boulogne en 1840. Condamné à la détention à perpétuité au fort de Ham, dans la Somme, il s'en évade en 1846. Deux ans plus tard, en décembre 1848, il se fait élire président d'une IIe République proclamée quelques mois plus tôt. Son programme politique repose sur deux idées essentielles : la démocratie plébiscitaire et la lutte contre la pauvreté. Il bénéficie du prestige napoléonien et du soutien du parti de l'Ordre – les partisans d'un régime stable et conservateur, qui redoutent le désordre manifesté lors des journées de juin 1848.

Président puis empereur

Toutes les expériences républicaines, depuis 1793, avaient mis en place un exécutif collégial, pour éviter la dictature. La Constitution de novembre 1848 accorde, elle, le pouvoir exécutif à un seul homme. Louis Napoléon Bonaparte devient le président d'une République de plus en plus conservatrice : elle restreint le suffrage universel et la liberté de la presse et accorde une place forte aux congrégations religieuses. En 1851, Louis Napoléon souhaite obtenir un second mandat. Devant l'opposition des députés à toute modification de la Constitution, Louis

Napoléon recourt à la force : le 2 décembre, date anniversaire du sacre de Napoléon Ier et de la victoire d'Austerlitz, il dissout l'Assemblée et le Conseil d'État, proclame l'état de siège et fait emprisonner les opposants. Dès la fin décembre, il obtient, par un plébiscite, l'approbation des Français. À la fin de l'année 1852, au cours de laquelle celui que l'on appelle désormais le « prince-président » multiplie les voyages en France, un nouveau plébiscite est lancé en faveur du « rétablissement de la dignité impériale dans la personne de Louis Napoléon Bonaparte ». Le second Empire sera proclamé le 2 décembre 1852.

Une libéralisation progressive

Se met alors en place un régime autoritaire, qui accorde de très nombreux pouvoirs à l'empereur : les ministres ne sont responsables que devant lui et sont tenus de lui prêter serment, tout comme les membres des Assemblées (Sénat, Conseil d'État et

Le baron Haussmann

Devenu préfet de la Seine en 1853, Georges Eugène Haussmann dirige les transformations de Paris voulues par Napoléon III pour faire de la capitale une ville moderne, capable de rivaliser avec Londres : élargissement de rues, percée de nouvelles voies qui permettent de faire passer la troupe et de dégager des perspectives sur les monuments, construction de l'opéra Garnier, de parcs, de gares, de halles au centre de la ville pour faciliter les approvisionnements... Destitué par le gouvernement en janvier 1870, quelques mois avant la chute de Napoléon III, Haussmann sera ensuite député de Corse.

Corps législatif) ; il a seul l'initiative des lois, qu'il promulgue lui-même. Son coup d'État est suivi d'une forte répression : aux 10 000 individus déportés en Guyane ou en Algérie s'ajoutent 1 500 bannissements (comme celui de Victor Hugo) et 3 000 emprisonnements. Jusqu'en 1859, les libertés sont très restreintes, notamment celle de la presse : chaque journal doit avoir été autorisé et n'a en aucun cas la possibilité de rendre compte des débats politiques du Corps législatif. Napoléon III souhaite faire de Paris une ville digne du pouvoir impérial, assainie et embellie, sous la houlette du préfet de la Seine, Haussmann. Le 1er janvier 1860, les limites de la capitale sont repoussées jusqu'aux fortifications de Thiers ; Paris compte désormais 20 arrondissements. Les années 1860 verront cependant une libéralisation politique (liberté de réunion, suppression de la censure de la presse) et une libéralisation sociale (droit de grève).

Une politique étrangère de prestige

En matière de politique extérieure, Napoléon III cherche à sortir de l'isolement international dans lequel la France est placée depuis les traités de 1815. L'intervention dans la guerre de Crimée, en 1854, destinée à défendre l'Empire ottoman contre la Russie et conclue par un traité de paix signé à Paris en 1856, est un succès diplomatique : Napoléon III se pose en arbitre du continent. Son soutien à l'unification italienne lui permet d'annexer, en 1860, le comté de Nice et la Savoie. La politique d'intervention concerne également l'outre-mer : percement du canal de Suez (1859-1869), présence renforcée au Sénégal, opérations à Madagascar, en Chine et en Cochinchine, expédition au Mexique en proie à la guerre civile, qui se solde finalement par un échec, puisque c'est Maximilien de Habsbourg qui devient empereur du Mexique. Les tensions avec la Prusse au sujet de la succession d'Espagne conduisent à la guerre en juillet 1870. L'empereur est fait prisonnier à Sedan, et la république est proclamée le 4 septembre 1870. Napoléon III, déchu par l'Assemblée en mars 1871, meurt en Angleterre en 1873, sans avoir pu concrétiser le retour qu'il préparait, calqué sur le retour de l'île d'Elbe de son oncle.

La guerre franco-prussienne de 1870

La guerre s'engage mal pour la France, qui dispose de forces bien inférieures à celles de la Prusse – une armée de 300 000 hommes à peine là où les Prussiens sont 500 000 dès le mois d'août 1870 – et ne peut compter que sur des officiers supérieurs médiocres, souvent promus par le régime pour leur fortune personnelle. Les défaites s'accumulent : Wissembourg, Froeschwiller, puis Metz, encerclée par les Prussiens. C'est pour délivrer cette dernière que les armées françaises se positionnent à Sedan, cuvette où elles sont à leur tour encerclées, le 1er septembre 1870.

La guerre de Crimée (1853-1856)

La guerre de Crimée désigne le conflit qui, de 1853 à 1856, a opposé la Russie à une coalition formée par le Royaume-Uni, la France, le royaume de Sardaigne et l'Empire ottoman. Cette guerre est un tournant décisif de l'histoire politique européenne durant la période post-napoléonienne. Elle est une tentative russe d'acquérir de l'influence dans les Balkans et au Moyen-Orient, et de la volonté bien arrêtée de l'Europe occidentale de s'opposer à ces ambitions. Elle a comme point de départ un conflit entre chrétiens orthodoxes et chrétiens catholiques au sujet des Lieux Saints en Palestine, les uns et les autres se disputant la garde de certains sanctuaires à Bethléem et à Jérusalem.

À l'origine du conflit, il y a la Question d'Orient posée par le déclin de l'Empire ottoman qui menace l'équilibre de l'Europe. Depuis la fin du XVIIIe siècle, la Russie cherchait à profiter de cette situation pour accroître son influence dans les Balkans et pour arracher aux Turcs le contrôle des détroits entre la mer Noire et la mer Méditerranée. Après leur victoire dans la guerre russo-turque (1828-1829) et surtout après le traité d'Hünkär-Iskelessi (1833), les Russes essaient d'établir à leur seul profit un protectorat sur l'Empire ottoman. Pour le Royaume-Uni et la France, une mainmise russe sur les détroits menace directement leurs intérêts au Moyen-Orient. En outre, une grande partie de l'élite politique et intellectuelle, en France comme au Royaume-Uni, méprise la Russie et la considère comme un État despotique, ennemi du libéralisme. L'Autriche, en dépit de la longue tradition de coopération diplomatique qu'elle entretient avec la Russie, commence à s'inquiéter, elle-aussi, de son influence grandissante dans les Balkans. En 1841, les puissances européennes et l'Empire ottoman réussissent à remplacer le traité d'Hünkär-Iskelessi par un protectorat européen.

Les causes de la guerre de Crimée

L'intervention russe est provoquée par un conflit entre catholiques et orthodoxes concernant la protection des Lieux saints en Palestine, qui appartiennent alors à l'Empire ottoman. En décembre 1852, le sultan ottoman, sous la pression de Napoléon III, se prononce en faveur des catholiques. Nicolas Ier, protecteur de l'Église orthodoxe, envoie alors une mission à Constantinople pour négocier un nouvel accord en faveur des orthodoxes et un traité garantissant leurs droits dans l'Empire ottoman. Parallèlement, au cours de négociations officieuses avec l'ambassadeur britannique en Russie, le tsar évoque la possibilité d'un partage des Balkans et d'une occupation russe « temporaire » de Constantinople et des détroits. L'ambassadeur britannique à Constantinople est à l'origine d'un arrangement à l'amiable concernant les Lieux saints, mais il persuade les Turcs de s'opposer aux exigences de reconnaissance d'une forme de protectorat russe sur les chrétiens orthodoxes de la Porte. Le 1er juillet 1853, les Russes ripostent en occupant les principautés turques de Moldavie et de Valachie. Le 4 octobre, assuré des soutiens français et britannique, l'Empire ottoman déclare la guerre à la Russie.

Les étapes de la guerre

Le 30 novembre 1853, les Russes détruisent la flotte turque dans le port de Sinope sur la mer Noire. En mars 1854, comme la Russie ignore les demandes britanniques et françaises d'évacuation de

La bataille de Balaklava, 25 octobre 1854

Cette bataille est l'une des nombreuses tentatives de la Russie visant à libérer sa base navale de Sébastopol contrôlée par les armées britannique, française et turque. La majeure partie de la cavalerie russe est repoussée par le régiment britannique de cavalerie lourde, pourtant moindre. Lorsque les renforts britanniques arrivent, les Russes s'apprêtent à évacuer les redoutes ; la cavalarie légère britannique, qui a reçu l'ordre de leur barrer la route, charge tout de même le centre de leur position, où elle est littéralement détruite.

la Moldavie et de la Valachie, le Royaume-Uni et la France lui déclarent la guerre. Le 3 juin, l'Autriche menace de déclarer la guerre à son tour, à moins que la Russie n'évacue la Moldavie et la Valachie. La Russie s'exécute le 5 août et les troupes autrichiennes occupent les principautés. Les alliés décident alors de mener une campagne contre la forteresse de Sébastopol en Crimée, quartier général de la flotte russe en mer Noire. Les armées françaises et britanniques débarquent à Eupatoria le 14 septembre 1854. En dépit de victoires coûteuses sur les Russes (batailles de l'Alma, de Balaklava, et d'Inkerman) ceux-ci refusent d'accepter les conditions de paix des alliés. Sébastopol tombe finalement le 8 septembre 1855, après la prise de la tour Malakoff par Mac-Mahon. Mais la Russie, qui a vu l'avènement du tsar Alexandre II au cours du siège de Sébastopol, n'accepte de faire la paix que lorsque l'Autriche menace d'entrer en guerre. Le traité de Paris est signé le 30 mars 1856.

Les conséquences internationales de la guerre

Le traité de Paris, signé le 30 mars 1856, est un échec cuisant pour la politique russe au Moyen-Orient. La Russie doit rendre la Bessarabie du Sud et l'embouchure du Danube à l'Empire ottoman dont l'indépendance et l'intégrité territoriales sont réaffirmées ; la Moldavie, la Valachie et la Serbie sont placées sous garantie internationale et non plus sous protectorat russe. En termes militaires, cette guerre, marquée par la puissance de feu, est mal organisée et inutilement coûteuse. Les commandements dans les deux camps se révèlent être totalement inefficaces, gaspillant des vies humaines dans des combats inutiles, telle la célèbre « Charge de la brigade légère », au cours de laquelle une unité britannique subit des pertes importantes pendant la bataille de Balaklava. Le ravitaillement en nourriture, vêtements et munitions des deux armées est entravé par l'inefficacité et la corruption, quant aux services médicaux, ils sont épouvantables. Les épidémies font plus de ravages que les blessures au combat. Toutefois, pour la première fois des anesthésiques en chirurgie ont été utilisés. Une autre innovation de cette guerre est l'emploi du télégraphe.

La tour Malakoff de Sébastopol

Érigée dans les années 1850, la tour Malakoff est une tour de défense, haute de 10 mètres, nommée ainsi en l'honneur du capitaine russe Vladimir Malakhov. Clé de la défense de Sébastopol, le bastion Malakoff, pris lors de la guerre de Crimée par le général Mac-Mahon, permet aux alliés de prendre la ville entière et marquer la fin de la guerre de Crimée. En France, une reconstitution de la Tour a été créée au sud de Paris à l'initiative d'Alexandre Chauvelot (promoteur français du XIXe siècle), et le quartier est encore aujourd'hui dénommé Malakoff.

La guerre franco-prussienne, la chute du second Empire (1870-1871)

Le second Empire, né un an après le coup d'État du 2 décembre 1851, a remporté, durant ses premières années, des victoires sanglantes contre les Autrichiens à Magenta et à Solferino, en 1859. En 1870, le pouvoir de Napoléon III est de plus en plus contesté. À la période libérale initiée au début des années 1860 succède une période très autoritaire. À la même époque, le royaume de Prusse connaît un grand essor, sous l'impulsion du chancelier Otto von Bismarck. En Allemagne, on est alors très antifrançais, et à Paris on s'inquiète de voir l'Allemagne s'unir sous la bannière de la Prusse après la victoire de son armée face aux Autrichiens, écrasés en quelques semaines en 1866.

Bismarck, fin politique, sait que son projet, celui de créer un Reich s'étendant sur toute l'Allemagne, se heurtera à l'opposition de la France. Il monte donc un véritable traquenard diplomatique pour exciter Napoléon III, dont on soupçonne qu'il verra dans une guerre un moyen providentiel d'apaiser les troubles intérieurs en France. Le trône d'Espagne est vacant, et le chancelier allemand avance la candidature d'un prince Hohenzollern, Léopold. La France est menacée d'encerclement. La nouvelle est connue à Paris le 3 juillet 1870. Elle provoque immédiatement une vague d'indignation teintée de nationalisme. Dès le 5 juillet, le ministre français des Affaires étrangères met en garde l'ambassadeur de Prusse à Paris. La tension monte peu à peu. Napoléon III est malgré tout indécis. Si son ministre de la Guerre lui assure que l'armée française est prête à marcher sur Berlin et qu'il ne manquera pas « un bouton de guêtre » à ses troupes, l'empereur craint cette confrontation. C'est alors un homme malade et très amoindri physiquement. Son épouse, l'impératrice Eugénie, espagnole de naissance, est à la tête des partisans de la guerre.

La guerre est déclarée

Le 12 juillet, la tension s'apaise. Le père du prince Léopold fait savoir que son fils renonce à ses prétentions au trône de Madrid. Chacun respire, mais Bismarck enrage. Le lendemain, alors que Guillaume Ier, roi de Prusse, prend les eaux dans la ville d'Ems, l'ambassadeur de France, Benedetti, vient lui demander une confirmation officielle. Le roi refuse et prend congé. Dans la fameuse « dépêche d'Ems », par une habile manipulation, Bismarck transforme cette entrevue peu cordiale en affront. Aussitôt, à Paris, on réclame la guerre et on mobilise. Mais la France n'est, en fait, absolument pas prête au conflit. Le Bœuf, ministre de la Guerre, a déclaré pouvoir mobiliser 350 000 hommes, mais il en mobilise 100 000 de moins, alors que l'armée prussienne est forte de 500 000 hommes et qu'elle mobilise beaucoup plus vite, grâce à une utilisation ingénieuse et rodée des voies ferrées. Si les Français sont équipés de l'excellent fusil Chassepot, supérieur au Dreyse allemand, leur artillerie, à chargement par la bouche, est obsolète face aux nouveaux canons Krupp à chargement par la culasse, plus précis, plus rapides et dotés d'une portée très supérieure.

Des débuts calamiteux

La France espérait pouvoir compter sur l'alliance de l'Autriche et de l'Italie, qui se font tirer l'oreille. Le 28 juillet, Napoléon III quitte le palais de Saint-Cloud pour rejoindre son armée, qui se rassemble très lentement à Metz. L'impréparation de son armée

Le trouble jeu de Bazaine

Depuis son manque d'enthousiasme à exploiter son succès de Borny à sa reddition en octobre 1870, l'attitude de Bazaine n'en finit pas de poser question aux historiens. Ce général, qui ne s'était guère illustré qu'au Mexique, était-il à ce point incompétent qu'il se fit prendre avec toute son armée ? Avait-il, en réalité, quelques arrière-pensées politiques ? Il semble qu'il ait voulu conserver une armée intacte pour pouvoir écraser toute rébellion républicaine si la guerre venait à être perdue. Le procès qui lui est intenté, en 1873, laissera toutes ces questions sans réponse.

frappe tout de suite l'empereur, qui écrit à son épouse : « Rien n'est prévu. Nous n'avons pas suffisamment de troupes. Je nous considère comme perdus. » Effectivement, tandis que l'on tergiverse en France, on progresse côté allemand. Le 4 août, les Français sont bousculés à Wissembourg. Le 6 août, à Spicheren et à Froeschwiller, les Français sont à nouveau battus par des Allemands qui surgissent de nulle part et en grand nombre. Strasbourg est assiégé dès le 23 août. La veille, Napoléon III quitte Metz en confiant l'armée au maréchal Bazaine. Malgré un succès à Borny le 14 août, Bazaine est battu le 18 à Saint-Privat et se laisse enfermer dans Metz. Napoléon III est alors à Châlons, avec Mac-Mahon. L'empereur donne l'ordre à Bazaine de sortir de Metz et de le rejoindre à Sedan. Il souhaite regagner Paris, mais son cabinet craint que son retour ne provoque une panique ou une insurrection.

La reddition de Sedan

L'armée de Châlons se met donc en marche vers Sedan, alors que les armées allemandes se répandent dans tout l'est de la France. Le 1er septembre, l'armée de Mac-Mahon arrive dans la cuvette de Sedan. Ses 120 000 hommes sont totalement submergés par les troupes allemandes, deux fois supérieures en nombre et qui n'ignoraient rien de ses mouvements. L'empereur est fait prisonnier. Sitôt la nouvelle connue, la colère gronde à Paris, et, le 4 septembre, la déchéance de l'Empire est prononcée. Un gouvernement de défense nationale s'organise et déclare qu'il va poursuivre la lutte, à la stupeur des Prussiens, qui pensaient que la guerre était terminée. Leurs troupes marchent sur Paris et, le 19 septembre, l'encerclent entièrement.

Le gouvernement de la nouvelle République parvient à réunir plus de 500 000 hommes, pour la plupart issus des bataillons de la Garde nationale, de qualité médiocre, mais pleins d'enthousiasme et qui poursuivent la lutte. La capitulation de Metz, le 27 octobre, ne change rien à leur résolution. Les batailles se succèdent à Orléans, Coulmiers et devant Le Mans, en janvier 1871. Le 28 janvier, un armistice est signé, qui met un terme à la guerre.

La Commune de Paris

La ville encerclée, le peuple de Paris se mobilise pour la défendre et subit, durant des mois, les effets des privations du siège. Le nouveau gouvernement français s'inquiète du grand nombre d'armes en circulation dans la ville et, le 18 mars 1871, tente de saisir les canons de la butte Montmartre. Il s'ensuit une insurrection et l'établissement de la Commune de Paris. Cette aventure utopique se termine, fin mai 1871, par la « semaine sanglante ». Les troupes « versaillaises » entrent dans la ville, et de nombreux Parisiens sont passés par les armes ou déportés après des procès sommaires.

Guerre et révolution industrielle : vers la guerre totale

La guerre de 1870-1871 a mis au jour l'écart de développement et les divergences en matière de pensée militaire qui séparent la Prusse, désormais maîtresse de l'Allemagne, et la France. Dans les années 1880, la supériorité militaire allemande apparaît incontestable et fragilise l'équilibre européen. L'apport de la seconde révolution industrielle semble avoir propulsé l'Allemagne dans une ère nouvelle, laissant les autres puissances européennes, la Grande-Bretagne en particulier, songeuses et inquiètes. La course à l'armement lancée à partir des années 1900 se fait dans l'idée diffuse qu'une nouvelle guerre, démesurée, totale, telle que le monde n'en a pas encore connu, est imminente.

En 1908, une crise éclate dans la région des Balkans, opposant le mouvement Jeunes-Turcs au régime politique du « Sultan rouge », Abdülhamid. Cette révolution qui touche l'Empire ottoman a des conséquences multiples. Si l'esprit hérité des Lumières pousse la France et la Grande-Bretagne à regarder d'un œil bienveillant ces Jeunes-Turcs soucieux de moderniser leur pays, la fragilisation des Balkans excite la convoitise d'autres puissances, comme l'Autriche-Hongrie, alliée de l'Allemagne, et la Russie. Le 5 octobre 1908, Vienne déclare l'annexion pure et simple de la Bosnie-Herzégovine, afin d'empêcher les Jeunes-Turcs de s'y implanter. Ne souhaitant pas s'impliquer dans un conflit balkanique, Paris et Londres cèdent devant le fait accompli. Cette annexion consacre le début du démantèlement de l'Empire ottoman et la mainmise, discrète mais ferme, de l'Allemagne et de l'Autriche-Hongrie sur l'est de l'Europe. Ces puissances cherchent à combler une lacune stratégique évidente : une façade maritime méditerranéenne quasi inexistante. Avec l'annexion de la Bosnie-Herzégovine, l'Allemagne, par le biais de son allié austro-hongrois, accède à l'aire stratégique de la *Mare Nostrum.*

La course aux armements

La stratégie navale de l'Allemagne répond aux ambitions de Guillaume II en matière de *« Weltpolitik »* (politique étrangère). Le Kaiser proclame que *« l'avenir de l'Allemagne est sur l'eau ».* Les navires allemands modernes fonctionnant au fuel et leur puissance de feu inquiètent Londres, qui prend alors conscience de son retard. Jusque-là, le dogme du « Two-Power Standard » établissait que la flotte anglaise devait égaler celles des deux autres puissances les plus importantes réunies. Pour répondre à la menace, la Grande-Bretagne lance en 1906 son premier cuirassé de type « dreadnought », équipé de canons 300 et 400 mm avec une portée de 150 km. Mais ces blindés coûtent dix fois plus cher que les autres navires. C'est pourquoi la France choisit de s'équiper d'une flotte de petits navires rapides capables d'endommager les *Panzerkreuser* (cuirassés allemands). En 1914, le Royaume-Uni et l'Allemagne font le choix de construire des dreadnoughts. À l'inverse, la Russie et le Japon misent sur de petits navires. La France et les États-Unis, quant à eux, mêlent les deux types de bateau. La France a, en 1914, 7 cuirassés de type dreadnought, 19 cuirassés classiques et 22 petits croiseurs.

Les avancées allemandes

L'amiral von Tirpitz est l'initiateur de la politique navale allemande des années 1900. Clairvoyant et ouvert aux techniques les plus novatrices, il dote l'Allemagne d'une marine de guerre moderne. Malgré ses efforts financiers, la France, avec ses 552 millions de francs de budget pour la marine en 1913, reste loin derrière

Lettre de Lyautey à Jacques Silhol, 1911

« Tant que nous étions assurés que personne ne croyait à la guerre ni n'en voulait, nous pouvions nous endormir du demi-sommeil professionnel. Mais aujourd'hui qu'on l'attend et qu'on l'aura, c'est fini de rire ; [il] *nous incombe d'assurer* [...] *: organisation, matériel, préparation à tous degrés. Or là, nous sommes loin du compte, l'effort à donner est énorme, et l'usine de travail est bien mal montée. Pour tout ce qu'il y a à faire, il faudrait un directeur d'usine stable et fort* [...]*. Où est-il ? Il n'y a pas de temps à perdre. »*

Berlin. Parallèlement, en août 1913, l'Allemagne obtient, grâce à un accord entre l'Italie et l'Autriche-Hongrie, que le transport des troupes françaises d'Afrique vers l'Europe par la Méditerranée soit empêché. L'obstruction de cet axe stratégique capital pour la France détériore encore le climat géopolitique international. L'état-major allemand développe son armée active, qui passe de 600 000 à 820 000 hommes entre 1912 et 1913, portant le nombre de soldats mobilisables à près de 4 millions. En France, à cause du déficit démographique, l'armée peine à rassembler 500 000 conscrits. Le pays manque aussi de véhicules et de mitrailleuses. L'État a investi dans l'équipement marin, alors qu'en cas de conflit il est évident que le sort des armes se jouera sur terre. Plusieurs stratégies sont bientôt proposées pour préparer une guerre qui semble inéluctable.

Les scénarios de guerre français en 1913

La marche à la guerre continue. Celle-ci paraît imminente. Il est donc nécessaire de définir quelle sera la stratégie française en cas de conflit. Plusieurs doctrines sont proposées. Soutenue par le colonel de Grandmaison, la doctrine de l'« attaque à outrance » préconise une offensive rapide et frontale. On y fait le choix de la cavalerie, de l'artillerie légère, du démantèlement des fortifications, des services secrets. Face à lui, les généraux Kessler et de Négrier ainsi que le colonel Pétain prônent une doctrine plus défensive. Cette stratégie s'adapte aux écarts démographiques et industriels entre la France et l'Allemagne. Elle promeut les fortifications et l'artillerie lourde et s'appuie sur les défenses naturelles. Le général Joffre, chef d'état-major général, opte pour l'offensive avec le « plan XVII ». Il prévoit cinq armées disposées du Luxembourg à la Suisse. Il n'envisage alors qu'une percée par l'Alsace, la Belgique étant un pays neutre. Il compte marcher ensuite sur la Sarre et le Palatinat, afin de prendre toute la rive ouest du Rhin. Il choisit des armes offensives comme le canon de 75, car on pense alors que la guerre ne durera pas plus de six mois.

La formation de la Triple-Entente

La Triple-Entente s'esquisse lorsque la France et la Russie signent, le 17 août 1892, une convention militaire, transformée en alliance en 1893. Quelque temps après, le 8 avril 1904, la France et la Grande-Bretagne signent l'Entente cordiale, traité symbolique mais marquant un rapprochement entre ces États traditionnellement rivaux. Afin que la Russie ne s'allie pas avec l'Allemagne suite à l'entrevue du tsar Nicolas II avec Guillaume II en 1905, Londres signe, en 1907, une convention anglo-russe. La Triple-Entente est née. Elle s'oppose à la Triplice, ou « Triple-Alliance ».

La conquête de son empire colonial par la France

Si la France dispose, depuis le milieu du XVIe siècle, de possessions outre-mer, le terme d'empire colonial désigne plus spécifiquement les territoires qu'elle domine entre 1870 et 1939. À la veille de la Seconde Guerre mondiale, la France exerce son autorité sur un ensemble disparate de territoires qui font d'elle l'une des grandes puissances coloniales européennes : en 1939, l'empire colonial français est peuplé d'environ 70 millions d'habitants et couvre quelques 12 millions de kilomètres carrés répartis sur les cinq continents. Il faut attendre la IIIe république pour assister à la véritable expansion coloniale française, symbole alors de la puissance du pays.

La défaite subie par la France face à la Prusse dans la guerre de 1870-1871 et l'unification allemande qui s'ensuit encouragent les dirigeants républicains, au premier rang desquels Léon Gambetta et Jules Ferry, à rechercher outre-mer le prestige perdu de la France, suivant en cela l'exemple britannique. Ainsi Ferry précise en 1885 que « *les colonies sont, pour les pays riches, un placement de capitaux des plus avantageux* ». La colonisation, aux yeux de ses promoteurs, permet à la nation d'affirmer son statut de puissance européenne sans menacer la paix sur le Vieux Continent. L'argument économique n'est pas moins important : les colonies sont supposées fournir à la fois des matières premières et des débouchés à l'industrie française. Il ne faut pas, enfin, sous-estimer l'argument moral : à l'instar des Britanniques, les Français considèrent qu'ils ont une mission civilisatrice à remplir. Cependant, si chez les premiers, cette idée prend une coloration religieuse, elle est résolument laïque chez les dirigeants français. Héritiers de l'esprit des Lumières, ceux-ci sont convaincus de leur devoir d'apporter aux peuples colonisés l'enseignement et la rationalité scientifique.

La colonisation française en Afrique

La IIIe République porte d'abord l'effort colonial sur le Maghreb. Elle consolide les positions de la France en Algérie et étend son influence sur la Tunisie et le Maroc. Cette politique vise autant à assurer la sécurité des quelques 300 000 colons qui, dès 1871, peuplent l'Algérie, qu'à contrer les ambitions des autres pays européens, celles de l'Italie sur la Tunisie et de l'Allemagne sur le Maroc. En 1881, la France oblige ainsi le bey de Tunis à accepter un protectorat français sur son territoire, mais n'impose sa domination sur le Maroc que progressivement, avant que ne soit établi un protectorat en 1912. L'Afrique noire est le deuxième axe de la politique coloniale. L'Afrique équatoriale est explorée entre 1875 et 1880. En 1910, les territoires où le drapeau français a été planté (Gabon, Congo français, Oubangui-Chari) sont regroupés en une entité administrative, l'Afrique-Équatoriale française (AÉF). En 1895 déjà, la Côte d'Ivoire, la Guinée et le Dahomey, le Sénégal et le Tchad ont été réunis au sein de l'Afrique-Occidentale française (AOF). Les avancées françaises en Afrique orientale sont en revanche beaucoup plus modestes. Le seul succès est la conquête de Madagascar.

La consécration de l'Indochine française

L'affirmation de la domination française sur la péninsule indochinoise consacre le statut de puissance coloniale que revendique la France. Maîtres de la Cochinchine et « protecteurs » du Cambodge depuis la fin du second Empire, les Français, à

L'expansion coloniale selon Jules Ferry

« Je dis que la politique coloniale de la France, que la politique d'expansion coloniale, qui nous a fait aller sous l'Empire à Saïgon, en Cochinchine, celle qui nous a conduits en Tunisie, qui nous a amenés à Madagascar, je dis que cette politique d'expansion coloniale s'est inspirée d'une vérité sur laquelle il faut pourtant appeler un instant votre attention : à savoir qu'une marine comme la nôtre ne peut pas se passer, sur la surface des mers, d'abris solides, de défenses, de centres de ravitaillement. Messieurs, il y a là des considérations qui méritent toute l'attention des patriotes. »

l'instigation de Jules Ferry, étendent leur influence sur le Laos, ainsi que sur l'Annam et le Tonkin (devenus Viêt Nam). Ce dernier territoire est considéré comme une voie d'accès privilégiée vers la Chine. La conquête du nord de la péninsule indochinoise se heurte cependant à la résistance de l'empereur de Chine, qui contraint la France, en 1873, à abandonner le Tonkin. En 1881, une seconde expédition militaire française permet néanmoins d'obtenir la signature d'un traité de protectorat sur l'Annam et le Tonkin, en 1884, reconnu l'année suivante par la Chine. La France peut ainsi créer, en 1887, l'Union indochinoise, regroupant la colonie de Cochinchine et les protectorats de l'Annam, du Tonkin, et du Cambodge auxquels s'adjoignent ultérieurement le Laos conquis pacifiquement par Auguste Pavie de 1887 à 1893. Une administration et une culture coloniales se forment, pour unifier des territoires coloniaux aux caractéristiques très disparates.

La France et la gestion de son empire

À l'exception des socialistes jauressiens, et plus tard des communistes, défenseurs du droit des peuples à l'indépendance, les autres partis politiques oscillent entre deux thèses : l'assimilation ou l'association. L'assimilation signifie l'application des lois françaises, une administration directe à partir de Paris et l'égalité des droits pour tous les habitants des colonies, Européens comme autochtones. L'association, en revanche suivant le modèle anglais, implique le maintien des autorités et des coutumes locales et l'adaptation des lois du colonisateur. Les gouvernements français choisissent l'assimilation sans cependant pousser la logique à son terme, puisque les peuples colonisés ne jouissent pas des mêmes droits que les citoyens français. En fait, seuls les habitants des « vieilles colonies », héritées de l'Ancien Régime, sont considérés comme citoyens français. Dans les autres territoires, les autochtones sont des sujets français, non des citoyens, placés sous l'autorité de fonctionnaires envoyés de métropole, dans le cas des colonies, ou de gouvernements locaux sous tutelle française, pour les protectorats ; tout cela est fait dans la volonté de maintenir l'autorité française.

Discours de Jean Jaurès sur la colonisation

« Nous la réprouvons, parce qu'elle gaspille des richesses et des forces qui devraient être dès maintenant appliquées à l'amélioration du sort du peuple. Nous la réprouvons, parce qu'elle est la conséquence la plus déplorable du régime capitaliste, qui resserre sur place la consommation en ne rémunérant pas tout le travail des travailleurs. [...] *Tous les instincts de déprédations et de rapines déchaînés au loin par la certitude de l'impunité,* [...] *et la férocité sournoise de l'humanité primitive y est merveilleusement mise en œuvre par les plus ingénieux mécanismes de l'engin capitaliste. »*

La Première Guerre mondiale (1914-1918)

Entre 1871 et 1914, l'Europe profite d'une paix relative. La rivalité franco-allemande, plus vivace que jamais, se détourne de la « ligne bleue des Vosges » et s'exprime hors du continent européen. Marquée par son humiliante défaite dans la guerre de 1870, la France fait de son empire colonial un exutoire à ses frustrations. L'Allemagne de l'empereur Guillaume II, jusqu'alors hermétique aux questions extra-européennes, s'engage dans une politique expansionniste agressive et lorgne sur les possessions coloniales des autres puissances. Le début du XXe siècle est le temps des alliances complexes et d'une course aux armements qui vont déboucher sur le conflit le plus meurtrier de l'histoire.

Depuis 1904, l'Entente cordiale est établie entre la France et la Grande-Bretagne, rejointes en 1907 par la Russie au sein de la Triple-Entente. Elle répond à la Triple-Alliance ou « Triplice », signée entre l'Allemagne, l'Autriche-Hongrie et l'Italie en 1882. L'équilibre de l'Europe est fragile. En 1911, l'envoi d'une canonnière allemande dans la baie d'Agadir, au Maroc, manque de peu de déclencher une guerre. Dans les Balkans, la fragmentation territoriale imposée par les puissances lors du congrès de Berlin de 1878 a créé une situation explosive. Les guerres balkaniques de 1912 et 1913 sont les prémices du conflit mondial. Le 28 juin 1914, l'assassinat de l'archiduc François-Ferdinand à Sarajevo, en Bosnie, déclenche l'embrasement général. Le 28 juillet, l'Autriche-Hongrie déclare la guerre à la Serbie. Le lendemain, la Russie, alliée historique des Serbes, ordonne la mobilisation. L'événement déclenche une réaction en chaîne : le 3 août 1914, l'Allemagne déclare la guerre à la France ; le lendemain, le Royaume-Uni entre à son tour en guerre... On prévoit un conflit bref mais violent. Pour la France, une chose importe : récupérer l'Alsace et la Lorraine, perdues en 1871.

La guerre de mouvement et la « course à la mer »

Le 5 août, suivant le « plan Schlieffen », l'armée allemande, commandée par von Moltke, pénètre en Belgique neutre. Joffre, général en chef des forces françaises, applique aveuglément le « plan XVII » et concentre ses efforts sur l'Alsace et la Lorraine. Le 23 août, les Allemands percent les Ardennes et menacent Paris ; 10 000 soldats sont envoyés sur le front de la Marne – grâce aux taxis parisiens – et réussissent du 6 au 12 septembre à enrayer l'avancée allemande. Un nouvel enjeu se dessine alors : les ports de la Manche et de la mer du Nord, voies de communication entre France et Grande-Bretagne. La bataille d'Ypres, du 29 octobre au 24 novembre, victoire décisive alliée, est le dernier épisode de cette « course à la mer ». À l'approche de l'hiver, le front se stabilise ; de part et d'autre, on creuse des tranchées. En 1915, Joffre lance des offensives en Champagne, en Artois et sur la Woëvre. Des opérations secondaires sont conduites en Flandres, en Argonne, dans les Vosges. La deuxième bataille d'Ypres crée un effroyable précédent dans l'histoire militaire : le 22 avril 1915, les Allemands lâchent dans l'atmosphère 150 tonnes de gaz asphyxiant (gaz moutarde), faisant 5 200 morts.

L'enfer des tranchées

À Verdun, dans la Meuse, saillant dans la ligne de front, le général von Falkenhayn veut « saigner à blanc l'armée française ». De février à décembre 1916, 163 000 Français et 143 000 Allemands vont mourir dans les tranchées. Les lignes sont disloquées par le déchaînement de l'artillerie ; les positions perdues un jour

Les grandes mutineries de 1917

L'armée française est confrontée en 1917 à une vague de mutineries sans précédent. Le souvenir de la boucherie de Verdun et l'échec de l'offensive du Chemin des Dames ont sérieusement ébranlé le moral des soldats français, qui multiplient les actes de colère et d'indiscipline. L'arrivée au pouvoir des bolcheviks en Russie par la révolution de février 1917 effraie les généraux alliés, qui redoutent une contagion. La répression est confiée au général Pétain. En mai et en juin 1917, le conseil de guerre prononce des peines exemplaires à l'encontre de 3 500 soldats, dont 600 sont condamnés à mort.

sont reprises le jour suivant dans un va-et-vient incessant. La France ne veut à aucun prix abandonner ce haut lieu de son histoire – c'est à Verdun en 843 qu'a été scellé le partage de l'Empire carolingien donnant naissance à la France. Pour l'Allemagne, une victoire à Verdun devient impérative : les 31 mai et 1er juin 1916, la défaite du Jütland, en mer du Nord, a ruiné les ambitions maritimes allemandes. Le 1er juillet, l'armée alliée attaque sur la Somme pour soulager les troupes françaises de la Meuse. Appuyée par une intense préparation d'artillerie, l'infanterie progresse lentement. Mais l'offensive par laquelle Joffre espérait revenir à une guerre de mouvement s'enlise. Jusqu'au 18 novembre, 206 000 Britanniques et 66 000 Français périssent ; c'est l'opération la plus meurtrière de la guerre. L'objectif est néanmoins atteint : les Allemands lâchent prise à Verdun.

Le prix de la victoire

L'année 1917 est marquée par la bataille du Chemin des Dames (d'avril à octobre), tentative alliée de rompre le front allemand entre Soissons et Reims. L'arrivée des troupes américaines à partir d'octobre 1917 inverse le rapport de force en faveur des Alliés. Le 21 mars 1918, le général Ludendorff lance une offensive de grande ampleur dans la Somme et les Flandres. Le 23 mars, les obus allemands s'abattent sur Paris. L'offensive est refoulée ; l'armée allemande, au bord de l'effondrement, bat en retraite. Le 11 novembre, l'armistice est signé près de Rethondes, en forêt de Compiègne. Le bilan humain de la guerre est terrible ; la France paie un lourd tribut avec 1,4 million de morts, soit 10 % de sa population masculine. Les destructions matérielles sont colossales, surtout dans le nord et le nord-est du pays. Politiquement, la France sort renforcée de la guerre. Les réparations de guerre imposées à l'Allemagne par le traité de Versailles lui procurent d'intéressants subsides, et l'occupation des régions industrielles de la Rhénanie des ressources considérables en matières premières. Mais, avant tout, l'honneur national est lavé : l'Alsace et la Lorraine retombent dans le giron français.

La SDN, ancêtre de l'ONU

Lors de la conférence de Paris de janvier 1919, les puissances réunies acceptent la proposition du président américain Woodrow Wilson de créer une Société des Nations (SDN). Celui-ci craint l'hégémonie française et estime que la paix européenne passe par une Allemagne forte. Les objectifs de l'organisation sont le désarmement, la prévention et la résolution des conflits ainsi que l'amélioration de la qualité de vie générale. Mais la SDN souffre de l'absence de l'Allemagne, grande oubliée de l'après-guerre, et des États-Unis, qui, faute d'avoir ratifié le traité de Versailles, sont de facto exclus.

La bataille de la Marne (septembre 1914)

Alors que les armées allemandes semblent voler de victoire en victoire et que Paris est menacée, la bataille de la Marne permet aux armées françaises de rétablir la situation. Un miracle ? Pas vraiment. Le plan Schlieffen, appliqué par le grand état-major allemand, a vu sa dernière mouture fixée en 1904. Il prévoit un vaste mouvement tournant à travers la Belgique, dont la neutralité sera violée, afin de chasser les armées françaises qui ne manqueront pas de se ruer à la rencontre des armées allemandes en Belgique. Il anticipe, par ailleurs, le plan XVII des Français, qui prévoit que l'effort principal sera porté sur l'Alsace et la Lorraine, annexées par l'Allemagne après la guerre de 1870. Mais ce plan comporte un défaut majeur : il n'a pas tranché la question de Paris. Cela va s'avérer fatal.

Dès la mobilisation allemande terminée, une masse de plus d'un million de soldats allemands franchit donc la frontière belge. La petite armée belge n'est naturellement pas de taille à lutter contre un tel déferlement. Français et Britanniques volent à son secours, mais sont rapidement emportés dans le flot des fuyards. Liège puis Bruxelles tombent et les armées des Alliés doivent à présent faire demi-tour pour éviter l'anéantissement. La frontière française est atteinte avant même la fin du mois d'août.

L'état-major français réagit

Le général – et futur maréchal – Joffre, à la tête des armées françaises, a vite compris que le danger en provenance du nord menace la capitale. Dès le 25 août 1914, il renforce donc son aile gauche en prélevant des troupes sur les autres secteurs d'opération. Les armées françaises et britanniques battent en retraite en Belgique, parfois dans le plus grand désordre, et il est impératif de rétablir la situation au plus vite. Il compte, pour enrayer le mouvement des armées allemandes, s'appuyer sur deux points. Paris est naturellement le premier. La région militaire fortifiée de Verdun, pourvue de nombreux forts modernes, est le second. Mais si le général en chef français sait pouvoir compter sur ces deux points d'ancrage, il n'a pu se décider sur la ligne de défense la plus adaptée. Il a d'abord songé à la Seine, mais les délais d'acheminement des troupes dans le secteur le font opter pour la ligne de la Marne. Cela n'est pas sans créer des difficultés avec le général commandant le BEF (British Expeditionary Force – Corps expéditionnaire britannique) qui n'est pas officiellement placé sous ses ordres, d'où de nombreux problèmes de coordination.

La contre-attaque se prépare

Début septembre, Joffre est parvenu à rassembler un important noyau de troupes autour de Paris, ce qui n'est pas sans inquiéter Moltke, commandant en chef des armées allemandes sur le front occidental. Le plan Schlieffen n'a en effet pas tranché cette question cruciale : une fois le pivot effectué en Belgique, avec les Ardennes comme point de départ, les armées allemandes (en l'occurrence les 1re et 2e armées de Kluck et Bulow) doivent-elles passer au sud ou au nord de Paris pour se rabattre sur l'armée française ? Passer au sud, c'est risquer de se trouver isolé si Paris résistait. Passer au nord, c'est courir le risque de subir une contre-attaque sur le flanc droit. L'état-major allemand opte finalement pour un mouvement au nord. Kluck marche vers Château-Thierry et Bulow en direction de Troyes. Le 6 septembre, les 3e, 4e et 5e armées allemandes, qui ont dépassé Châlons-sur-Marne, attaquent les 9e, 4e et 3e armées françaises déployées du

Alfred von Schlieffen

Le général Alfred von Schlieffen (1833-1913) est l'auteur du plan qui doit permettre d'écraser la France en six semaines. Mais ce plan, adopté en 1904, ne fonctionne pas, comme Schlieffen le notera lui-même avec désespoir dans ses notes, peu avant sa mort. Au regard des effectifs français, Schlieffen doit en effet disposer de deux armées supplémentaires pour espérer l'emporter. Problème : il n'a pas la place de les déployer au départ. L'Allemagne part donc en campagne avec un plan qui ne fonctionne pas…

Grand Morin à Verdun et accentuent leur poussée en direction de Vitry-le-François et de Bar-le-Duc.
Mais le changement brusque de direction opéré par le 1er corps provoque une brèche de 30 km sur son front : il lui faut en effet se garder de la 6e armée française de Maunoury, déployée au nord-est de Paris, et que Kluck espère encercler en utilisant les troupes qui assiègent encore Maubeuge. Il a donc été contraint de diviser son corps en deux. Il ignore que la brèche se trouve précisément dans l'axe choisi pour l'attaque franco-britannique, qui doit débuter le 9 septembre.

L'exploitation de la brèche

Le 9 septembre au matin, alors que sur le front qui va de l'Ourcq à Verdun, les Allemands ne cessent de s'enfoncer, la 5e armée française de Franchet d'Esperey et le BEF, à sa gauche, quittent leurs positions de la Marne, s'élancent et traversent le Grand et le Petit Morin en direction de Château-Thierry. Il s'agit là d'un changement de dernière minute : Joffre espérait en effet attaquer avec les deux armées déployées sur ses ailes, la 6e et la 3e, mais elles font face à trop forte opposition. Dès le début de l'assaut, le combat est d'une extrême violence, caractérisé par de furieux duels d'artillerie de campagne et Kluck fait bien mieux que résister. Mais un ordre lui parvient bientôt de l'état-major général, qui décide la retraite. Son corps risque d'être isolé et anéanti. Le 9 au soir, l'aile droite allemande bat en retraite vers l'Aisne, en relative sécurité : Joffre ignore qu'il est vainqueur. Ses ordres pour le lendemain sont d'une grande prudence, mais dès le matin du 10 septembre, l'état-major de la 6e armée de Maunoury lui apprend que l'adversaire qui menaçait de l'enserrer s'est volatilisé dans la nuit. Joffre peut alors écrire, dans son ordre du jour, que « *la victoire est désormais dans les jambes de notre infanterie* ». Pour la première fois depuis le début de la campagne de Belgique et du Nord, l'armée française avance sur toute la largeur du front. Paris est sauvé et la situation rétablie. Le 1er septembre, Joffre peut proclamer sa victoire.

Les taxis de la Marne

Les taxis de la Marne sont entrés dans l'histoire, pour de bonnes et de mauvaises raisons. Leur montée vers les lignes de départ de l'offensive, chargés de soldats, est un événement en soi : c'est la première fois que des soldats sont transportés en masse par des véhicules automobiles. Mais ils ne transportèrent que 6 000 hommes au total, un chiffre dérisoire au vu des effectifs engagés.

Joseph Joffre, le vainqueur de la Marne (1852-1931)

Septembre 1914. Un mois à peine après le début de la guerre, les troupes allemandes sont à 50 km de Paris. Partout, de l'Artois à l'Alsace, les armées françaises se replient. Le gouvernement a quitté la capitale pour Bordeaux. Déjà, le spectre de l'invasion prussienne de 1870 et du douloureux siège de Paris ressurgit. Pourtant en quatre jours, le miracle se produit et, le 9 septembre, le danger est écarté. Le « Sauveur de Paris », c'est le maréchal Joffre. En quelques jours, imperturbable devant la déferlante allemande, le commandant en chef des troupes alliées rappelle les troupes déployées en Lorraine et les lance à l'assaut de la brèche qui s'est formée à l'aile gauche des armées du Kaiser.

Joseph Joffre est né le 12 janvier 1852 à Rivesaltes (Pyrénées-Orientales). Élève à l'École polytechnique, il participe à la guerre franco-prussienne de 1870. À sa sortie de l'école, il opte pour le génie. Il participe à la reconstruction de l'enceinte fortifiée de Paris, puis aux travaux de fortification dans le Jura et les Pyrénées. En 1884, il part en Asie et combat au Tonkin contre l'armée chinoise. Envoyé en Afrique, le commandant Joffre appartient à la colonne qui prend Tombouctou le 12 février 1894. Nommé colonel, on le retrouve sous les ordres du général Gallieni, pendant la campagne de colonisation de Madagascar (1895-1896). Promu général de brigade, il retourne en France au printemps 1903. Le 28 juillet 1911, le général Joffre est nommé chef d'état-major général et généralissime des armées françaises. Le poste de Joffre est vital dans une société française où beaucoup rêvent d'une revanche sur l'Allemagne, les yeux rivés sur « la ligne bleue des Vosges ». Joffre se lance alors dans une vaste modernisation de l'armée qu'il juge incapable de soutenir un conflit avec l'Allemagne. Il obtient les crédits nécessaires au développement de nouvelles armes comme l'artillerie lourde et l'aviation. Il engage également une politique de coordination avec ses alliés russes et britanniques.

La guerre sur plan

Surtout, Joffre s'active pour parachever la stratégie française en cas de conflit avec l'Allemagne. Baptisée « plan XVII », celle-ci repose sur un axiome : l'offensive à outrance dès les premiers jours de la guerre afin de libérer l'Alsace-Lorraine, rattachée à l'Allemagne en 1871.

Joffre propose donc de lancer une vaste offensive en Alsace et en Lorraine. Une fois le front rompu, l'infanterie se déploiera dans la plaine pour affronter l'ennemi dans une bataille décisive.

Joffre commet alors deux erreurs qui auraient pu s'avérer fatales. Dès 1904, l'état-major français est en possession du plan d'attaque allemand, le plan Schlieffen. Conscients du risque d'avoir à combattre sur deux fronts contre la France et la Russie, les Allemands ont décidé de lancer une offensive décisive contre la France en concentrant un maximum de forces lancées dans une attaque de débordement à travers le Luxembourg et la Belgique. Joffre sous-estime les Allemands. Selon lui, il leur est impossible d'aligner assez de troupes pour appliquer le plan Schlieffen tout en subissant l'offensive en Alsace-Lorraine.
De surcroît, il minimise leur capacité de résistance et ne soupçonne pas qu'ils disposent en Lorraine d'une puissance de feu qui, en août 1914, fauchera des milliers de soldats français.

La bataille des frontières

La guerre débute le 1er août 1914, quand l'armée allemande envahit le Luxembourg. Le 6, conformément au plan Schlieffen, sept armées allemandes s'apprêtent à frapper le cœur du dispositif allié.

Joffre et l'élan de combat

« Au moment où s'engage une bataille dont dépend le salut du pays il importe de rappeler à tous que le moment n'est plus de regarder en arrière. Tous les efforts doivent être employés à attaquer et refouler l'ennemi. Une troupe qui ne peut plus avancer devra coûte que coûte garder le terrain conquis et se faire tuer sur place plutôt que de reculer. Dans les circonstances actuelles aucune défaillance ne peut être tolérée » **(5 septembre 1914). Joffre a su toucher le cœur du patriotisme français mis à mal après 1871 et que le peuple avait besoin de retrouver avant d'entrer dans le combat.**

Les Belges résistent à l'avance allemande, mais sont bientôt contraints de se replier dans le camp retranché d'Anvers.
En parallèle, conformément au plan XVII, Joffre lance en Alsace une offensive qui se brise sur les défenses allemandes.
Focalisé sur la situation de son aile droite, Joffre oublie que le gros des troupes allemandes fait mouvement sur son flanc gauche. Quand la 5e armée appelle au secours, il est trop tard : 200 000 Allemands ont franchi la Meuse. Après des combats retardateurs, la 5e armée et le corps expéditionnaire britannique se replient.
Les Alliées reculent sur tout le front. Les Allemands prennent alors l'initiative de modifier leur plan de départ. Désormais, il s'agit de déborder la 5e armée française sur sa gauche avant de se rabattre sur le centre français et de prendre Paris.
Joffre comprend le plan allemand et ordonne à la 5e armée et aux Britanniques de continuer leur repli en bon ordre. Pendant ce temps, il transfère toutes les forces disponibles de sa droite vers sa gauche et crée une 6e armée, dont les Allemands ignorent l'existence.

La Marne

Le 5 septembre, la 1re armée allemande du général von Kluck traverse la Marne à hauteur de Château-Thierry. Sa manœuvre audacieuse va au-delà des recommandations de Moltke qui lui demandait seulement de couvrir l'aile droite du front.
Pendant ce temps, les Français stoppent leur retraite et organisent une contre-attaque avec la 6e armée et les Britanniques.
Le 6, l'offensive française est lancée. Kluck contre-attaque et seule l'arrivée de la garnison de Paris l'empêche d'enfoncer la 6e armée.
La manœuvre de Kluck a créé un vide de 50 km entre son armée

et celle de Bülow qui a continué sa route vers le Sud. La 5e armée et les Britanniques s'engouffrent dans l'espace et commencent à tourner l'aile droite de Bülow. Le 9 septembre, Moltke ordonne un repli général sur l'Aisne, sur une ligne Noyon-Verdun.
Les Alliés ont remporté une victoire stratégique, qui, sans être décisive, met fin aux rêves allemands de victoire rapide à l'Ouest. Pendant deux mois, les deux camps font mouvement vers le Nord, lançant de vaines opérations d'enveloppement. Parallèlement, les Allemands tentent sans succès de s'emparer des ports de la Manche par lesquels arrivent les renforts anglais sur le continent. En novembre 1914, le front se stabilise sur plus de 750 km entre la mer du Nord et les Vosges.

Le 75

Lors de la bataille de la Marne, l'artillerie française repose sur le canon de « 75 », qui doit son nom à son canon de calibre 75 mm.
Crée en 1897, le « 75 » est le premier canon de campagne à tir rapide avec une cadence de vingt coups par minute. Sa principale innovation, un dispositif qui absorbe l'énergie du recul et ramène la pièce en batterie, sans ébranler l'affût.
Peu efficace dans la guerre de tranchées, le « 75 » restera toutefois en service dans l'armée française jusqu'à la guerre d'Algérie !

Les offensives d'Artois (1915)

Les belligérants doivent, au début de cette année 1915, faire face à de nouveaux défis. La guerre de mouvement rapide, anticipée par tous les états-majors, est de l'histoire ancienne. Celle qui se profile sera une guerre statique, faite de préparations d'artillerie et de coups de mains brutaux.

Début 1915, l'état-major français planifie ses offensives. Ces dernières doivent se combiner aux offensives russes, sur le front de l'Est et permettre également d'appuyer l'entrée en guerre imminente de l'Italie aux côtés des Alliés par une belle victoire, que l'on espère décisive. Le secteur choisi par les Français est celui de l'Artois, à la jonction avec le front tenu par les Britanniques. Le groupe provisoire du Nord, commandé par le général Foch, planifie méticuleusement son assaut, mené par trois corps d'armée, dont le 33e corps du général Pétain sera le fer de lance. L'objectif principal est la crête de Vimy, qui domine le secteur de l'Artois. Avec sa chute, les Français espèrent provoquer un véritable effondrement du front allemand dans le secteur, effondrement qui, espère-t-on, fera boule de neige. Les efforts de préparation n'ont pas été négligés et l'on pense, en haut lieu, avoir entrepris tout ce qui était nécessaire – et même davantage – pour la réussite de l'attaque. Des reconnaissances aériennes en profondeur ont été entreprises afin de connaître l'état exact des défenses allemandes. On a déployé trois corps d'armée supplémentaires et près de 80 pièces de gros calibre pour appuyer l'assaut. Les positions de départ, enfin, ont été entièrement réaménagées. Des tranchées parallèles ont été creusées, reliées aux positions de départ par un jeu très dense de boyaux de communication. Enfin, et cela tranche avec les pratiques futures, les soldats qui vont participer à l'attaque sont bien renseignés tant sur les objectifs que sur les enjeux de l'attaque. Le moral est donc excellent.
Côté allemand, les préparatifs français ne sont pas passés inaperçus, mais on n'a assez peu agi pour y faire face. Depuis la fin de 1914, le secteur a déjà été considérablement fortifié. Le réseau de tranchées est excellent et pourvu de nombreux abris souterrains suffisamment profonds pour résister à un bombardement d'envergure.

L'assaut débute

La préparation d'artillerie française débute le 4 mai 1915. Tous les points d'appui allemands repérés sont battus par les pièces de gros calibre, tandis que les tranchées allemandes sont prises pour cible par l'artillerie de tranchée française. Au total, un millier de pièces d'artillerie pilonne les positions allemandes. Le général d'Urbal, qui s'est vu confier l'attaque, déploie 15 divisions d'active, trois divisions territoriales et trois divisions de cavalerie. L'attaque initiale est prévue pour le 7 mai, mais le mauvais temps contraint le général à n'ordonner l'assaut que le 9 mai. À 6 h 00 du matin, l'artillerie, qui s'était tue un temps, reprend son barrage, sur les ouvrages de première ligne. À 10 h 00, les artilleurs allongent le tir et commencent à pilonner les arrières. Pour l'infanterie, c'est le signal. L'assaut véritable peut débuter.
Très rapidement, le 33e corps du général Pétain, au centre, et le 21e corps, au nord, s'enfoncent dans les lignes allemandes. L'attaque

Les Stollen

Dès le début de la guerre de position, les Allemands se montrent beaucoup plus empressés que les Français et les Britanniques à fortifier leur position. D'un point de vue psychologique, la chose est fort compréhensible : les Allemands entendent s'installer, les Alliés ne souhaitent pas que l'occupation dure. Aussi, si du côté français, les tranchées sont assez rudimentaires, côté allemand, des systèmes de tranchées bien étayées sont encore renforcés par la présence d'abris souterrains très profonds, les Stollen, invulnérables aux tirs d'artillerie.

menée au sud marque très nettement le pas. Les 15e et 17e corps subissent des pertes sévères pour des gains insignifiants.

Les raisons d'un échec

La progression du 33e corps de Pétain, bien que victorieuse, est symptomatique de l'échec final de l'offensive, dû au manque de préparation et de réflexion, mais également au fait que les officiers en charge ne sont pas déployés en première ligne. Ils sont donc tributaires des comptes rendus qui leur parviennent souvent avec retard et de manière parcellaire. La division marocaine, fer de lance du 33e corps, effectue une percée fulgurante. À 11 h 00, soit une heure après le début de l'attaque, elle a déjà progressé de plus de 2 kilomètres et poursuit son avance sans rencontrer de véritable opposition. Le général commandant la division demande, dès 11 h 00, l'envoi de renforts pour exploiter la brèche et fortifier la position. Mais les éléments de réserve n'ont pas été mis en alerte et se trouvent à plus de 8 kilomètres en arrière, alors qu'il eut fallu les déployer en première ligne dès les premières vagues parties. Ils n'atteignent finalement la pointe de l'attaque que vers 15 h 00, trop tard : les Allemands ont déployé des réserves pour parer la menace.

Reprise des offensives

L'effet de surprise est passé. Les troupes françaises et britanniques ne sont pas parvenues à provoquer l'effondrement escompté. Les attaques se poursuivent jusqu'au 15 juin, qui ne permettent que de consolider les gains sans augmenter l'étendue de la progression. Malgré tout, les gains territoriaux sont appréciables : sur 8 kilomètres de front, les troupes alliées sont parvenues à s'enfoncer sur près de 3 kilomètres de profondeur, obligeant l'ennemi à engager des réserves nombreuses pour colmater la brèche. Mais les Français ont perdu plus de 100 000 hommes, tués, blessés et disparus. À l'été 1915, l'état-major français décide de tenter l'exploitation de ces gains par une nouvelle offensive. Dix-huit divisions sont réunies pour effectuer une nouvelle percée que l'on espère décisive. Le 19 septembre, c'est le début de la préparation d'artillerie. L'attaque proprement dite débute le 25 septembre. Le climat est hélas peu propice. La pluie transforme le terrain labouré par les obus en véritable bourbier. Cette nouvelle offensive est d'une grande violence, car les Allemands se sont ressaisis et effectuent des contre-attaques payantes. Elle doit être arrêtée au bout de 18 jours, avec des gains relativement insignifiants au regard des effectifs engagés et des pertes subies.

Les crapouillots

La guerre de tranchées va donner naissance à un arsenal dont la nécessité ne se faisait pas le moins du monde sentir lorsque l'on envisageait une guerre de mouvement. Les obusiers ou mortiers de tranchées, plus connus sous le nom de « crapouillot », un nom évocateur du « petit crapaud » et qui fait référence à leur apparence peu esthétique, sont déployés en première ligne et en grand nombre. Ce sont des armes très simple d'utilisation, dont le projectile décrit une trajectoire parabolique, visant à tomber presque à la verticale dans les tranchées ennemies. Peu précis, les crapouillots peuvent cependant provoquer des dégâts considérables.

La bataille de Verdun (février-décembre 1916)

Fin 1915, pour les états-majors allemands et français comme britanniques, c'est l'heure du bilan. La guerre fraîche et joyeuse, qui devait se solder par une victoire rapide, s'est enlisée dans une guerre de tranchée, statique, coûteuse en vies humaines et en matériel. Les rares offensives de l'année 1915, en Champagne, notamment, n'ont donné aucun résultat tangible. Dans les deux camps, on prépare ses plans pour l'année à venir.

Côté allemand, le général Falkenhayn est en charge des opérations sur le front de l'Ouest. Ce vieux militaire au regard impénétrable a toute la confiance du Kaiser Guillaume II pour mener à bien cette offensive, que l'on espère décisive. Fin décembre, Falkenhayn a fixé son choix. Ce sera Verdun. Près d'un siècle plus tard, ses intentions exactes demeurent mystérieuses car le mémorandum de Noël 1915, dans lequel le général allemand se serait fixé comme objectif celui de « saigner à blanc l'armée française », est probablement une invention de l'après-guerre. Mais si l'on admet que son intention était celle-là, le secteur de Verdun semble l'endroit idéal pour mener une bataille d'usure. Depuis 1914, la région fortifiée de Verdun (RFV) forme un saillant sur la rive droite de la Meuse, que l'on peut donc attaquer depuis plusieurs directions. Il est par ailleurs très mal desservi côté français, puisqu'une seule ligne de chemin de fer, étroite, reliant Bar-le-Duc à Verdun, peut permettre d'y acheminer rapidement des renforts et du matériel. Sur le plan symbolique, la ville de Verdun est aussi importante. C'est là que Charlemagne a partagé son Empire, et les forts qui protègent la ville, dont celui de Douaumont, sont un sujet de fierté nationale en France.

L'attaque est déclenchée

Depuis 1914 et la chute des forts belges, l'état-major français considère cependant que les forts ont fait leur temps. La plupart d'entre eux ont d'ailleurs été, dans le plus grand secret, privés de leur artillerie, ce qu'ignorent les Allemands.

Falkenhayn a prévu une attaque sur un front de 7 km, sur la rive droite de la Meuse. Six divisions d'infanterie, soutenues par un millier de pièces de tous calibres, dont des obusiers de 420 mm, doivent s'emparer dans les meilleurs délais du terrain qui les sépare de la ville de Verdun, soit une petite quinzaine de kilomètres. Face

à eux, deux divisions françaises, déployées dans des tranchées peu profondes et manquant souvent de barbelés.
Le 21 février 1916, l'attaque commence par un bombardement d'une violence telle qu'il est audible à plus de 200 km. Après un pilonnage de près de huit heures, vers 17 h, l'infanterie allemande sort de ses abris. On a affirmé aux soldats allemands qu'ils ne rencontreraient aucune résistance. Mais rapidement, dans les cratères et le sol ravagé par les obus, des soldats français se dressent et livrent bataille, avec l'énergie du désespoir. Ils ne peuvent que retarder la marche. En trois jours, la progression allemande est spectaculaire : près de 5 km. Le fort de Douaumont, défendu par une compagnie de territoriaux, tombe sans combattre le 24 février. La ville de Verdun est à présent menacée et, côté français, il convient de réagir vite.

Le général Falkenhayn

Le général Falkenhayn (1861-1922) est, de février à août 1916, le responsable allemand des opérations sur le front de l'Ouest et l'architecte de la bataille de Verdun. Souhaitait-il réellement y attirer l'armée française pour l'écraser, espérant des pertes minimes côté allemand ? Il est clair qu'il sous-estima l'ampleur de la tâche, car il fut rapidement contraint d'y engager de plus en plus de divisions. Mais ce mythe de la « saignée à blanc » voulue par Falkenhayn est aujourd'hui contesté. Falkenhayn a peut-être voulu justifier son échec devant Verdun par cette pirouette sanglante : Verdun ne tomba pas, parce que les Allemands ne voulaient pas prendre la ville.

Pétain est nommé

Le 25 février, Joffre décide de nommer le général Pétain, un défensif, à la tête du secteur. Ne comprenant pas pourquoi les Allemands n'ont pas attaqué sur la rive gauche, il y déploie toutes les batteries d'artillerie qu'on veut bien lui allouer pour prendre les Allemands en enfilade et parvient, en quelques jours, à endiguer leur avance. Sa tâche est facilitée, puisque l'infanterie allemande a progressé si vite que son artillerie lourde est à présent hors de portée pour la soutenir. Le Kronprinz, fils du Kaiser, en chargé théorique du secteur, demande et obtient que le front s'étende à la rive gauche de la Meuse. C'est chose faite le 6 mars, et les Allemands remportent des succès notables, se rapprochant des éminences du Mort-Homme et de la cote 304. De nouveaux renforts expédiés côté français permettent de rétablir la situation. Le 1er mai 1916, le général Pétain est placé à la tête du groupe d'armées Centre, en charge du secteur de Verdun. C'est là que le général va pouvoir superviser la noria, ce va-et-vient de camions chargés de matériel et d'hommes en direction du front de Verdun, empruntant cette route élargie par le génie, et entrée dans l'histoire sous le nom de Voie sacrée. Les prouesses logistiques des Français vont avoir un impact décisif sur le cours des opérations.

La contre-offensive française

Sur le front de Verdun, le général Mangin, un offensif, a remplacé Pétain. Dès le 2 mai, il tente de reprendre Douaumont. Mal préparée, cette attaque échoue, avec des pertes sévères. Les Allemands reprennent alors l'offensive et s'emparent du Mort-Homme. Le 1er juin, c'est le fort de Vaux qui tombe et à la fin du mois, de nouvelles troupes allemandes tentent d'emporter la décision sur la rive gauche. Les pertes sont sévères de part et d'autre. Le front se stabilise. Fin août, Falkenhayn est limogé et son remplaçant,

Hindenburg, décide d'opter pour la défensive. Mais les Français préparent leur contre-offensive grâce, notamment, à de nombreuses troupes coloniales. Le 24 octobre, Douaumont est repris, puis Vaux. Le 15 décembre, une dernière poussée française, massive, permet de rétablir la situation et ramène presque les Allemands sur leurs lignes de départ. La bataille de Verdun est terminée.

Le lance-flammes

Conçu au début du XXe siècle et d'abord développé en Allemagne, le lance-flammes est constitué d'un cylindre contenant du gaz sous pression et un dérivé de pétrole. De ce cylindre sort un tube pourvu d'un obturateur permettant de libérer le gaz, qui propulse le liquide dans le tube, ce dernier étant enflammé à sa sortie par une veilleuse. La portée maximale est de 20 m environ.

Cette arme est particulièrement adaptée à la guerre de tranchées et à l'attaque de casemates et de fortins, mais s'avère dangereuse pour ses utilisateurs : une seule balle heurtant le cylindre provoque son explosion (et la mort affreuse de l'homme qui le transporte) et, de part et d'autre, il est fréquent que les servants de cette arme soient exécutés s'ils sont pris.

La bataille de la Somme (juillet-novembre 1916)

Fin 1915, les Alliés se sont réunis à la conférence de Chantilly. Britanniques, Français, Italiens et Russes se sont entendus pour effectuer, entre la fin du printemps et le début de l'été, plusieurs offensives qui, tout en n'étant pas simultanées, seront assez rapprochées pour empêcher Allemands et Autrichiens de transférer des troupes d'un front à l'autre. Les Russes attaqueront en Galicie, au sud des marais du Pripet. Les Italiens poursuivront leur offensive sur l'Isonzo. Britanniques et Français attaquent de part et d'autre de la Somme, avec seize corps d'armée et le soutien de plus de 500 pièces d'artillerie.

Naturellement, l'offensive de Verdun vient bouleverser les plans. Le général Joffre, qui commande les armées françaises, ne souhaite pas renforcer ce front, mais devant la menace, il doit se résoudre à distraire une partie des forces qu'il comptait employer sur la Somme afin d'éviter la chute de Verdun. Le principe d'une offensive sur la Somme a été définitivement fixé le 14 février, une semaine avant l'attaque allemande à Verdun. L'attaque franco-britannique doit débuter le 1er juillet, sur un front relativement élargi, près de 70 km (soit dix fois plus que le front initial). Les objectifs des Alliés sont Bapaume, Péronne, Ham, puis Cambrai. On espère ainsi contourner les armées allemandes et les encercler en rejoignant la Manche ou la mer du Nord, à moins que celles-ci ne préfèrent décamper sous la pression.
Deux armées françaises et trois armées britanniques doivent participer à cet assaut. En face d'elles, les effectifs allemands sont très limités : une seule armée. Mais elle peut s'appuyer sur un réseau fortifié d'une très grande densité, avec des abris très profonds et protégés des obus de plus gros calibre, des tranchées profondes et des casemates bétonnées, devancés par un réseau de barbelés extrêmement dense.

Une préparation de dix jours

Le 20 juin, Britanniques et Français débutent le bombardement préliminaire. Il va durer dix jours et, comme à Verdun, s'avérer très décevant, l'essentiel du réseau fortifié allemand y survit. Le 1er juillet, comme prévu, à 7h30, les Britanniques quittent leurs lignes de départ et lancent l'assaut, suivis, à 9h30, par les Français. Le général Haig, qui commande aux forces britanniques, avait promis à son état-major que si les succès n'étaient pas manifestes dès le premier jour, il ferait immédiatement cesser l'attaque. Malheureusement pour ses hommes, il n'en fait rien.

Le 1er juillet au soir, les Britanniques ont déjà perdu 60 000 hommes (tués, blessés et disparus) sur les 140 000 engagés, un véritable désastre, pour une progression de moins de 1 km. La boucherie est rendue plus atroce encore par la pratique des « Pal's bataillons » mis en place en Angleterre et dont le slogan exprime bien le mode de fonctionnement : « Engagez-vous ensemble, combattez ensemble. » Des amicales d'ouvriers, des hommes issus d'un même quartier ou d'un même village se sont ainsi retrouvés versés dans une seule unité. Lorsqu'elle est décimée, c'est parfois les trois quarts de la population mâle d'un village qui est anéantie en quelques heures, avec les traumatismes qu'on imagine pour les familles.

L'assaut se poursuit

Le 2 juillet, l'assaut reprend donc de plus belle et les Britanniques ne parviennent pas à progresser. Les Français, en revanche, font des progrès notables et prennent Herbécourt, Frise, puis Assevillers. Une reconnaissance permet même d'atteindre

Un homme : le général Haig

Le général Haig (1861-1928) participe à la guerre des Boers puis à l'élaboration du Corps expéditionnaire Britannique, envoyé en Europe en 1914. Placé sous les ordres du général en chef britannique French, il le remplace en décembre 1915 et porte une lourde responsabilité dans l'échec de l'offensive de la Somme, s'étant entêté à poursuivre une campagne manifestement vouée à l'échec.

Flaucourt, au-delà de la deuxième ligne allemande, sans rencontrer de résistance. La percée est donc effectuée. Le général qui commande le secteur demande à ses supérieurs la permission de poursuivre immédiatement son mouvement. On lui ordonne de demeurer sur place et d'attendre des renforts. Lorsqu'il reçoit enfin le feu vert, le 5 juillet, il est trop tard : les Allemands ont colmaté la brèche. Une deuxième armée vient renforcer la première déjà présente et la résistance s'intensifie
Une nouvelle offensive française débute, le 14 juillet, en direction du sud, mais ne donne pas plus de résultats que l'offensive britannique, renouvelée le 15 juillet.

L'apparition des chars d'assaut

Le mois d'août voit de nouvelles offensives menées côté français. Les Allemands, très éprouvés par la bataille de Verdun, se contentent de défendre sans jamais pouvoir prendre l'initiative. Début septembre, une nouvelle campagne alliée se prépare, qui commence le 12 septembre avec une attaque couronnée de succès pour les Français. Bouchavesnes tombe entre leurs mains et une nouvelle brèche est effectuée dans le front allemand. Mais, comme au début de juillet, le haut-commandement français tergiverse et laisse passer l'occasion. Lorsqu'il se ressaisit, les Allemands se sont suffisamment renforcés pour refermer la brèche.
Le 15 septembre, les Britanniques attaquent eux aussi avec, pour la première fois, la présence de chars d'assaut. Mal déployés, ils ne parviennent pas à obtenir un effet décisif malgré l'effet de surprise. Les gains territoriaux sont minimes.
Après ce dernier coup de collier, les armées françaises et britanniques mettent un terme à l'offensive, de manière définitive, au début du mois de novembre.

Les chars d'assaut

Dès le mois d'octobre 1914, des ingénieurs britanniques commencent à travailler sur un prototype de véhicule susceptible d'être employé à percer les lignes fortifiées ennemies. Blindé, pourvu de chenilles pour se déplacer sur un terrain accidenté, armé de canons ou de mitrailleuses, il reçoit bientôt le nom de code « tank » (« réservoir » en anglais). Les premiers prototypes sont de véritables mastodontes, pesant 30 t et embarquant un équipage de huit hommes. Lors de l'offensive du 15 septembre 1916, le général Haig exige d'engager les 60 modèles disponibles, qui ne sont pas encore au point. Leur lenteur et leur propension à tomber en panne provoqueront leur échec.

La bataille du Chemin des Dames (avril-octobre 1917)

L'année 1916 se solde par une victoire française à Verdun et par une défaite des Alliés sur la Somme. Les pertes ont été effrayantes : près d'un million d'hommes mis hors de combat de part et d'autre. L'artillerie lourde se développe côté français, de nouvelles méthodes sont mises au point et les chars d'assaut commencent à entrer en production de masse. Tout ceci laisse espérer en France qu'une victoire décisive pourra être emportée en 1917, d'autant que l'entrée en guerre des États-Unis devrait apporter un peu de sang neuf.

Le général Joffre, devant l'échec de son offensive sur la Somme, a décidé d'attaquer, en 1917, avec les Britanniques, sur le secteur de Vimy et de Reims. Mais en décembre 1916, Joffre est limogé et remplacé par le général Nivelle, qui s'est illustré lors des dernières étapes de la bataille de Verdun. Dès le mois de janvier, le nouveau général en chef s'attelle à la tâche prévue par son prédécesseur. Mais la préparation, massive, a donné l'alerte et les Allemands, dont les troupes sont dans le secteur de Reims, déployées en un saillant, ont choisi de raccourcir leur front. Ils ont, pour cela, dans le plus grand secret, aménagé une ligne très fortifiée, la ligne Hindenburg, pourvue de casemates bétonnées et de grands abris souterrains, les Stollen, capables de résister à un pilonnage intensif. Les troupes n'auront qu'à en sortir lorsque les Français passeront à l'attaque.
Le 15 mars, ils abandonnent leurs anciennes positions. L'investissement de la ligne Hindenburg est effectif le 19 mars. Ce redéploiement est effectué avec une telle discrétion que les Alliés mettent près de trois semaines à se rendre compte de son ampleur. Pour les Français, le coup est rude. Il faut revoir les plans, redéployer les troupes et le matériel, recréer des positions de départ, sous la menace de l'ennemi. Le front a été considérablement réduit et il n'y a plus de saillant à exploiter. Faut-il donc vraiment lancer cette attaque ? Le général Nivelle et son bras droit, le général Mangin, partisans de l'offensive à outrance, en sont persuadés. Fin mars 1917, leur plan, à peine modifié, est prêt.

Le terrain et les forces en présence

Les troupes françaises vont s'élancer sur la nouvelle position tenue par les Allemands sur le chemin des Dames, sur le plateau de Craonne. C'est un plateau calcaire, situé entre l'Aisne au sud et l'Ailette au nord. Les Allemands l'occupent depuis trois ans et l'ont transformé en forteresse et en observatoire. Ils n'ignorent donc rien des préparatifs français. Mais leur position leur semble si forte qu'ils vont se laisser tout de même surprendre, tant une percée en ce point semble irréaliste. C'est d'ailleurs l'un des paris de l'état-major français : attaquer un point manifestement imprenable. Vraiment imprenable, hélas.

Le déploiement des troupes est pourtant formidable. Quatre armées françaises vont participer à l'attaque, dont la 6e armée du général Mangin, forte de 17 divisions dont de très nombreuses troupes coloniales, qui forment son fer de lance. Avant la guerre, le général Mangin s'est fait le farouche partisan de la force noire, représentée par les populations africaines dont il estime qu'elles sont redevables à la France et doivent faire montre de leur attachement à la patrie en versant leur sang.

Au total, les Français déploient plus de 800 000 hommes, soutenus

Les mutineries de 1917

Les généraux ont voulu voir, dans les mutineries de 1917, la main des bolcheviques et la contagion révolutionnaire. Mais la majorité des mutins, dont les meneurs, sont des soldats patriotes et souvent très décorés. Ils ne contestent pas tant la guerre que la manière dont elle est menée par les généraux. La « Chanson de Craonne », chanson des mutins, est devenue le symbole de leur révolte. Témoignage de la méfiance qui régna longtemps à l'égard des hommes qui l'entonnèrent, elle fut interdite de diffusion jusque dans les années 1970...

par 2 500 pièces de campagne (75 mm) et un nombre égal de pièces lourdes, allant du canon de 122 mm à la pièce de siège de 420 mm. Plus de 180 chars lourds sont engagés. En face : 14 divisions allemandes, bien protégées, avec le double de troupes en réserve.

Une attaque sur un vaste front

L'attaque doit être lancée le 16 avril au matin sur un front de 30 km. Les troupes françaises devront gravir les pentes fortifiées du plateau de Craonne, précédées par un pilonnage intensif, lui-même suivi d'un barrage roulant, les tirs de l'artillerie progressant comme un rideau en avant des troupes françaises parties à l'assaut. Une fois le plateau pris et la ligne du chemin des Dames enfoncée (ce qui devrait pouvoir être obtenu en vingt-quatre heures), une des armées françaises, placée en réserve, exploitera la brèche et provoquera l'effondrement complet du front allemand. Les troupes françaises doivent être sur l'Ailette le 16 avril au soir, le lendemain, la cavalerie doit avoir dépassé Laon et, quatre jours après, les armées françaises doivent être sur la Somme.
Au sein de la troupe, cette offensive a été vantée comme le dernier coup de collier, le suprême effort, qui va permettre de mettre un terme à la boucherie et le retour au foyer des poilus. Le 12 avril, le barrage commence, intensif : 500 obus sont tirés par minute entre le 12 et le 15 avril !

L'attaque commence

Le 16 avril, à 6h00 du matin, les troupes d'assaut quittent leurs tranchées. Selon le député Ybarnegaray, « *l'attaque débuta à 6h00. À 7h00, la bataille était perdue* ». Les soldats doivent gravir des pentes boueuses et parfois recouvertes de neige en montant à l'assaut du plateau. Le tir de l'artillerie, peu précis, n'a pas eu l'effet escompté. En certains endroits, les soldats ne parviennent même pas à sortir de leurs positions. La 10e division coloniale, forte de 12 000 hommes, perd 5 000 hommes en quelques heures. À 9h00, les chars s'élancent. Ils s'embourbent et sont détruits un à un par l'artillerie allemande quand ils ne tombent pas en panne. À la fin de la journée, les pertes se chiffrent en milliers de morts. Les gains territoriaux sont nuls. Mais Nivelle et Mangin, contrevenant aux instructions du pouvoir civil, contraignent leurs soldats à repartir à l'assaut. La boucherie se poursuit. Le 20 avril, on suspend enfin cette folie. Mais l'offensive reprend le 4 mai, qui cesse le 8 mai : les premières mutineries ont éclaté. Le 15 mai, Nivelle est limogé et remplacé par Pétain. L'offensive du chemin des Dames est terminée.

Le général Nivelle

Le général Nivelle (1856-1924), artilleur de formation, est nommé en remplacement du général Pétain sur le secteur de Verdun, une fois la situation stabilisée. Porté sur l'offensive, il remplace bientôt Joffre à la tête des armées française. Maître d'œuvre de l'offensive du chemin des Dames, il y perdra sa réputation. Le « boucher » de Craonne finira la guerre en Afrique du Nord.

À l'ouest

L'année 1917 n'a pas vu les armées allemandes effectuer des offensives de grande envergure à l'ouest. À l'est, la révolution bolchevique a mis à mal l'armée russe et a provoqué son effondrement. Le 15 décembre 1917, un armistice a été conclu entre l'Allemagne et la Russie. Il est confirmé par la paix de Brest-Litovsk, signé le 3 mars 1918. Ce traité est une aubaine pour l'état-major allemand, puisqu'il libère d'importantes quantités de troupes, ce qui peut permettre de se lancer dans une nouvelle opération d'envergure à l'ouest, afin d'éviter que la position des Français et des Britanniques, à présent renforcés par un contingent américain de plus en plus important, ne leur permette de passer à l'assaut et d'écraser une armée allemande exsangue.

Le grand état-major allemand se prépare donc à lancer un assaut de très grande envergure sur le front de l'Ouest. On avait, jusqu'alors, privilégié les attaques concentrées et ciblées sur un petit secteur. Cette fois, les Allemands optent pour une série d'opérations sur toute l'étendue du front. Ils choisissent également de frapper sur des secteurs tenus généralement par des armées de différentes nationalités, afin d'exploiter le manque de coordination entre les Français, les Britanniques et les Américains, qui s'est déjà manifesté par le passé. Les réserves, nombreuses, sont disséminées afin de pouvoir renforcer un éventuel succès et de l'exploiter au plus vite, au lieu de s'entêter dans une attaque qui ne déboucherait sur rien.

L'opération Michael

Le premier assaut à lieu le 21 mars. L'opération Michael débute en Picardie. Contrairement aux usages en vigueur, les Allemands ont réduit le bombardement préliminaire à un pilonnage bref, comptant sur l'effet de surprise. Les obus percutants, les fumigènes et les gaz de combat obscurcissent le champ de bataille, et l'attaque commence avant même que les Britanniques, qui tiennent le secteur, n'aient eu le temps de se préparer. C'est une véritable débandade, comme on n'en a jamais vu sur le front de l'Ouest depuis 1914. 160 000 Britanniques sont mis hors de combat et les Allemands progressent sur plus de 50 km de profondeur, en quelques jours. Le général Haig, commandant les forces britanniques, demande de l'aide à ses homologues français, qui font la sourde oreille. Pour les gouvernements de la Triple alliance, c'est la goutte d'eau qui fait déborder le vase. Le 26 mars, il est – enfin – décidé de donner un général en chef aux armées du front de l'Ouest. Géographie oblige, c'est le général Foch qui est choisi. Lui qui, quelques jours auparavant, avait refusé de tendre la main aux Britanniques leur alloue à présent de maigres renforts. Fort heureusement, ils suffisent à arrêter la poussée allemande. Car Ludendorff, au lieu d'avancer vers le sud et Paris, a choisi d'attaquer Arras, particulièrement bien défendue. Fin mars, l'offensive est arrêtée et les deux armées ennemies se retranchent sur la nouvelle ligne de front.

Nouvelle offensive

Le 27 mai, les Allemands lancent une nouvelle offensive, dans l'Aisne, non loin du chemin des Dames. Le bombardement est

Les Stosstruppen

À partir de 1915, l'armée allemande met sur pied des groupes de combat spécifiquement dédiés à la guerre de tranchées, ce sont les Stosstruppen. Ils sont équipés d'armes automatiques, d'une importante quantité de grenades et préfèrent généralement le combat au corps à corps : haches, pelles de tranchées employées comme armes contondantes, masses d'armes cloutées et couteaux sont utilisés pour tuer l'ennemi et, avec les affreuses blessures qui en résultent, semer la panique. En 1918, ce ne sont plus des groupes mais des bataillons entiers de troupes de choc qui sont déployés, certains soldats étant équipés de plaques de protection contre les balles et les éclats d'obus. Les autres puissances utiliseront de telles troupes, comme l'évoque le magnifique film de Bertrand Tavernier sur les Corps francs, tiré du roman éponyme Capitaine Conan.

ici plus dense et utilise une grande quantité d'obus chimiques d'un nouveau modèle. Le bombardement terminé, les Allemands passent à l'assaut et, comme en Picardie, provoquent un début de panique chez les Français. La poussée leur permet, le 15 juin, d'atteindre Château-Thierry. Ils ne sont désormais plus qu'à 70 km de Paris et, chez les Alliés, on s'inquiète.
Et on a raison : le 9 juin, c'est une nouvelle offensive allemande qui débute, vers Compiègne et dans le secteur de Verdun où, pour la première fois, s'illustrent des soldats américains, à Saint-Mihiel et au Bois-Belleau. Cette offensive allemande est un échec, car elle a été mal préparée. Elle est suivie, le 15 juillet, par une nouvelle attaque que les Allemands ont appelé avec morgue la Friedensturm, « l'offensive de la Paix », celle qui doit leur permettre de gagner la guerre. C'est une nouvelle bataille de la Marne, en direction de Reims et de Sainte-Ménehould. Si l'offensive de Champagne est un échec, l'attaque au sud de Verdun, vers Saint-Mihiel, s'avère très dangereuse. Ludendorff est persuadé que la victoire est à portée de main et continue d'engouffrer des troupes dans cette offensive. Ce faisant, il se prive des moyens de faire face à la contre-attaque que Foch prépare depuis plusieurs semaines.

Contre-attaque alliée

Le 18 juin, les 10e et 6e armées françaises passent en effet à l'offensive, précédées par un barrage roulant d'artillerie et accompagnées par de nombreux chars d'assaut. Des soldats américains et italiens participent également à cette offensive. En deux jours, les Alliés font plus de 15 000 prisonniers allemands et, dans la nuit du 18 au 20 juin, ils n'ont pas d'autre choix que de repasser la Marne, sans quoi près de 12 divisions se trouveraient prises dans une nasse. Mais les Alliés poursuivent les Allemands l'épée dans les reins et, le 2 août, reprennent Soissons, dont la conquête met un terme provisoire à l'offensive.

Le maréchal Foch

« *Depuis que j'ai commandé une coalition, j'admire beaucoup moins Napoléon* », aurait dit le général et futur maréchal Foch (1851-1929). Général d'armée au début de la guerre, Foch se voit confier, en mars 1918, le commandement de toutes les troupes alliées déployées sur le front de l'Ouest. D'un caractère difficile, mais résolu et donc parfaitement adapté à ce rôle de chef d'orchestre devant parfois trancher dans le vif, ce Tarbais, ancien directeur de l'École de guerre, peut pour la première fois coordonner les actions de toutes les troupes. Cela n'ira pas sans provoquer de nombreuses frictions, mais les généraux étrangers finiront toujours par se plier aux injonctions de leurs gouvernements respectifs. La création de ce poste de généralissime est pour beaucoup dans la victoire finale des Alliés.

La France des années 1930

La Grande Dépression est l'une des crises économiques les plus violentes de l'histoire mondiale. Survenue le 24 octobre 1929 à la Bourse de New York, elle entraîne les pays industrialisés dans une spirale de chômage, de pauvreté et de troubles politiques jusqu'au début de la Seconde Guerre mondiale, dont elle est une cause indirecte. Mais la France des années 1930 ne se comporte comme aucun autre pays du monde : frappée par la crise sur le tard, elle en subit les effets plus longtemps et de manière plus diffuse. La véritable crise française est celle des institutions, ébranlées par l'instabilité et une agitation populaire d'extrême droite sans précédent dans les annales de la IIIe République.

En 1926, trois ans avant le grand krach boursier, la France se trouve confrontée à des difficultés économiques profondes. Appelé à la présidence du Conseil, Raymond Poincaré engage une baisse des dépenses de l'État et une augmentation des impôts directs. Parallèlement, il procède à une dévaluation de 80 % du franc, tombé à son plus bas niveau, qui stabilise le cours. Les exportations reprennent, et la croissance retrouvée permet aux Français d'élever progressivement leur niveau de vie. Alors que l'Amérique du Nord et le monde s'effondrent, la France paraît plus prospère que jamais. Elle concentre alors 27 % du stock mondial d'or. En 1929 et en 1930, tous les indicateurs de l'économie sont au vert : production en progression, commerce extérieur conquérant grâce à la dévaluation du franc, excédents budgétaires, chômage minime (1 700 sans-emploi). Car l'économie française suit un modèle archaïque : le tissu économique est en majorité constitué de petites entreprises étrangères à la rationalisation du travail et éloignées des flux de l'économie mondiale. Ce retard va permettre à la France d'échapper – provisoirement – à l'onde de choc du « jeudi noir » d'octobre 1929.

La naissance du modèle social français

L'histoire n'a pas retenu son action ; c'est pourtant un gouvernement de droite qui est à l'origine des premières avancées sociales du XXe siècle. André Tardieu, président du Conseil sous la bannière des radicaux de droite, souhaite combler le retard de la France sur l'Allemagne et l'Angleterre dans ce domaine. Jusqu'alors, seuls les militaires et les fonctionnaires bénéficiaient de retraites. La loi sur les « assurances sociales », initiée par Poincaré, est votée en 1929, sous l'égide du ministre du Travail, Pierre Laval. Le texte stipule que tous les salariés aux revenus inférieurs à 15 000 francs seront inscrits au régime obligatoire, financé à parts égales par l'employeur et l'employé. Parallèlement, le versement d'une allocation de 4 % des salaires à une caisse d'allocations familiales est imposé. Mais, en 1931, la France ressent les premiers effets de la crise ; les soutiens de Tardieu regrettent ses réformes trop généreuses, tandis que la gauche minimise sa réussite. Les affaires de corruption compromettant élus de la majorité et ministres s'accumulent. Le garde des Sceaux, Raoul Péret, impliqué dans le scandale de la banque Oustric en novembre 1930, entraîne le gouvernement dans sa chute.

L'instabilité ministérielle aggrave la crise

La Grande Dépression a finalement atteint la France, et le rythme de l'économie ralentit. Sa production industrielle baisse de 23 %

1931, l'apogée de l'empire colonial français

En mai 1931 s'ouvre à Vincennes la troisième Exposition coloniale (les deux premières ont eu lieu à Marseille en 1906 et 1922), vitrine de l'Empire français. Celui-ci n'a d'équivalent en superficie que l'Empire britannique. Il englobe la quasi-totalité de l'Afrique de l'Ouest, le Maghreb (Algérie, Maroc et Tunisie), les îles de l'océan Indien (Madagascar, La Réunion...), des comptoirs en Inde, l'Indochine, les îles du Pacifique (Polynésie, Nouvelle-Calédonie...), des Caraïbes (Antilles, avec la Guadeloupe, la Martinique...), la Guyane et les territoires sous mandat au Proche-Orient (Liban et Syrie).

par rapport à 1929. Toutefois, en 1932, la France ne connaît qu'un taux de chômage de 7,5 %, lorsqu'au même moment celui-ci culmine à 44 % en Allemagne et dépasse 36 % aux États-Unis. Les tentatives de redressement échouent par manque d'audace politique : à partir de 1933, les gouvernements successifs n'ont recours qu'à des mesures déflationnistes (baisse des prix et des salaires) qui aggravent les effets de la crise. De timides travaux d'infrastructure sont engagés, tels l'électrification des campagnes. Mais la véritable crise des années 1930 est politique. L'instabilité ministérielle et les scandales politico-financiers favorisent la montée de l'extrême droite. En décembre 1933, l'affaire Stavisky déchaîne la fureur des ligues : Action française, monarchistes, fascistes et droite nationaliste accusent les radicaux du gouvernement de corruption. Le 6 février 1934, des émeutes sur la place de la Concorde font 17 morts et 2 000 blessés. Le gouvernement Daladier démissionne ; les partis de gauche s'unissent alors en un « Front populaire ».

Le Front populaire (1936-1938)

En mai 1936, le Front populaire accède au pouvoir en rassemblant 57 % des suffrages. La droite, divisée par les affaires, lui a laissé le champ libre. La période coïncide avec une embellie économique modérée. La production industrielle augmente de 11,5 %, mais les prix s'envolent. Le gouvernement de Léon Blum, coalition de gauche réunissant la SFIO, les radicaux-socialistes et les communistes, échafaude un important programme social. Le 8 juin, les accords de Matignon sont signés par le patronat et la CGT : hausse des salaires, liberté syndicale, réduction du temps de travail à 40 heures, quinze jours de congés payés, rédaction de conventions collectives... Contrairement à une idée véhiculée par la droite d'après-guerre, qui entendait lui attribuer la responsabilité de la défaite de 1940, l'action de Blum n'est pas exclusivement sociale : il relance notamment la politique d'armement, victime de coupes budgétaires drastiques sous les gouvernements précédents. En 1936, la croissance subit un coup d'arrêt. Une nouvelle dévaluation porte ses fruits : la production, dopée par la compétitivité des produits français à l'export, repart à la hausse, et le chômage plonge à son plus bas niveau.

L'affaire Stavisky (1934)

Le 9 janvier 1934, Alexandre Stavisky, un escroc traqué par la police, est retrouvé mort. Le procès qui s'ouvre en novembre 1935 met au jour des détournements de fonds à hauteur de 259 millions de francs. À grand renfort de faux documents et grâce à des complices bien placés, l'homme a contracté des prêts auprès des Crédits municipaux d'Orléans et de Bayonne. Des députés, ministres, banquiers et même policiers sont impliqués. Le jury inflige des peines de prison exemplaires, mais les conséquences sur l'opinion publique sont désastreuses : toute la classe politique française est éclaboussée.

La Seconde Guerre mondiale (1939-1945)

En 1939, la France, puissance incontestée en Europe depuis sa victoire en 1918, ne souhaite à aucun prix une nouvelle guerre. Pour apaiser les velléités guerrières de l'Allemagne, elle brûle ses ressources dans la construction d'un vaste réseau de fortifications aussi coûteux qu'inutile, la ligne Maginot, et s'en remet à d'utopiques conférences de paix. Tenue d'une main de fer depuis 1933 par Hitler, l'Allemagne s'est affranchie du traité de Versailles et mène une politique expansionniste agressive. Après l'invasion de la Pologne en 1939, la France se résout à la guerre mais se réfugie derrière ses frontières ; la « drôle de guerre » est une période de calme avant la tempête.

Le 1er septembre 1939, l'Allemagne allume les premiers feux du second conflit mondial en violant la frontière polonaise. La France, liée à la Pologne par un traité d'assistance – à l'instar du Royaume-Uni –, entre en guerre le 3 septembre, sans toutefois oser prendre l'offensive. Varsovie tombe le 28 septembre 1939 dans l'indifférence totale des démocraties occidentales : l'armée française n'a pas quitté ses positions. Bien mal lui en a pris. Le front oriental fermé, les meilleures troupes allemandes commencent à refluer vers l'ouest. Le général Gamelin, commandant en chef des armées alliées, vient de manquer une occasion inespérée de pénétrer en Allemagne avant l'hiver. Enfermé dans un inexplicable attentisme en dépit d'une évidente supériorité numérique, il a retranché l'ensemble de ses forces derrière la ligne Maginot, attendant le printemps pour reprendre d'hypothétiques opérations. La « drôle de guerre » représente pour le soldat français une période de frustration. L'attente et les rigueurs de l'hiver dégradent le moral de la troupe. Huit mois plus tard, le choc des armes lève brutalement le voile sur la flagrante infériorité opérationnelle des armées alliées.

L'incroyable défaite de 1940

Le 10 mai 1940, l'offensive allemande *Fall Gelb* est déclenchée. Une armée de 40 divisions, dont sept blindées et trois motorisées, constituées des meilleures unités de la Wehrmacht, prend possession de la Belgique et des Pays-Bas avant de percer la frontière française à Sedan le 12 mai. L'armée française, réputée la plus nombreuse et la plus puissante du monde, est balayée en l'espace d'un mois par un adversaire rodé à la *Blitzkrieg* (« guerre éclair »), un audacieux mélange de mobilité et de concentration des forces. Acculés sur les rives de la mer du Nord, les soldats français et belges résistent de manière héroïque afin de permettre les opérations d'évacuation de Dunkerque vers la côte anglaise. Le maréchal Pétain signe l'armistice le 22 juin à Rethondes et appelle le peuple au patriotisme. Il s'agit alors de coopérer avec l'occupant dans l'intérêt de la Nation – le mot « collaboration » n'est pas encore employé. De Londres, le général de Gaulle, par son appel du 18 juin, proclame la poursuite de la lutte en dehors des frontières de l'Hexagone et dans les colonies. Le peuple français, marqué au fer rouge par l'humiliation de la défaite, est confronté au dilemme le plus cruel de son histoire.

La France entre résistance et collaboration

Certains anciens combattants de la bataille de France et patriotes en âge de porter les armes se réfugient dans les maquis. Le plus important est le maquis du Vercors, un massif montagneux sauvage et peu praticable. Plusieurs mouvements résistants

L'exode de mai-juin 1940

En mai 1940, l'irrésistible invasion de la France par la Wehrmacht crée un mouvement de panique. Les populations du nord du pays puis de la région parisienne entament un exode massif vers le Sud à partir du 14 juin, alors que le gouvernement français de Paul Reynaud se réfugie à Bordeaux. Plus de 8 millions de Français de tous âges, terrifiés et résignés, se massent sur les routes, à pied, en charrette ou en voiture. Ils sont assaillis par l'aviation allemande, qui souvent confond les cortèges de civils avec les colonnes de l'armée française en déroute. Le nombre de morts dépasse les 100 000.

cohabitent ; les principaux sont les Forces françaises libres (FFL), soutenues par l'Angleterre, et les Francs-tireurs et partisans français (FTPF) communistes. En mars 1943, Jean Moulin est envoyé en France et parvient à organiser la Résistance française sous l'égide du Conseil national de la Résistance. De l'autre côté du miroir, la France de Vichy s'enfonce dans une spirale collaborationniste. La Milice française seconde la Gestapo, qui n'a aucune difficulté à obtenir l'arrestation et la déportation des Juifs. L'épisode le plus douloureux est la « rafle du Vél'd'Hiv » à Paris : en 1942, 20 000 personnes sont arrêtées et déportées vers le camp de Drancy, bientôt suivies de 12 000 enfants. La même année, Laval institue le Service du travail obligatoire (STO) : près de 650 000 travailleurs sont expédiés en Allemagne pour participer à l'effort de guerre nazi. Cette mesure grossit un peu plus le flot des volontaires de la Résistance.

La libération de la France

Le général de Gaulle obtient le ralliement de l'Afrique-Équatoriale, du Cameroun, de la Nouvelle-Calédonie et des îles du Pacifique. À Brazzaville, en septembre 1941, il crée un gouvernement, le Comité national français, qui s'intègre en juin 1943 dans le Comité français de libération nationale. Il accueille les volontaires et pose les fondations d'une marine (la FNFL), d'une aviation (la FAFL) et d'une armée de terre (les FFL). Les Français participent aux opérations en Tunisie et en Libye, se distinguent par leur résistance héroïque à Bir Hakeim en 1942. Les FFL, devenues Armée française de libération, participent à la reconquête de l'Europe ; en Italie tout d'abord, à partir d'octobre 1943. Le débarquement de Normandie, le 6 juin 1944, mobilise 18 navires français et seulement 177 fantassins. Ils sont en revanche 250 000 à participer le 15 août à l'opération de débarquement franco-américaine

Anvil Dragoon en Provence. Au même moment, les Alliés sont aux portes de Paris. La nouvelle provoque une insurrection ; les barricades barrent les rues et les escarmouches se font plus violentes. Le 24 août, le 2e DB du général Leclerc pénètre dans la capitale et reçoit la capitulation du général von Choltiz.

La tragédie de Mers el-Kébir (3 juillet 1940)

En 1940, la France est partagée par la ligne de démarcation, la partie sud restant sous l'autorité du régime de Vichy. Churchill, redoutant que les Allemands ne s'emparent de la flotte française, l'une des plus puissantes au monde, est confronté à un terrible dilemme. Il se résout à donner un ordre très controversé, celui de bombarder les cuirassés français à Mers el-Kébir, près d'Oran, en Algérie ; 1 500 marins trouvent la mort au cours d'une opération qui provoque la perte de quatre navires. L'événement entachera durablement les relations franco-anglaises pour la suite de la guerre.

La bataille de France (mai-juin 1940)

Cynique, Louis-Ferdinand Céline l'était sûrement lorsqu'il s'essaya à décrire ce que fut la campagne de France de 1940 : « *Neuf mois de belote et cinq semaines de course à pied.* » En quelques semaines, l'armée française, alors tenue pour la meilleure du monde, est en effet anéantie. Mais, malgré la rapidité de l'effondrement français, la campagne de mai-juin 1940 fut loin d'être une promenade militaire pour les Allemands.

Lors de son entrée en guerre avec la France, en septembre 1939, l'Allemagne ne dispose que d'un maigre rideau défensif pour parer à une invasion par les Alliés. Fort heureusement pour elle, ceux-ci restent l'arme au pied.
L'Allemagne dispose par ailleurs d'un plan d'opérations qui prévoit une ruée en Belgique et en Hollande, puis un pivot vers Paris. Ce plan, les Français en attendent l'exécution, et le leur a été conçu pour le contrer.
La France a pourvu à sa défense en établissant une imposante ligne fortifiée, la ligne Maginot. Mais cette ligne souffre d'un grave défaut : elle ne couvre pas la frontière avec la Belgique. Cette dernière, puissance neutre, a fait part de sa désapprobation à l'idée que la France bâtisse dans son dos un système fortifié. La ligne Maginot est donc incomplète.
Surtout, suite à la découverte de leur plan par les Alliés, les Allemands en ont changé : les blindés doivent percer dans les Ardennes, et, tandis que Britanniques et Français se précipiteront vers le nord pour contrer le mouvement des troupes allemandes qui seront entrées en Belgique et en Hollande, les chars allemands se rueront vers la côte afin de les prendre dans une nasse.

L'attaque commence

Le 10 mai, Rotterdam et La Haye sont bombardés tandis que de nombreuses troupes allemandes débordent la petite armée hollandaise, qui capitule le 14 mai.
En Belgique, les Allemands s'emparent, par surprise, d'un des principaux forts défendant le canal Albert, celui d'Eben-Emael. Le canal Albert, qui aurait pu gêner la progression des troupes allemandes, est ainsi franchi dès le 11 mai. Les troupes françaises et britanniques qui sont entrées en Belgique se trouvent donc au contact des troupes allemandes. Elles ne vont pas être en

mesure de se replier rapidement pour faire face à une menace bien plus grande. Car, le 13 mai 1940, les blindés allemands ont percé à Sedan. C'est, sur le plan stratégique, une véritable catastrophe pour les Alliés. Non seulement le secteur de Sedan et ses arrières ne sont que très mal pourvus en troupes, mais celles qui leur ont été affectées sont pour la plupart de qualité médiocre. De plus, les blindés français sont dispersés et de ce fait bien moins efficaces.

Tout s'effondre alors avec une rapidité effrayante. Le 17 mai, les Allemands traversent l'Oise. Les Français tentent de mettre en place des divisions blindées. Trop tardivement conçues, elles sont toutes anéanties dès le 20 mai.

L'évacuation de Dunkerque

Le lendemain, lord Gort, qui commande les troupes britanniques,

Le plan Manstein

En janvier 1940, un officier d'état-major allemand est capturé en Belgique après que son avion s'y fut posé en catastrophe, égaré dans le brouillard. Il transportait avec lui le plan d'invasion allemand, qui tombe donc aux mains des Alliés. Le général Manstein propose alors un nouveau plan. Après une entrée en Belgique et en Hollande attendue par les Alliés et qui les attirera vers le nord, le gros des forces allemandes percera dans les Ardennes, contournant ainsi la ligne Maginot et se rabattant sur les arrières des Alliés. Le plan Manstein, plus audacieux que le précédent, permet à l'Allemagne de remporter un brillant succès.

tente une contre-attaque dans le secteur d'Arras. Malgré les pertes importantes infligées aux Allemands, c'est un échec stratégique, et le 25 mai les Britanniques et les Français entrés en Belgique se replient vers le port de Dunkerque. Trois jours plus tard, alors que l'armée belge vient de capituler, le siège de Dunkerque commence. Il dure jusqu'au 3 juin et permet aux Alliés d'évacuer plus de 300 000 hommes, dont 100 000 Français. Pendant ce temps, les Allemands préparent l'assaut final, qui commence le 5 juin sur la Somme. La supériorité numérique des Allemands est alors écrasante.

Paris, ville ouverte

Le 10 juin, Rethel tombe ; le front s'effondre. Paris, déclaré ville ouverte le 13 juin, est occupé par les Allemands le lendemain, tandis que le gouvernement français s'enfuit pour Bordeaux. Le gouvernement britannique propose alors avec insistance au gouvernement français de se réfugier à Londres, pour y rejoindre les gouvernements belge, hollandais ou polonais. En vain. Le 16 juin, Paul Reynaud, président du Conseil, offre sa démission. Il est remplacé par le maréchal Pétain, qui, le lendemain, lance un appel à cesser le combat, alors qu'aucun accord n'a été signé, ce qui constitue un cas de traîtrise sans précédent. Le 22 juin, suprême humiliation, le général français Huntziger signe l'armistice à Rethondes, dans le wagon où les plénipotentiaires allemands avaient signé l'armistice de 1918. La France est vaincue ; une occupation allemande de quatre ans va commencer.

Armistice ou capitulation ?

Dès lors que l'issue semble, au sein du gouvernement français, ne plus faire de doute, la question qui agite les ministres est de savoir si la France va capituler ou demander un armistice. Si l'armistice et la capitulation impliquent tous deux un arrêt des combats, ils sont différents par essence : le premier est l'aveu d'une défaite par un gouvernement ; la seconde est l'aveu d'une défaite militaire. Les militaires français, Pétain en tête, refusent d'assumer une défaite dont ils sont pourtant les grands responsables. Les Français optent donc pour l'armistice et le maintien du gouvernement, choix qui porte en lui les germes de la Collaboration.

La percée de Sedan (mai 1940)

En décembre 1939, la Grande-Bretagne et la France ont déclaré la guerre à l'Allemagne depuis plus de trois mois. Hitler s'apprête à lancer une attaque sur le front de l'Ouest dans les prochaines semaines. Britanniques et Français s'attendent naturellement à voir les Allemands entrer en Belgique, comme en 1914. Ce plan d'attaque est bien celui que les Allemands ont l'intention d'utiliser. Mais en janvier 1940, le plan allemand tombe aux mains des Alliés par accident.

Le Führer pense, un temps, précipiter son attaque pour ne pas laisser aux Alliés le temps de tirer parti de ce plan. Il est finalement ramené à la raison par certains jeunes membres de son état-major, qui lui proposent un plan audacieux. Le général von Manstein, appuyé par le général Guderian, propose en effet de traverser les Ardennes – que les Alliés tiennent à tort pour infranchissables – avec une masse de troupes blindées et de passer la Meuse à Sedan, tandis que sur les frontières belges et hollandaises, un rideau de troupes allemandes donnera l'impression que le plan de 1914 se répète. Les armées alliées seront ainsi, on l'espère, attirées en Belgique, alors que l'effort allemand se portera au sud. Une fois la percée obtenue, il faudra obliquer vers l'ouest et la Manche, afin de prendre les armées alliées comme dans une nasse.

L'attaque du 10 mai

Mais chez les généraux de la vieille école, on ne croit guère à la puissance des blindés utilisés sans soutien d'infanterie. Car le rythme prévu de l'attaque ne permettra pas à l'infanterie de suivre. On opte donc pour une solution de compromis : les Panzers traverseront les Ardennes mais attendront d'être rejoints par l'infanterie pour percer. Le 10 mai 1940, l'offensive allemande débute comme prévu par un vaste mouvement en Belgique. Les Alliés répliquent immédiatement en volant au secours de l'armée belge.

Il peut paraître étonnant que, bien que prévenus du plan initial allemand, les états-majors français et britanniques n'aient pas eu l'idée que les Allemands aient modifié leur plan. Il semble que l'on ait cru à une manœuvre d'intoxication allemande.

Les Panzers traversent les Ardennes

Tandis que la masse des armées française se rue en Belgique, à l'abri des forêts des Ardennes, les troupes blindées allemandes progressent, sous la houlette de Guderian. Le 12 mai, trois divisions blindées allemandes atteignent les rives de la Meuse, à Dinant, Monthermé et Sedan. Le général allemand Kleist, qui commande ce secteur, fait face à des divisions françaises de seconde zone composées de réservistes moins bien équipées que les troupes de Belgique. Ses discussions avec Guderian l'ont convaincu qu'attendre l'infanterie serait une perte de temps et permettrait aux Français de se déployer en grand nombre de l'autre côté de la Meuse pour en interdire le franchissement. Puisque l'on manque d'artillerie pour appuyer le passage du fleuve, c'est la Luftwaffe, les forces aériennes allemandes, qui vont servir de soutien. Le 13 mai, 1 500 avions, dont 250 Stukas,

Le général Guderian

Heinz Guderian (1888-1954) est entré dans l'histoire comme le père des forces blindées allemandes. Soldat durant la Grande Guerre, il s'intéresse, dès les années 1920, au développement des blindés et se convainc, comme certains penseurs britanniques, que les chars ne doivent pas être utilisés pour soutenir l'infanterie mais comme force de rupture, une sorte de cavalerie des temps modernes. Brillant exécuteur du plan Manstein en 1940, il connaît une période de disgrâce en 1942 pour s'être opposé à la stratégie d'Hitler. Il reprend du service actif sur le front de l'Est en 1944.

bombardiers en piqué, attaquent les troupes françaises déployées de l'autre côté de la Meuse. Le bombardement ne produit que des effets minimes, mais son impact psychologique est énorme et provoque de véritables paniques dans les rangs des soldats français, dépourvus d'armes antiaériennes en nombre suffisant.

L'effondrement

À 17 h 30, les soldats allemands franchissent la Meuse et, pourvus de grenades et de lance-flammes, neutralisent un à un les fortins français. Au soir du 13 mai, les troupes du génie allemand ont dressé des pontons, des ponts flottants, qui permettent aux chars de franchir la Meuse à leur tour. Pendant ce temps, l'artillerie antiaérienne allemande se déploie de part et d'autre de la Meuse pour parer à toute intervention aérienne alliée.
Mais le 14, les Français ne dépêchent qu'une poignée de bombardiers légers pour attaquer les ponts. Les appareils français subissent des pertes sévères sans parvenir à atteindre leurs objectifs. Les Britanniques interviennent à leur tour, sans plus de succès, tant le rideau antiaérien est dense. Au soir du 14 mai, les deux divisions françaises ont cessé d'exister et l'artillerie a également décampé.
La situation est, dès le 15 mai, aggravée par l'attitude des généraux allemands de terrain qui effectuent des percées profondes dans le dispositif français. L'état-major allemand craint une contre-offensive majeure des Français. Mais cette contre-attaque ne se matérialise pas et Guderian peut ainsi pousser vers la Manche.

Les Stukas

Le Ju-87, plus connu sous le nom de « Stuka », abréviation de Sturzkampfflugzeug (« bombardier en piqué »), est mis au point par les forces aériennes allemandes en 1936. Ce monomoteur biplace est un appareil de soutien des forces au sol. Son attaque en piqué lui permet en effet de délivrer ses bombes de manière très précise. Il est la véritable terreur des fantassins, mais aussi des civils qui, bientôt, sillonnent les routes de France, fuyant l'avancée des Allemands. Plus tard, une version équipée de canons antichars sera exploitée avec succès sur le front de l'Est.

La bataille de Bir Hakeim (mai-juin 1942)

En juin 1942, la guerre fait rage depuis bientôt trois ans. Ayant refusé la défaite et l'armistice signé par la France et le remplacement de la IIIe République par le régime de Vichy du maréchal Pétain, le général de Gaulle, réfugié à Londres, a eu bien du mal à obtenir une quelconque légitimité. Fort heureusement pour lui, certains soldats français présents sur le sol britannique se sont alliés à lui dès l'été de 1940. Avec le concours et l'appui bienveillant mais vigilant des Britanniques, de Gaulle a ainsi pu monter l'embryon des Forces françaises libres.

Parmi elles se trouvent, dès le mois de juillet 1940, des soldats français ayant participé à la malheureuse expédition de Narvik, dont deux bataillons de la 13e demi-brigade de Légion étrangère (DBLE). Aussitôt ralliés à de Gaulle, ils forment le noyau de la 1re brigade française libre, qui est bientôt envoyée en Afrique pour combattre aux côtés des Britanniques contre les Italiens. En 1942, la 1re BFL fait partie de l'armée britannique qui vient d'évacuer la Cyrénaïque libyenne sous la pression des Italiens et des Allemands du général Rommel. Les Britanniques sont déployés sur une ligne partant de Gazala à Bir Hakeim. La 13e DBLE a été rejointe par le 1er bataillon du Pacifique, venu de Nouvelle-Calédonie, le 2e bataillon de marche de l'Oubangui-Chari, le 1er bataillon de fusiliers marins, le 1er bataillon d'infanterie de marine, le 1er régiment d'artillerie coloniale, la 22e compagnie nord-africaine et la 101e compagnie auto. Le poste de Bir Hakeim est fort bien défendu, par des marais de mines qui s'étendent tout autour de la position. À l'intérieur, la majorité des troupes et des batteries d'artilleries sont enterrées et bien protégées.

Bir Hakeim est encerclé

Le 26 mai 1942, les forces de l'Axe passent à l'attaque sur toute la ligne. Leur objectif consiste à percer le centre de la ligne britannique à Got El Oualeb et à s'emparer de Bir Hakeim afin de tourner la ligne de défense et de se rabattre sur les arrières des Britanniques pour leur couper toute retraite. Si les forces allemandes et italiennes échouent au nord, elles parviennent à contourner la position des Français, qui se retrouvent encerclés dès le lendemain de l'offensive. Le 27 mai, la première attaque a lieu depuis l'est, en direction des positions tenues par le 2e bataillon de la 13e DBLE. C'est un régiment de chars italiens qui s'y aventure. Les mines et les tirs précis des batteries antichars françaises provoquent une véritable hécatombe. En moins d'une demi-heure, les Italiens perdent 32 véhicules blindés sur les 50 engagés, dont 18 sautent sur des mines.

Les contre-attaques françaises

Durant les jours qui suivent, le secteur est relativement calme, car Rommel concentre ses attaques sur le nord de la ligne britannique, qu'il commence à percer. Bir Hakeim est alors une position mineure, que l'on se contente d'encercler sans l'attaquer et que l'on réduira ensuite. Mais les Français ne restent pas inactifs. Chaque nuit, des éléments motorisés, les jock colonnes effectuent des sorties et attaquent les convois ennemis, leur infligeant de lourdes pertes.
Dès le 3 juin, les aviations allemande et italienne commencent à bombarder Bir Hakeim. Le général Kœnig, qui commande la

La 13e DBLE

La 13e demi-brigade de Légion étrangère, dénomination curieuse en vérité, est créée le 1er mars 1940 pour participer à l'opération franco-britannique censée couper la route du fer de Norvège. Après l'échec, cette unité est rapatriée en Angleterre. Lorsque, après la signature de l'armistice, lui vient l'ordre de regagner la France, la majorité de ses hommes refuse. Le fait que ses deux bataillons sont pour l'essentiel composés d'Espagnols antifranquistes, d'Allemands antinazis et d'Italiens antifascistes explique pour une large part leur attitude ; ces hommes craignaient de tomber aux mains de leurs bourreaux.

1re Brigade française libre, reçoit, dans la journée, un message de Rommel qui lui intime l'ordre de se rendre. Kœnig refuse. Du 2 au 6 juin, des assauts sont effectués sur les positions du 1er bataillon du Pacifique, au sud-ouest de la position et sur celles du 2e bataillon de marche de l'Oubangui-Chari, à l'ouest. Allemands et Italiens parviennent à progresser dans les champs de mines, tandis que leur aviation pilonne le camp, mais ils subissent des pertes importantes en raison des tirs de la DCA française et du soutien massif de la RAF.

La sortie

Pour les Britanniques, l'heure est en effet grave : leurs troupes sont en repli sur toute la ligne et seule la position de Bir Hakeim continue de résister. Elle peut donc leur permettre de gagner du temps pour se réorganiser et ils font l'impossible pour que les Français se maintiennent.

Le 9 juin, les munitions commencent à s'épuiser et les troupes allemandes, qui attaquent au nord cette fois, parviennent à pénétrer dans le dispositif défensif français, s'emparant d'un poste d'opération. Les demandes de reddition continuent, auxquelles les Français continuent de refuser de répondre. Vers 13 h 30, le PC de Kœnig reçoit un message du commandement britannique : la position de Bir Hakeim n'est plus essentielle pour protéger les restes de l'armée britannique qui s'est ressaisie. On lui recommande donc l'évacuation. Dans la nuit du 10 au 11 juin, les Français effectuent une sortie, abandonnant les blessés intransportables au soin des équipes médicales. Afin de surprendre l'adversaire, qui s'attend naturellement à les voir s'extraire vers l'est, la route la plus courte, les Français sortent en masse vers l'ouest jusqu'à un point de rendez-vous, puis se dispersent vers le nord-est et le sud-est.

Le général Kœnig

Pierre Kœnig (1898-1970), issu d'une famille alsacienne mais né à Caen, adjoint du commandant de la 13e DBLE en 1940, se rallie à la France libre et part combattre en Érythrée et au levant. Petit, le visage barré par une moustache, sa mauvaise dentition et son allure peu martiale lui valent le surnom de « vieux lapin » au sein des troupes de la 1re BFL qu'il commande à partir de 1941. Résistant durant près de 15 jours à Rommel, le « Renard du désert », le « vieux lapin » poursuit son ascension. Il est général en chef des Forces françaises de l'intérieur (FFI) en 1944. Il sera fait maréchal de France après la guerre.

Opération Fortitude, vaste campagne d'intoxication

Au printemps 1944, Hitler est convaincu qu'un débarquement aura prochainement lieu dans le nord-ouest de la France. Inutile d'essayer de lui faire croire le contraire. Il reste la possibilité de le tromper sur l'endroit exact du débarquement. Or, les Allemands sont convaincus qu'il visera le Pas-de-Calais : la région n'est qu'à 30 km des côtes anglaises et elle a l'avantage d'être proche du cœur industriel de l'Allemagne. Les Alliés vont donc s'employer à renforcer cette conviction grâce à différents subterfuges – armée fantôme, bases militaires en carton-pâte, multiplication des missions de reconnaissance –, dans les semaines qui précèdent le jour J et jusqu'au milieu du mois de juillet.

Dans l'esprit du commandement allié, la clé de la victoire réside en bonne partie dans le nombre : il faut avoir une puissance écrasante sur l'ennemi. Au-delà du débarquement de troupes nombreuses, il s'agit d'empêcher les Allemands de concentrer leurs forces en Normandie et, donc, de les prendre par surprise. Garder secret le lieu et la date du débarquement est, dans cette perspective, essentiel. Les Alliés vont plus loin : ils mettent en place une campagne de désinformation massive. Les Alliés n'en sont pas à leur première expérience en la matière. Des manœuvres ont déjà été menées au premier semestre 1943 dans le cadre de l'opération Cockade, pour détourner l'attention du débarquement de Sicile qui se préparait alors.
C'est en novembre 1943, une fois le choix de la Normandie entériné, que l'on prépare un nouveau scénario destiné à leurrer l'adversaire. Le premier plan baptisé Bodyguard (« garde du corps ») par Churchill consiste à faire croire aux Allemands que les Alliés viseront la Méditerranée et la Scandinavie : d'un côté, ils accentueront leur offensive en Italie avant de passer à l'attaque dans les Balkans et, en parallèle, débarqueront en Norvège pour envahir le Danemark. La France ne serait visée qu'à l'automne. Mais ce scénario doit être remanié car Hitler n'est pas dupe des feintes alliées : il reste convaincu que l'attaque se produira bel et bien en France.

Une opération en deux volets

En février 1944 est donc élaboré un second plan, sous le nom de « Fortitude » (« courage »). Il comprend deux volets : Fortitude North – une opération en Scandinavie, montée avec la collaboration des Soviétiques – et Fortitude South – débarquement dans le Pas-de-Calais pour la fin du mois de juillet. Les Alliés espèrent persuader les Allemands, une fois le débarquement de

Normandie déclenché, qu'il n'est en réalité qu'une opération de diversion. Fortitude South doit par conséquent se prolonger au moins deux semaines après le jour J.

Tout est mis en œuvre pour accréditer l'idée d'un débarquement dans le Pas-de-Calais : une armée fantôme, composée de 22 divisions, est placée sous le commandement du général Patton, officier connu des Allemands pour son tempérament agressif. Le Kent, dans le sud-est de l'Angleterre, se couvre, grâce au travail de décorateurs de théâtre, de chars, de dépôts d'essence, d'hôpitaux, tous en caoutchouc, en contreplaqué, en toile, en carton. Un faux trafic radio doit faire croire à la présence de plusieurs états-majors à partir de la fin du mois d'avril. Début juin, les ports du sud-est sont envahis de faux engins de débarquement. La RAF, qui a la maîtrise du ciel britannique, laisse délibérément des avions de reconnaissance allemands

Le général George Patton

Surnommé par ses hommes « le vieux sang et tripes » (« *Old blood and guts* »), ce général portant deux colts à crosse d'ivoire à son ceinturon n'est pas sans susciter la méfiance des Britanniques. Néanmoins soutenu par Eisenhower, il assure le commandement des troupes terrestres lors du débarquement au Maroc, puis de la VIIe armée américaine en Sicile. Il manque de voir sa carrière brutalement terminée pour une gifle donnée à deux soldats malades qu'il considérait comme des simulateurs. En juillet 1944, il prend la tête de la IIIe armée américaine, sous les ordres d'Omar Bradley.

survoler ce territoire, pour qu'ils puissent photographier tous les leurres mis en place.

Des subterfuges côté français

De l'autre côté de la Manche, les Alliés multiplient les vols de reconnaissance et les bombardements sur le Pas-de-Calais – ils sont deux fois plus nombreux qu'en Normandie. Le réseau d'agents doubles organisé par les Alliés fait le reste.
Pour compléter le dispositif et maintenir des forces allemandes sur le pourtour méditerranéen, les Alliés cherchent, en parallèle, à faire croire d'abord à une attaque sur la Grèce (opération Zeppelin) puis, finalement, dans l'ouest de la Méditerranée, entre Sète et Narbonne (opération Vendetta) car le petit nombre de troupes alliées laissées dans l'est de la Méditerranée rend le premier plan peu crédible.
Du côté français, l'opération continue le jour J et bien au-delà. Dans la nuit du 5 au 6 juin, des mannequins sont parachutés au sud-ouest de Caen et à l'ouest de Saint-Lô. À l'aube, quelques navires croisent en direction des plages situées entre Dieppe et Boulogne. Le largage de rubans de papier métallisé (« windows ») doit faire croire à l'avancée d'une flotte très nombreuse. Un faux trafic radio, des émissions sonar et des rideaux de fumée complètent le subterfuge.

Au-delà du jour J

La manœuvre se poursuit au-delà du débarquement. En Méditerranée d'une part, où une opération amphibie est simulée. Entre le 9 et le 11 juin, c'est toute une armée qui s'embarque à Oran. L'état-major allié pousse même la subtilité jusqu'à demander préalablement aux autorités espagnoles le droit d'évacuer les futurs blessés !

Pour entretenir la menace d'un débarquement dans le Pas-de-Calais, les soldats revenus de Normandie, après une blessure, continuent d'alimenter un faux trafic radio. Près de 200 hommes sont mobilisés dans les forêts du Kent pour faire du feu, suspendre leur linge et conduire des véhicules, de quoi simuler toute une vie militaire. Avec un grand succès : quelque 1 500 hommes au total réussissent finalement à maintenir dans le nord de la France les 20 divisions de la XVe armée allemande qui attendent là le vrai débarquement. Ce n'est qu'à la mi-juillet qu'Hitler donne enfin l'ordre aux divisions blindées stationnées au nord de la Seine de rejoindre le théâtre des opérations en Normandie.

Un réseau d'agents doubles

Les Allemands ne disposent que d'un nombre restreint d'espions en Grande-Bretagne et la Luftwaffe ne survole que peu le territoire britannique. D'où le rôle essentiel des agents allemands retournés en faveur des Alliés pour distiller de fausses informations et faire croire à un débarquement dans le Pas-de-Calais. Le réseau le plus efficace est dirigé par Garbo, de son vrai nom Juan Piyol, un Catalan travaillant au service des Allemands et repéré par les Britanniques grâce au système Ultra qui permet de décoder les messages ennemis.

À la veille du débarquement de Normandie…

En 1944, deux coalitions se trouvent opposées dans la Seconde Guerre mondiale. D'un côté, l'Allemagne nazie et ses alliés de l'Axe, le Japon et l'Italie de Mussolini – le Duce est tombé en septembre 1943, mais réinstauré par les Allemands sur le lac de Garde à la tête de la République de Salo. De l'autre, le camp des « démocraties occidentales » : la Grande-Bretagne, les États-Unis entrés en guerre en décembre 1941 à la suite de l'attaque japonaise à Pearl Harbor, et aussi l'URSS de Staline. Les années 1942-1943 ont constitué un tournant : les Alliés multiplient désormais les victoires, et dans cette guerre totale qui engage l'ensemble des économies, le rapport de forces leur est nettement favorable, grâce à la puissance productive américaine, notamment en matière d'armement.

En 1944, le monde est entré dans sa cinquième année de guerre. La situation a bien changé depuis septembre 1939, date à laquelle Hitler lançait ses armées contre la Pologne voisine, déclenchant l'entrée en guerre de la France et de la Grande-Bretagne. La stratégie de la *Blitzkrieg*, la « guerre éclair », mise en œuvre d'abord dans l'Ouest de l'Europe puis à l'Est contre la Russie soviétique, avait dans un premier temps remporté un succès fracassant : l'Europe était passée presque entièrement sous domination allemande – que les pays soient purement et simplement occupés ou qu'ils soient officiellement amis de l'Allemagne, dans des alliances de fait inégales. Le Japon, qui menait comme ses alliés allemand et italien une politique expansionniste, s'était taillé, en Asie, un empire colossal. Mais après cette première période favorable, l'axe Rome-Berlin-Tokyo a commencé à essuyer des revers, et après une expansion maximale en 1942, il a été contraint de reculer sur tous les fronts. En URSS, l'armée allemande de von Paulus a échoué à prendre la ville de Stalingrad, pour finalement capituler en février 1943. Dans les colonies africaines où les puissances coloniales européennes avaient porté la guerre, l'Afrikakorps de Rommel a été défaite en Égypte, à El-Alamein, par les troupes du général britannique Montgomery, en novembre 1942, et les Alliés ont réussi, au même moment, à débarquer en Afrique du Nord.

La reconquête est entamée

En mai 1943, les armées italo-allemandes ont été définitivement boutées hors d'Afrique et la reconquête du continent européen a commencé grâce au débarquement de Sicile au mois de juillet de la même année. L'Italie du roi Victor-Emmanuel III et du maréchal Badoglio a signé un armistice, même si l'armée allemande, qui a réinstallé Mussolini au pouvoir, à Salo, sur le lac de Garde, continue à défendre pied à pied la péninsule italienne. Enfin, dans le Pacifique, les Japonais ont perdu du terrain face aux Américains : entrés en guerre en décembre 1941, les États-Unis ont réussi à repousser une attaque sur Midway, dans l'archipel d'Hawaï, puis à s'emparer de Guadalcanal dans les îles Salomon. Alors que les forces de l'Axe sont peu à peu entamées, l'alliance occidentale se renforce. Après la capitulation française de juin 1940, la Grande-Bretagne s'était retrouvée seule dans la bataille. L'invasion allemande de l'URSS, avec l'opération Barbarossa, lancée en juin 1941, place de fait les Soviétiques dans le camp de la Grande-Bretagne – qui s'est elle-même rapprochée des États-Unis. Dès le début 1942, le premier ministre britannique et le président américain décident de coordonner leurs actions militaires. Il faut cependant attendre la fin de l'année 1943 pour que Churchill, Roosevelt et Staline se rencontrent : la conférence de Téhéran scelle véritablement l'Alliance des « Trois Grands ».

Le président Roosevelt

Élu pour la première fois en 1932, Franklin Delano Roosevelt entame en janvier 1944 son quatrième mandat à la présidence des États-Unis. Convaincu de la nécessité d'une entrée en guerre, il a progressivement engagé son pays dans le conflit, d'abord moralement et économiquement, puis militairement en décembre 1941. Il s'appuie tout au long de la guerre sur le général George Marshall, chef d'état-major de l'armée américaine, un temps pressenti pour le commandement des troupes alliées, finalement confié à Eisenhower.

Un gouvernement français provisoire

Du côté des Alliés se trouve aussi le général de Gaulle, qui a refusé l'armistice signé par le maréchal Pétain et qui a fondé, à Londres, en juin 1940 « la France libre », autrement dit « la France combattante ». S'il défend la légitimité de son action, de Gaulle ne peut s'appuyer sur aucune légalité et il se heurte à la méfiance des Alliés, et avant tout du président Roosevelt, qui doute de son attachement à la démocratie. De Gaulle a réussi cependant à asseoir progressivement son pouvoir : un Comité français de libération nationale (CFLN) a été institué en juin 1943 à Alger ; une assemblée consultative, regroupant des représentants de la Résistance et des partis politiques français qui avaient refusé d'accorder les pleins pouvoirs à Pétain, a vu le jour à l'automne. Début juin 1944, juste avant que le débarquement ne soit lancé en Normandie, le CFLN prend le nom de Gouvernement provisoire de la République française (GPRF) : le titre coïncide désormais avec le rôle joué effectivement par le comité depuis un an.

Une France entre Vichy et maquis

De l'autre côté de la Méditerranée, la France est sous la coupe d'un régime de Vichy de plus en plus radical, aux mains des collaborationnistes comme Pierre Laval, idéologiquement proches de l'Allemagne nazie. La Milice, créée en 1943, traque juifs et résistants ; en mars 1944, elle prête main-forte aux Allemands dans l'attaque du maquis des Glières.

Dans la France qui, depuis novembre 1942, est entièrement occupée par l'armée allemande, la Résistance, d'abord fruit d'initiatives individuelles et dispersées, s'est organisée. Les maquis ont vu le jour un peu partout, notamment dans le Vercors. Leurs rangs ont été gonflés par les réfractaires du Service du travail obligatoire (STO), qui impose, à partir de février 1943, à de nombreux jeunes Français de partir travailler en Allemagne. Ces maquis, en contact avec Londres, attendent le débarquement : ils devront alors déclencher l'insurrection pour empêcher les troupes allemandes de rejoindre le front, ou du moins ralentir leur avancée.

Des économies engagées dans une guerre totale

En 1944, la production économique allemande dépasse globalement celle de la Grande-Bretagne et de l'URSS, mais elle est de deux fois et demie inférieure à celle des États-Unis. La production d'armements est dans un rapport de 1 à 5 en défaveur du Reich, notamment du fait des bombardements alliés : même s'ils ne détruisent que 10 % de la production militaire en 1944, ils freinent l'industrie, en obligeant notamment à enterrer certaines installations.

Omaha la sanglante (juin 1944)

La légende du jour J est largement fondée sur le débarquement d'Omaha Beach, qui a bien failli tourner au désastre pour les Alliés. La plage, située entre Utah à l'ouest et Gold à l'est, entre Vierville et Colleville-sur-Mer, n'est pas la plus facile, du fait de sa topographie. À cela s'ajoutent différents contretemps, des erreurs du commandement, des mouvements de panique des troupes fortement exposées aux tirs de l'ennemi. Le rembarquement est au final évité de peu. Les objectifs – établir des sorties de la plage et s'emparer de la pointe du Hoc – sont globalement atteints, mais au prix de lourdes pertes humaines et d'un retard dans le déchargement du matériel et du ravitaillement.

Sur Omaha Beach, l'assaut a débuté à 6 h 30. Vers 9 h 15, le général Bradley, qui commande l'opération, envisage de mettre fin au débarquement et de détourner le reste de ses troupes vers Utah Beach et les plages du secteur britannique, tellement la situation paraît désespérée : la plage est engorgée par le matériel débarqué et pilonnée par les Allemands ; les hommes, sous le feu de l'ennemi, ne réussissent aucune percée. Comme le dira le général Eisenhower près de 20 ans plus tard, à Omaha, *« tout ce qui était susceptible de rater a raté ».*
Les conditions météorologiques, particulièrement mauvaises, ont une incidence importante. À cause du vent qui soufflait de la mer, la marée monte 30 minutes plus vite que prévu : de nombreux obstacles sous-marins qui devaient être visibles et donc dégagés par les hommes du génie sont donc recouverts. À cause du brouillard, le bombardement aérien a manqué ses cibles et frappé trop à l'intérieur des terres, laissant les défenses allemandes quasiment intactes. L'artillerie navale n'a pas fait mieux : étant donné l'heure précoce du débarquement américain, déterminée en fonction du décalage de la marée, le pilonnage a été nécessairement limité dans le temps.

Une plage dominée par une falaise

Or cette plage est bien mieux défendue que ne le pensaient les Alliés. Il n'y a pas là la 716e division d'infanterie allemande, division de seconde zone en partie composée de Russes, mais la 352e DI, autrement aguerrie et combative, qui a été affectée à ce secteur en mars 1944 – l'information avait échappé aux services de renseignement alliés, pourtant très performants par ailleurs. Au lieu de quatre, ce sont huit bataillons qui attendent les troupes en partie inexpérimentées du 5e corps américain : si la 1re division – *« the Big Red One »* – est une force d'élite, la

29e division commandée par le général Gerhardt est largement novice. La topographie est également favorable aux Allemands : la plage longue de quelque 5 km, entre Vierville et Colleville-sur-Mer, est bordée à ses extrémités par deux promontoires rocheux, qui limitent son accès à de petits ravins, et surmontée d'une falaise. La partie sableuse, découverte seulement à marée basse, se prolonge par un talus de galets, et le site a été aménagé : un blockhaus et un mur en béton le protègent.

Une première vague d'assaut meurtrière

C'est à l'assaut de cette plage que partent les troupes du général Bradley à partir de 6 h 30. À cause du courant, les embarcations ont été déportées et elles sont bien trop à l'est. La mise à l'eau des chars amphibies DD s'engage mal. La mer est fortement agitée, les embarcations sont loin des côtes pour éviter les tirs ennemis, les soldats surchargés – s'ils devaient avoir un équipement d'une vingtaine de kilos chacun, ils en portent en

Le général de division Huebner

Ce général de division avait déjà servi au sein de la 1re division d'infanterie lors de la Première Guerre mondiale. En 1944, il commande la « *Big Red One* » (littéralement, le « grand un rouge », en référence à l'insigne rouge porté par les hommes). Après la bataille des plages, Huebner dirige la percée de Saint-Lô, poursuit les Allemands hors de France, opère une jonction avec l'Armée rouge sur l'Elbe. Il sera gouverneur de la zone d'occupation américaine en Allemagne après la guerre.

général plus près de trente, du fait d'éléments nombreux rajoutés successivement. Vingt-sept des 32 premiers chars amphibies se retournent et coulent à pic avec leurs équipages. Le débarquement du génie est problématique, dans la mesure où il ne dispose que de peu de matériel. Seulement 6 des 16 bulldozers parviennent effectivement sur la plage, qui est vite engorgée. Incapables d'avancer, les hommes se regroupent au centre, et deviennent une cible privilégiée pour les Allemands. Les liaisons avec le commandement sont très limitées : 80 % des équipements radio ont été perdus lors de la première vague. Vers 8 h 30, le général Bradley décide de suspendre le débarquement, en attendant que la situation s'améliore.

Les Alliés reprennent le dessus

Alors que l'arrêt complet du débarquement est envisagé – un choix qui aurait été désastreux : non seulement il aurait signifié le sacrifice des troupes déjà débarquées qui, privées de renforts, n'auraient eu aucune chance, mais il aurait également ouvert une brèche de 60 km entre Utah Beach à l'ouest et le secteur britannique à l'est –, la situation s'améliore finalement peu à peu, grâce au courage et à l'initiative de quelques-uns. Le colonel George Taylor du 16e régiment d'infanterie aurait dit à ses hommes : « *Il y a deux types d'hommes sur cette plage. Ceux qui sont morts et ceux qui vont mourir. Tirons-nous d'ici !* » Selon la légende, les troupes galvanisées réussissent alors à passer entre les défenses allemandes et à ouvrir une brèche. Une première sortie de la plage est ouverte à 13h00 et, à la fin de la journée, elles sont trois à être opérationnelles.
La pointe du Hoc, incluse dans le secteur d'Omaha, bien que située un peu plus à l'ouest, est elle aussi aux mains des Alliés depuis le matin. Malgré le manque d'hommes et de matériel

(quelques grappins et des cordes lancées par fusil) et au prix de lourdes pertes (110 hommes sur les 200 engagés), le 2e bataillon de rangers s'est emparé de cette hauteur dont on craignait les six canons de 155 mm. Des canons que le bataillon découvre au final camouflés : ils n'avaient en réalité jamais été montés. Les hommes du lieutenant-colonel Rudder devront attendre deux jours avant d'être relevés.

Les LCVP (Landing Craft Vehicle, Personnel)

Ces engins de débarquement pour véhicules et fantassins sont construits en contreplaqué sur le dessin de l'ingénieur américain Higgins : celui-ci s'était inspiré des embarcations utilisées en Louisiane dans les marais. Ils permettent d'embarquer une trentaine de soldats, descendus par des filets depuis les transporteurs. Longues de 11 m, larges de 3 m, ces embarcations sont très maniables et peuvent atteindre une vitesse de 12 nœuds.

Utah Beach : une issue favorable (juin 1944)

Située sur la péninsule du Cotentin, Utah Beach est la plus à l'ouest des cinq secteurs du débarquement de Normandie. Cette plage en pente douce, qui porte le nom de code d'un État américain et qui s'étend de Dunes-de-Varreville à La Madeleine, a été confiée à la 4e division d'infanterie américaine, appartenant à la 1re armée du général Bradley. Elle devait débarquer un peu au nord de La Madeleine, mais les courants marins en décident autrement : les embarcations arrivent finalement au sud du village. Cet imprévu va en définitive faciliter le succès de l'opération : la côte, si elle est moins bien reliée à l'intérieur des terres, est, à cet endroit-là, moins bien défendue.

À Utah Beach, plage américaine la plus à l'ouest, le débarquement s'était mal engagé. À cause des forts courants, les barges avaient été déportées largement vers le sud : la première vague d'assaut a pris pied à 2 km du point de débarquement fixé par les états-majors, au sud – et non au nord comme prévu – du village de La Madeleine. Or à cet endroit-là, il n'y a, pour rejoindre l'intérieur et évacuer la plage, non pas quatre routes, mais une seule. Une fois l'erreur avérée, le général Théodore Roosevelt, qui commande les premières troupes, doit trancher : faut-il poursuivre le débarquement là où il a commencé, ou bien se conformer au plan et envoyer les renforts plus au nord ? Refusant que la première vague se retrouve isolée, sans appui, Roosevelt décide d'aller jusqu'au bout. Ce choix va se révéler décisif : la portion sud de la plage est en réalité bien moins défendue par les Allemands. Ce qui est initialement une erreur va se transformer en une chance pour la 4e division d'infanterie américaine. Ce débarquement ne faisait pas partie des plans initiaux du débarquement. Le général Montgomery a tenu à ce que les Alliés prennent pied sur cette plage du Cotentin : il s'agit de s'approcher au maximum du port de Cherbourg.

Chars DD, génie, troupes d'assaut

Si la plage elle-même, en pente douce, présente un relief moins hostile qu'Omaha, les marais situés sur ses arrières constituent un obstacle naturel important. Des forces ennemies substantielles – la 91e division d'infanterie et le 6e régiment de parachutistes – sont par ailleurs cantonnées non loin de là. Il fallait donc impérativement que le débarquement d'Utah soit appuyé, à l'intérieur des terres, par des troupes aéroportées. Les hauteurs dominant les marais devaient être prises par les « All Americans » de la 82e division et les « Screaming Eagles » de la 101e, parachutés la nuit précédente sur le Cotentin. Comme à Omaha, le débarquement d'Utah Beach commence à 6 h 30, pour profiter d'une marée encore basse : il reste aux hommes à franchir, entre la mer et les dunes, une distance d'à peu près 500 m. Deux escadrons de chars DD (*Duplex Drive*) sont mis à l'eau ; 28 des 32 chars arrivent à bon port. Il faut dire que le bombardement aérien a été assez efficace : la batterie de Saint-Martin-de-Varreville a été détruite et les tirs allemands sont assez sporadiques. Les équipes du génie tracent les voies d'accès, détruisent les obstacles avant que la marée ne les recouvre. Les hommes de la 4e division d'infanterie se retrouvent en face de la position allemande W5 : une vingtaine de blockhaus, sur à peu près 800 m de long et 300 m de profondeur.

Le général de brigade Théodore Roosevelt

Au sein de la première vague d'assaut sur Utah Beach se trouve Théodore Roosevelt, lointain cousin du président américain en exercice, Franklin Delano Roosevelt, et fils de l'ancien président Théodore Roosevelt (qui avait dirigé les États-Unis de 1901 à 1909). Pour être présent à ce moment-là, ce général de brigade a dû en faire une demande expresse, par écrit, au général Barton, commandant de la 4e division. Il est le seul général à avoir participé à la première vague d'assaut et, à 57 ans, le soldat le plus âgé à mettre le pied sur le sol normand.

Une résistance allemande sporadique

Le lieutenant Arthur Jahnke, qui commande la position, n'a sous ses ordres que 75 hommes, d'origine biélorusse et tous assez âgés : la moyenne d'âge avoisine les 50 ans. Abasourdis par le déluge de feu qui s'est abattu sur eux depuis l'aube, les Allemands assistent impuissants à un débarquement que la propagande disait impossible. Les canons ayant été détruits, la riposte est limitée. D'autant que la plage est hors de portée de tir des batteries de Crisbecq et d'Azeville, qui ne peuvent être d'aucun secours. En dernier recours, le lieutenant Jahnke lance contre les Alliés les chars Goliath, ces chars miniatures commandés à distance qui doivent exploser avec leur cible. Mais mal entretenus, ces blindés sont largement inutiles. Un seul réussit à détruire son objectif et, à 9 h 00, les derniers défenseurs se rendent : la position W5 n'existe plus.

Les tentatives de percée vers le nord et les points d'attaque initialement prévus se heurtent, quant à elles, à une résistance farouche de la part des Allemands. Mais grâce aux quatre brèches percées par les artificiers dans le mur antichar érigé par les Allemands, les blindés peuvent se lancer à l'assaut de l'intérieur. Dès 13 h 00, ils sont dans le bourg de Sainte-Marie-du-Mont.

La pénétration à l'intérieur des terres

Les forces alliées empruntent les digues séparant les marais inondés et réussissent, en milieu de journée, à établir la jonction avec des éléments de la 101e division aéroportée parachutée près de Sainte-Mère-Église la nuit précédente.

Une fois le contrôle de la plage établi, il s'agit d'assurer la suite des opérations. À partir du 7 juin, Utah Beach se transforme en zone portuaire : comme en face des quatre autres plages, des navires venus d'Angleterre et d'Écosse sont sabordés pour servir de brise-lames, protéger la côte de la houle et permettre l'échouage de matériel en limitant les risques. Utah-Vareville devient ainsi le « Gooseberry 1 », formé d'une dizaine de « blockships ». Pour réduire le temps d'intervention des chasseurs-bombardiers et limiter des allers-retours coûteux en carburant vers la Grande-Bretagne, les Alliés se lancent dans la construction d'une piste d'atterrissage à proximité : en service dès le 12 juin, elle sera utilisée jusqu'à la fin du mois de juillet 1944.

Le char Goliath

Inspiré d'un prototype français récupéré par la Wehrmacht en 1940, ce mini-char commandé à distance peut être lancé contre un char ou un élément fortifié. Muni d'une charge d'explosifs de 60 à 100 kg, il est détruit avec sa cible. Cette arme à usage unique présente quelques faiblesses, notamment un blindage peu épais. Mal entretenus, les chars Goliath ont été au final peu efficaces contre les Alliés débarqués sur les plages.

Le pendant d'Overlord : le débarquement de Provence (août 1944)

Un peu plus de deux mois après le débarquement de Normandie, le 15 août 1944, les Alliés débarquent sur la côte méditerranéenne, entre Cannes et Toulon. L'objectif est de remonter la vallée du Rhône, de prendre en tenailles l'armée allemande et de faire la jonction avec les troupes de Normandie. Les Britanniques auraient voulu faire porter l'effort sur le front italien et pousser vers les Balkans pour arriver plus vite à Berlin. Mais la stratégie américaine l'a emporté. Si le débarquement normand avait été, essentiellement, le fait des Anglo-Saxons, les forces de Provence sont, elles, en majorité des troupes françaises. L'armée du général de Lattre de Tassigny joue un rôle de premier plan.

Le débarquement de Provence avait été prévu dès la conférence de Téhéran, réunissant au mois de novembre 1943, Churchill, Staline et Roosevelt : l'opération baptisée Anvil (« enclume ») devait être le pendant de l'opération Overlord. Il s'agissait de prendre les Allemands en tenailles, pour mobiliser leurs forces dans le Sud de la France et protéger le flanc sud et est d'Overlord. Envisagés d'abord comme deux opérations simultanées, les deux débarquements avaient finalement été découplés : les Alliés ne disposaient pas d'un nombre d'embarcations suffisant pour mener les deux débarquements de front et celui de Provence avait donc été reporté. Churchill aurait, lui, voulu son annulation pure et simple : inquiet de l'avancée de l'Armée rouge, il était favorable à une offensive dans les Balkans pour atteindre Vienne et le cœur de l'Allemagne plus rapidement. La stratégie américaine finit cependant par l'emporter. Non seulement il s'agit d'éviter un enlisement dans les Balkans semblable à celui que connaissent alors les Anglo-Saxons en Italie, mais Eisenhower se montre intraitable sur la nécessité de disposer du port de Marseille : la tempête des 19-22 juin, en Normandie, a fortement endommagé les deux ports artificiels construits à proximité des côtes normandes et la question du ravitaillement des troupes est problématique. Le 2 juillet, la décision est prise : le débarquement de Provence aura lieu le 15 août 1944.

Direction : la côte entre Toulon et Cannes

Les convois étaient partis de Tarente, de Palerme, de Naples en Italie et aussi d'Algérie. Ils convergent vers la Corse, avant d'approcher de la côte, entre la presqu'île d'Hyères et Cannes, plus exactement entre les îles du Levant et Théoule-sur-Mer. Les côtes de Provence ont été choisies plutôt que les côtes du Languedoc : si elles présentent l'inconvénient d'être escarpées,

elles permettent cependant aux navires de s'approcher relativement près. La zone de débarquement, large d'une centaine de kilomètres, est déterminée de sorte que la force d'assaut soit à l'abri de la batterie de la presqu'île de Saint-Madrier qui ferme la rade de Toulon – il n'est pas question de risquer une boucherie semblable à celle d'Omaha Beach.
Ce sont 500 navires de guerre, dont cinq cuirassés et neuf porte-avions, 2 000 avions, sept divisions françaises et quatre divisions américaines, commandées par le général américain Patch, qui participent au débarquement. L'armée « B » française constitue près de deux tiers des combattants. Commandée par le général de Lattre de Tassigny et composée de nombreux Africains (Sénégalais, Marocains et Algériens), elle a été rappelée d'Italie par de Gaulle.

De Lattre de Tassigny

De Lattre de Tassigny a rejoint Londres puis Alger en 1943 et est promu général d'armée par de Gaulle. Commandant de la 16e armée à Montpellier, il avait refusé de s'abstenir de combattre lorsque les Allemands ont envahi la zone libre en novembre 1942, avait été arrêté et emprisonné à Riom, avant de réussir à s'évader. À la tête de ce qui s'appelle encore l'armée B et qui deviendra la 1re armée française, il débarque en Provence le 16 août 1944, libère Marseille et Toulon, puis Lyon et Colmar, avant de représenter la France lors de la capitulation allemande, le 8 mai 1945, à Berlin.

Une opération amphibie classique

Dans la nuit du 14 au 15 août, quelques commandos débarquent dans les îles du Levant et au cap Nègre. Une division aéroportée américaine, composée de 5 000 parachutistes, est lâchée dans l'arrière-pays, entre Fréjus et Draguignan, pour barrer, avec l'appui des Forces françaises de l'intérieur prévenues grâce à Radio Londres, l'accès aux zones de débarquement. Les batteries allemandes subissent un intense bombardement aérien et naval. Après tous ces préparatifs, le débarquement proprement dit peut commencer, le 15 août 1944 au petit matin, entre Cavalaire et Saint-Raphaël, sur une mer particulièrement calme et sans vent. Les opérations se déroulent sans grandes difficultés. Les parachutistes ne rencontrent guère d'opposition. Il faut dire qu'un certain nombre de divisions allemandes avaient rejoint le front de Normandie et que le général Friedrich Wiese n'a à sa disposition que des forces supplétives, venues d'URSS, assez médiocres. Dès le 15 au soir, les forces aéroportées ont pris le contrôle d'un territoire d'une trentaine de kilomètres de profondeur. Hitler ordonne à la 11e Panzerdivision de franchir le Rhône, mais déjà, la tête de pont est consolidée. Le débarquement lui-même se fait sans encombre. Le 16 au soir, tous les objectifs sont atteints. Le groupe d'armées G a commencé à battre en retraite, sur l'ordre de Hitler.

La libération du sud-est de la France

Les Américains commencent à remonter la vallée de la Durance par la route Napoléon, libèrent Grenoble et progressent, malgré des combats plus âpres, le long de la vallée du Rhône. De leur côté, les Français libèrent les villes de Toulon et Marseille. La première tombe le 27 août, quand les derniers défenseurs, retranchés dans la presqu'île de Saint-Marquier, finissent par se

rendre aux soldats de l'armée B. À Marseille, les résistants ont déclenché une grève insurrectionnelle. Le 28 août, la division du général Goislard de Monsabert prend le contrôle de la ville. Le port, enjeu essentiel du débarquement de Provence, ne sera en revanche opérationnel qu'à la fin du mois de septembre, à cause des sabotages de l'occupant allemand.
Américains et Français entrent dans Lyon ensemble le 3 septembre. Le 12, la 1re division française libre, commandée par de Lattre de Tassigny (ex-armée B) fait sa jonction avec la 2e DB du général Leclerc, près de Montbard, en Bourgogne. La tenaille s'est refermée sur les Allemands. Il ne reste plus qu'à filer en direction de l'Allemagne.

Le Supermarine Seafire

Il s'agit là d'une version navale du Supermarine Spitfire (le « cracheur de feu »), cet avion de chasse monoplace aux ailes elliptiques facilement reconnaissables, utilisé tout au long de la Seconde Guerre mondiale pour sa rapidité et son agilité. Pour s'adapter à des opérations menées depuis un porte-avions, le Seafire a été doté d'une crosse d'appontage et d'ailes pliantes. Deux défauts cependant : la faiblesse de son rayon d'action et l'étroitesse de son train d'atterrissage, qui a provoqué de nombreux accidents.

La bataille des Ardennes (décembre 1944-janvier 1945)

À la fin du mois de novembre 1944, les Alliés poursuivent leur poussée en France et en Belgique, en direction du Rhin. Le secteur des Ardennes est alors considéré comme très calme. Seules quatre divisions d'infanterie y sont déployées, ainsi qu'une division blindée inexpérimentée. Les fantassins américains, qui pour la moitié d'entre eux n'ont jamais vu le feu, sont relativement confiants : les rapports des services de renseignement ont même précisé que sur ce secteur, les Allemands ne disposaient en fait d'artillerie, que d'un maigre bataillon hippomobile. Lorsque, au matin du 16 décembre 1944, le front américain est pilonné par des milliers de canons allemands, un soldat américain s'exclame : *« Ils doivent tuer ces maudits canassons à la tâche ! »*

Les Alliés ont depuis longtemps cassé le code des Allemands, mais ils sont pris au dépourvu par cette attaque. Pour Hitler, il s'agit clairement de l'offensive de la dernière chance. Il a fait réunir, dans le plus grand secret, une partie de ses divisions Panzers SS d'élite. Hitler espère que les conditions climatiques empêcheront l'aviation alliée d'interférer dans ses plans.
Son objectif est ambitieux. Il entend atteindre Anvers afin d'isoler le 21e groupe d'armées pour contraindre les Alliés à négocier une paix séparée.
Dans le camp des Alliés on ignore tout des préparatifs allemands, le bruit court que l'armée allemande ne dispose plus des réserves de carburant nécessaires. Les Allemands comptent en effet s'emparer de dépôts alliés pour alimenter leurs chars au cours de l'opération, mais disposent de forces importantes : 14 divisions d'infanterie bien équipées, appuyées par neuf divisions blindées, dont de nombreuses divisions de la Waffen-SS, pour un total de près d'un millier de chars. Les troupes effectuent de faux mouvements durant les jours précédant l'attaque, profitant généralement de la nuit pour revenir sur leurs pas. Pour ne pas donner l'alerte, aucune reconnaissance aérienne massive et aucun bombardement préliminaire ne sont effectués. L'attaque est fixée au 1er décembre : les Allemands attendent que le climat soit particulièrement détestable.

La surprise est complète

À 5 h 30, en effet, le matin du 16 décembre, les 14 divisions d'infanterie allemande s'élancent, précédées par un barrage infernal délivré par près de 2 000 pièces d'artillerie sur un front d'une cinquantaine de kilomètres. Les lignes américaines sont alors très étirées et très peu de troupes garnissent la ligne de front. Au nord, la 6e armée Panzer SS du général Josef Dietrich

rencontre pourtant une certaine résistance et elle ne progresse que difficilement face à deux divisions américaines qui luttent avec l'énergie du désespoir. L'élément de pointe de cette 6e armée, le Kampfgruppe Peiper de la 1re division Panzer SS, parvient malgré tout à pénétrer dans les lignes américaines et à atteindre la ville belge de Stavelot, commettant au cours de son périple de nombreux crimes de guerres, massacrant des civils belges et parfois des prisonniers américains. L'attaque s'arrête à quelques centaines de mètres d'un immense dépôt de carburant dont les Allemands, qui en ont pourtant un grand besoin, ignorent la présence.
Au sud, la 5e armée Panzer de Manteuffel rencontre moins de résistance et balaie rapidement les unités des 28e et 106e divisions d'infanterie américaines.

La réaction américaine

La réplique américaine est désordonnée. Les rapports faits à Eisenhower, commandant suprême des forces alliées en Europe,

Jochen Peiper

L'Oberstrumbannführer Joachim Peiper (dit Jochen), né en 1915, adhère très jeune à l'idéologie nationale-socialiste et fait son entrée dans la SS puis, dans la Waffen-SS. En 1944, il est à la tête d'un groupement blindé de la 1re division de Panzers SS Leibstandarte Adolf Hitler. Condamné à mort en 1946 pour crimes de guerre, il voit sa peine commuée en emprisonnement et est libéré en 1956. Il serait mort en 1976 dans l'incendie de sa villa à Traves, en France, sans que son cadavre ait pu être formellement identifié.

sont très fragmentaires et personne ne prend la mesure du danger. Le général Patton, engagé au sud des Ardennes, considère qu'il s'agit d'une attaque de diversion. Mais lorsque, le 17 décembre, les Américains réalisent l'étendue du danger, ils réagissent avec énergie. La 7e division blindée américaine est aussitôt engagée et déployée à Saint-Vith, dans l'axe de progression de l'armée de Dietrich. Les 82e et 101e divisions aéroportées sont immédiatement envoyées occuper un nœud routier d'une grande importance stratégique : la ville de Bastogne. Lorsqu'elles atteignent la ville, le 18 décembre, les troupes de Manteuffel sont à moins de 25 kilomètres. À l'aube du 19 décembre, la Panzer Lehr, en pointe de l'armée de Manteuffel, atteint les faubourgs de Bastogne et ne peut que constater que la ville est bien défendue. L'état-major allemand tente alors de réagir à la situation. Dietrich ne parvient pas à déboucher tandis que Manteuffel poursuit sa progression. Les Alliés demeurent encore dans l'expectative, ne sachant que faire. Eisenhower décide finalement d'ordonner à l'armée de Patton d'abandonner ses opérations au sud et d'intervenir en poussant plus vers le nord et vers Bastogne avec deux divisions blindées. Nous sommes alors le 22 décembre et Bastogne est encerclée.

L'aviation alliée s'en mêle

Le 23 décembre 1944, l'avant-garde de la 5e division de Panzers se trouve à moins de 8 kilomètres de la Meuse, non loin de Dinant. Mais cette avancée ne sert à rien. Bastogne, fermement tenue par les parachutistes américains, empêche toute progression des Allemands. Pire – pour ces derniers – le temps s'améliore et l'aviation alliée peut enfin intervenir. Manquant d'essence, attaqués par l'aviation alliée qui se déchaîne, les Allemands ne progressent plus nulle part dès le 24 décembre. Le 26 décembre, les blindés de Patton parviennent à rompre l'encerclement de Bastogne. À peine une semaine plus tard, les Américains lancent une contre-offensive que les Allemands ne parviennent pas à endiguer. Ceux-ci doivent finalement abandonner le siège de Bastogne et se replier, tout en combattant pied à pied. À la fin du mois de janvier 1945, la bataille des Ardennes est terminée.

Le Königstiger

Dernier-né des chars allemands, le Königstiger ou « Tigre Royal » est un mastodonte de 70 tonnes, armé d'un canon de 88 mm et pourvu d'un blindage de 88 à 140 mm. Aujourd'hui considéré comme le meilleur char lourd de la Seconde Guerre mondiale, terreur des équipages alliés, il n'est produit que tardivement à 489 exemplaires et est employé pour l'essentiel par des divisions de la Waffen-SS.

La Résistance intérieure française

En juin 1944, à quelques jours d'intervalle, les services de renseignements allemands, captent deux messages sur les ondes de la BBC : « *Les sanglots longs des violons de l'automne / Bercent mon cœur d'une langueur monotone…* ». Ces deux vers tirés d'une chanson de Charles Trenet, d'après un poème de Paul Verlaine, sont en fait un message codé adressé à la résistance française : le débarquement des Alliés en France aura lieu dans les 24 heures. En quelques heures, des dizaines de réseaux vont passer à l'action. Saboteurs, imprimeurs, messagers…, depuis 1940, ces résistants, ces milliers d'hommes et de femmes ont combattu au péril de leur vie pour la libération de la France et contre la barbarie.

Les premiers actes de résistance surviennent peu après l'armistice de juin 1940. D'abord isolés, ils prennent la forme d'une résistance passive, de manifestations patriotiques pacifiques ou de slogans peints sur les murs. D'autres organisent le passage de fugitifs derrière la ligne de démarcation ou aident les prisonniers britanniques en fuite. Peu à peu, des réseaux plus structurés se mettent en place. Les membres de ces réseaux sont chrétiens, républicains, gaullistes de la première heure ou simples patriotes. En zone libre, l'absence des Allemands facilite la formation de réseaux comme Combat (avec à sa tête Henri Frenay), ou encore Franc-Tireur (autour de Marc Bloch). En « zone Nord », occupée, la présence allemande et notamment la tristement célèbre Gestapo oblige les réseaux – Libération-Nord ou Ceux de la Résistance par exemple – à agir dans la précarité et la clandestinité. La réaction allemande est brutale. Le 10 novembre 1940, Jacques Bonsergent, est le premier fusillé. La répression des actes « terroristes » est systématique : arrestations, exécutions d'otages… la liste des martyrs s'allonge à partir de 1941. Pourtant, en dépit des risques – torture, déportation – les réseaux se développent et touchent toutes les couches de la population. Presse clandestine, sabotages et attentats se multiplient, mais la résistance, condamnée par Vichy, reste divisée, mal organisée et faiblement implantée hors des villes.

Le « Parti des fusillés »

Le Parti communiste français (PCF) tient une place à part dans l'histoire de la résistance. Dissous en septembre 1939, suite au Pacte germano-soviétique, le parti survit dans la clandestinité jusqu'en juillet 1940, alors que son secrétaire général, Maurice Thorez, s'est réfugié à Moscou. Après la défaite, le PCF retrouve pignon sur rue et va même jusqu'à demander aux autorités d'occupation la reparution de son quotidien *L'Humanité*. Le parti est divisé sur la stratégie à adopter face aux Allemands. Les partisans du Pacte germano-soviétique s'opposent

aux tenants d'une ligne plus radicale, laquelle débouche sur la création de plusieurs groupes qui organisent des sabotages et commencent à collecter des armes. Parallèlement, le parti participe à plusieurs manifestations et organise des grèves sévèrement réprimées. Le PCF franchit définitivement le pas vers la Résistance en mai 1941, en lançant un appel à la création d'un Front national de lutte pour l'indépendance et la renaissance de la France. Le parti replonge dans la clandestinité. En août, le colonel Fabien commet le premier attentat communiste en abattant un officier allemand dans le métro parisien.
Fin 1941, le Front national se dote d'une branche militaire, les Francs-tireurs et partisans français (FTPF), dirigés par Charles Tillon sont à l'origine de la création de plusieurs maquis. Traqués sans merci par les nazis et par le régime de Vichy, les communistes paieront un lourd tribut pour la libération du pays.

Klaus Barbie (1913-1991)

Klaus Barbie entre à la SS en 1935. En juin 1942, il est affecté à Dijon, puis à Lyon. En février 1943, il devient le chef de la Gestapo de la région lyonnaise.
Surnommé « le boucher de Lyon », il fait notamment torturer des résistants, dont Jean Moulin, et déporter des milliers de juifs. Condamné à mort, Barbie fuit et s'installe en Bolivie sous le nom de Klaus Altmann. Expulsé vers la France en 1983, il est condamné à la perpétuité pour crimes contre l'humanité en 1987.

L'unité

Dès 1941, il apparaît crucial d'unifier la résistance sous l'égide du général de Gaulle. En effet, seule la France libre semble en mesure de répondre aux besoins des réseaux en armes, en matériel et en moyens financiers.

De Gaulle, quant à lui, voit dans les mouvements de résistance le moyen d'assurer son autorité, et donc sa légitimité dans la France occupée. Un homme incarne cette volonté unificatrice. Jean Moulin, ancien préfet de l'Eure, reçoit de de Gaulle la mission d'unir les réseaux de résistance et de les doter d'une branche militaire commune. Jean Moulin réussit à convaincre ses interlocuteurs de la nécessité de s'entendre. Ainsi, en janvier 1943, les mouvements de zone libre se regroupent au sein des Mouvements unis de la Résistance (MUR), dont Moulin assure la présidence. Quatre mois plus tard, l'intégration des réseaux zone occupée, communistes compris, donne naissance au Conseil national de la Résistance (CNR). Le CNR devient l'un des organes du Gouvernement provisoire de la République française (GPRF), crée en juin 1944 à Alger et présidé par de Gaulle.

Jean Moulin est arrêté le 21 juin 1943. Torturé, il mourra lors de son transfert en Allemagne. Le 1er février 1944, les principales forces militaires de la Résistance s'unissent. L'Armée secrète (AS, gaulliste), les FTP et l'Organisation de résistance de l'Armée (ORA, proche du général Giraud, un temps rival de de Gaulle en Afrique du Nord) fusionnent pour donner naissance aux Forces françaises de l'intérieur (FFI). maquis se développent dans plusieurs régions. Regroupant au départ quelques dizaines d'individus, ils apparaissent dans les zones de montagne et en Bretagne, là où la géographie offre une certaine protection. Comme les autres mouvements de résistance, les maquis représentent tout le spectre politique, des communistes aux nationalistes, en passant par les républicains espagnols. Le premier maquis est installé dans le massif du Vercors en décembre 1942. À partir de 1943, les maquisards commencent à recevoir une aide importante du SOE, de l'OSS et du BCRA (Bureau central de renseignements et d'action), les services de renseignement gaullistes. Armes, radios et agents sont parachutés sur les maquis, dont les effectifs croissent après l'occupation de la zone libre et l'instauration du STO. Désormais, certains comptent plusieurs milliers d'hommes, organisés comme de véritables armées. À l'approche du débarquement de Normandie, les Alliés confient aux maquis des missions de sabotage. Dès le 6 juin, des opérations de guérilla de grande ampleur sont lancées pour ralentir les mouvements de l'armée allemande. À partir de mars 1944, cette dernière, appuyée par la Milice, lance plusieurs opérations de ratissage contre les maquis. Jusqu'à l'été 1944, de véritables batailles rangées auront lieu dans le Vercors ou sur le Plateau des Glières accompagnées de massacres de civils, de fusillades et de tortures. Au fur et à mesure de l'avance alliée, les maquis combattants seront intégrés à l'armée française.

Nuit et brouillard

Le 7 décembre 1941, le maréchal Keitel signe un décret ordonnant la déportation en Allemagne de tous les opposants au Reich. Baptisé Nacht und Nebel (NN), ce décret implique la déportation et la mise au secret absolu de toutes les personnes représentant un danger pour les troupes allemandes d'occupation. Ainsi, plusieurs milliers de résistants ou d'opposants politiques « disparaissent », déportés arbitrairement, souvent sans jugement, sans même avoir connaissance de leur statut.

La collaboration en Europe

Dans toute l'Europe occupée, les nazis sauront trouver des hommes et des partis prêts à collaborer avec eux pour instaurer « l'ordre nouveau » sur tout le continent. Pourtant, à de très rares exceptions, ces mouvements pro-allemands, voire parfois carrément pro-nazis, n'arriveront jamais à leurs fins, dans la mesure où ils n'obtiendront ni le soutien des populations locales ni celui des autorités d'occupation allemandes. Dès lors, la plupart de ces groupuscules ne seront au mieux que des collaborateurs zélés de l'occupant ou des recruteurs pour la Waffen-SS, au pire les complices actifs de la répression des mouvements de résistance ou des crimes perpétrés par les nazis contre les populations juives.

La mainmise de l'Allemagne nazie sur l'Europe commence en 1933 avec l'annexion de l'Autriche au Reich (Anschluss). La Tchécoslovaquie est amputée trois ans plus tard de la région des Sudètes où vit une importante communauté allemande. En mars 1939, le reste du pays est complètement occupé. Le 1er septembre 1939, la Pologne est à son tour envahie et, en vertu du Pacte germano-soviétique, occupée, à l'ouest par les Allemands, à l'est par les Soviétiques. Le 9 avril 1940, l'Allemagne envahit et occupe le Danemark et la Norvège. Un mois plus tard, après 8 mois d'une « drôle de guerre », la Wehrmacht passe à l'attaque. En 6 semaines, les Pays-Bas, la Belgique, le Luxembourg, puis la France sont occupés. Le 22 juin 1940, quand le gouvernement français demande l'armistice, toute l'Europe de l'Ouest est conquise, à l'exception de la Grande-Bretagne qui refuse toute paix de compromis. Au printemps suivant, venue en aide à son allié italien embourbé dans les Balkans, la Wehrmacht occupe la Grèce et la Yougoslavie. Enfin, le 22 juin 1941, les troupes allemandes pénètrent en Union soviétique et, en décembre, les avant-gardes de la Wehrmacht sont aux portes de Moscou. Le IIIe Reich est à son apogée. Pour contrôler leur nouvel « empire », Hitler et les siens vont pouvoir s'appuyer à la fois sur leurs alliés et sur les régimes qu'ils ont contribué à mettre en place dans les territoires conquis. Le reste des territoires occupés est soumis à une administration allemande directe.

Alliés et satellites

Dans toute l'Europe, les nazis s'appuient sur des régimes alliés qui, mis à part l'Italie de Mussolini, jusqu'à sa chute en juillet 1943, ne sont en fait que des satellites aux ordres de Berlin. Attaquée par Staline fin 1939, la Finlande rejoint le camp allemand au début de l'invasion de l'URSS. Les Finlandais combattent contre l'Armée rouge, mais, en septembre 1944, menacés d'invasion, ils signent la paix et se retournent contre les nazis. À l'Est, alors que la Pologne a cessé d'exister en tant qu'État, les Allemands bénéficient du soutien de la République slovaque, née de la scission de la Tchécoslovaquie en mars 1939, et dirigée par Monseigneur Tiso jusqu'en avril 1945. Dès le milieu des années 1930, l'Allemagne noue une alliance avec la dictature hongroise de l'amiral Horthy, renversée par les nazis en 1944. Dans les Balkans, la Roumanie est amputée de la Bessarabie par l'URSS à l'été 1940. En octobre, un coup d'État renverse le roi Carol II et le nouveau leader du pays, le maréchal Antonescu, instaure un régime fasciste. Il autorise la Wehrmacht à utiliser son territoire pour envahir la Yougoslavie, puis s'allie aux nazis pour récupérer les territoires perdus en 1940. En août 1944, Antonescu est arrêté et la Roumanie rejoint le camp allié. Dernier allié de l'Allemagne depuis 1941, la Bulgarie se contentera de grappiller quelques territoires sur la Grèce, la Roumanie et la Yougoslavie, et abandonnera la partie quand l'Armée rouge franchira ses frontières en septembre 1944.

Les partis pro-nazis anglo-saxons

En 1939, 3 millions de personnes d'origine allemande vivent aux États-Unis. C'est parmi eux que recrute la Ligue populaire germano-américaine, fondée par Fritz Julius Khun. En dépit, de sa popularité Khun est désavoué par les nazis eux-mêmes, puis arrêté en 1939 pour malversations financières.
En Grande-Bretagne le British Union of Fascists d'Oswald Mosley connaît un succès populaire certain avant d'être interdit et ses dirigeants internés une partie de la guerre.

La collaboration à l'Est et dans les Balkans

Quand l'armée allemande envahit l'URSS en juin 1941, elle pénètre rapidement en Ukraine et dans les pays baltes. Ces derniers avaient été annexés sans coup férir par Moscou en 1940. Quant à l'Ukraine, elle avait subi les horreurs du Stalinisme. Ainsi, les soldats allemands sont d'abord accueillis en libérateurs. Très vite, ils reçoivent l'aide des éléments nationalistes locaux les plus extrémistes qui fournissent des contingents d'exécuteurs de basses œuvres pour l'assassinat des populations juives. Mais l'obsession de Hitler de ne voir dans les Slaves que des êtres inférieurs et les exactions commises par les Allemands finirent par retourner une grande partie de ces populations contre l'occupant. Dans les Balkans, l'Italie et l'Allemagne créent l'État indépendant de Croatie, dont on confie le trône au duc de Spolète. Mais la réalité du pouvoir est exercée par Ante Paveli´c (1889-1959), qui prendra la tête de l'État en 1943. Fondateur des oustachis, parti nationaliste fasciste, antisémite et hostile à une Yougoslavie multiethnique, Paveli´c instaure une dictature impitoyable. Il met en œuvre une politique raciale identique à celle des nazis. Ainsi, outre les crimes orchestrés contre les Serbes et les Bosniaques tombés sous son autorité, le régime mène sa propre politique d'élimination des populations juives et tziganes en créant, en août 1941, le camp de Jasenovac, qui devient, à l'image d'Auschwitz, un camp d'extermination où périront plus de 85 000 personnes.

L'Europe de l'Ouest

À l'Ouest, les années 1930 sont marquées par l'apparition d'une multitude de partis nationalistes. Partisans d'un régime autoritaire, admirateurs du national-socialisme ou imitateurs du fascisme, ces partis n'arriveront jamais, en dépit de certains succès électoraux, à prendre le pouvoir. L'occupation allemande change la donne et bon nombre de « führers » locaux sont propulsés sur le devant de la scène. En Norvège, après le départ du roi et du gouvernement en exil, Vidkun Quisling (1887-1945), fondateur du Nasjonal Samling (Parti d'union nationale), se proclame Premier ministre. Impopulaire, il est chassé dès le mois de mai 1940 avant de revenir au pouvoir en février 1942 et de collaborer activement avec l'occupant. Au Pays-Bas, le NSB (Mouvement national-socialiste des Pays-Bas) est le seul parti autorisé par l'occupant. Son chef, Anton Mussert (1894-1946), ne réussira pourtant jamais à se nommer à la tête du pays. En Belgique enfin, deux mouvements collaborationnistes « cohabitent ». En Flandre, le VNV (Bloc National Flamand) voit d'abord l'occupation comme l'opportunité de créer une Flandre indépendante, puis milite pour le rattachement de la Flandre au Reich. En Wallonie, la collaboration est marquée par la figure dominante de Léon Degrelle (1906-1994). Journaliste, il est le fondateur du rexisme, parti fascisant qui obtient quelques succès électoraux dans les années 1930. Pendant la guerre, il collabore avec les nazis au point de rejoindre la Waffen-SS au sein de la Division Wallonie.

Andreï Vlassov (1900-1946)

En 1941, lors de l'invasion allemande, le général Vlassov défend Kiev et participe à la bataille de Moscou. Capturé en 1942, il rejoint les Allemands et fonde le Comité russe de libération et l'Armée russe de libération. Méfiant, Hitler ne lui confie le commandement que de deux divisions, qui ne combattront jamais l'Armée rouge. Capturés par les Américains, Vlassov et son armée sont livrés à Staline. Reconnu coupable de haute trahison, le général est pendu le 1er août 1946.

Le Régime de Vichy (1940-1944)

« Maréchal nous voilà, devant toi le Sauveur de la France… ». Les paroles de cette chanson à la gloire du Maréchal Pétain reflètent bien le culte qui s'est développé autour de la personne du vieillard providentiel. Amenés au pouvoir par les circonstances, Pétain et les siens auront pour ambition de réformer profondément la France. Réactionnaire, autoritaire, Vichy n'est cependant pas un régime fasciste et se rapprochera plus de l'Espagne de Franco que de l'Allemagne ou de l'Italie. Dès sa création, le régime mène une active politique de collaboration avec l'Allemagne qui le conduira, sous la houlette des éléments les plus extrêmes du régime, à devenir le complice objectif des atrocités nazies.

Né du désastre de Sedan en 1870, il était dit que la IIIe République « se suiciderait » dans les mêmes conditions 70 ans plus tard. Depuis l'invasion du territoire par la Wehrmacht, le gouvernement est sur la route et erre de ville en ville. Le 14 juin, Paris est occupé. La défaite semble inéluctable et, bientôt, au sein du gouvernement, deux camps s'affrontent. Le président du Conseil, Paul Reynaud, Georges Mandel et le général de Gaulle sont partisans de la poursuite de la guerre à partir de l'Empire colonial. Face à eux, le maréchal Pétain, vice-président du Conseil depuis le 17 mai, et les militaires sont favorables à l'armistice. Finalement, ces derniers obtiennent gain de cause et, le 16 juin, le Président Lebrun, nomme Pétain président du Conseil. Dès le lendemain, le nouveau gouvernement entame des négociations avec les Allemands. Elles aboutissent à la signature de l'armistice, le 22 juin 1940. Les clauses de l'armistice sont très dures : Démobilisée, l'armée est réduite à 100 000 hommes, la France doit verser une indemnité de guerre pharaonique et, surtout, toute la moitié nord du pays est occupée. Paris se trouvant en zone occupée, il faut une nouvelle capitale à la France. Le 1er juillet, le gouvernement arrive dans la station thermale de Vichy dont les infrastructures hôtelières permettent l'accueil des ministères et des administrations. Le 10 juillet 1940, réunis dans l'opéra de Vichy, le Parlement vote à une très grande majorité les pleins pouvoirs au maréchal Pétain.

Travail, Famille, Patrie

Le lendemain, les actes constitutionnels fondant l'« État français » sont promulgués. Autour de Pétain et de Laval, on retrouve des hommes ayant en commun le rejet des institutions de la IIIe République et la volonté de voir renaître une France sur le socle de l'« Ordre nouveau ». Monarchistes, syndicalistes, hommes de gauche, de droite, fascistes, opportunistes… ce kaléidoscope s'attelle à la tâche et entreprend le grand œuvre du régime : la Révolution nationale qui s'articule autour d'une devise, « Travail, Famille, Patrie ». Jusqu'en 1942, le gouvernement poursuit donc une politique volontariste basée sur une idéologie sociale et réactionnaire. Sur le plan économique, la Révolution nationale impose un régime corporatiste avec l'adoption d'une Charte du Travail (1941). Quand il n'est pas réglementé par un ordre professionnel, chaque corps de métier est doté d'un comité d'organisation chargé de régler toutes les questions d'ordres économique et social. Par ailleurs, Vichy esquisse une planification de l'économie reposant sur l'intervention massive de l'État. La Famille… Vichy lance un vaste programme nataliste. Déjà interdit, l'avortement devient un crime et les femmes sont encouragées à rester dans leurs rôles de mère et d'épouse. La Patrie enfin. Pour Vichy, la France doit expier les erreurs de la République et retrouver ses vraies valeurs, celles de « l'ordre moral » autour du christianisme et du retour à la terre d'une vision archaïque d'une société rurale fantasmée.

La collaboration

Dans les semaines qui suivent la signature de l'armistice, le gouvernement de Vichy offre sa collaboration aux Allemands dans le

Philippe Pétain (1856-1951)

Quand éclate la Première Guerre mondiale, le colonel Pétain s'apprête à prendre sa retraite. Deux ans plus tard, le général Pétain est fêté comme le vainqueur de la bataille de Verdun. Nommé commandant en chef des forces françaises, il est fait maréchal en novembre 1918 et mène sa dernière campagne lors de la guerre du Rif (1925). Élu à l'Académie française en 1929, il occupe brièvement les fonctions de ministre de la Guerre, en 1934, puis d'ambassadeur en Espagne en 1939.

but avoué de voir s'assouplir des conditions d'armistice. De surcroît, la réussite de la Révolution nationale dépendra de la marge de manœuvre que voudra bien laisser l'occupant au gouvernement du Maréchal. Le 24 octobre 1940, Pétain rencontre Hitler à Montoire-sur-le-Loir. Quelques jours plus tard, il prononce un discours dans lequel il appelle les Français à coopérer avec l'Occupant. Le premier aspect de cette collaboration est économique. Collaboration subie, les indemnités de guerre se montent à 400 millions de francs par jour, mais aussi collaboration choisie. Les entreprises françaises travaillent pour l'Allemagne et, avec les livraisons de produits agricoles, la France devient son principal « partenaire » économique en Europe. La collaboration économique passe également par l'envoi de main-d'œuvre en Allemagne. En juin 1942, Laval crée « La Relève », l'échange d'un prisonnier libéré contre 3 travailleurs volontaires. C'est un nouvel échec et le 4 septembre, le gouvernement promulgue une loi selon les termes de laquelle 250 00 ouvriers partent en Allemagne. Incarnée par Pierre Laval, la collaboration politique repose, quant à elle, sur la coopération de l'administration avec l'occupant. L'illustration la plus dramatique de cette collaboration prend la forme de l'aide fournie par la police et la gendarmerie dans les persécutions contre les juifs.

La fin du régime

Le 11 novembre 1942, en réponse au débarquement allié en Afrique du Nord, les troupes allemandes déclenchent l'opération Attila. En 2 jours, la zone libre est envahie et passe sous le contrôle de l'occupant. Dès lors, Vichy va entrer dans une nouvelle phase. Si le maréchal Pétain conserve une grande popularité au sein de la population, le régime, dont Pierre Laval est désormais le véritable homme fort, est de plus en plus impopulaire. Sans enterrer complètement la Révolution Nationale, Laval, qui *« souhaite la victoire de l'Allemagne »* contre le bolchévisme, conduit une politique de collaboration totale. En février 1943, le vice-président du Conseil instaure le Service du Travail Obligatoire (STO) qui implique l'envoi des hommes nés entre 1920 et 1922 vers l'Allemagne pour participer à l'effort de guerre du Reich. On assiste parallèlement à une évolution des rapports de forces au sein du régime avec la prise du pouvoir par ses éléments les plus radicaux. Vichy prend de plus en plus des airs de cour mérovingienne et les partisans d'un fascisme à la française sentent que leur heure est venue. Parmi eux, Joseph Darnand. Le 30 janvier 1943, il est nommé par Laval chef de la Milice française, nouvelle organisation paramilitaire mise sur pied pour le maintien de l'ordre et la lutte contre les résistants. Organisation fasciste, la Milice va suppléer la Gestapo et l'armée allemande dans la traque des résistants et faire régner la terreur sur tout le territoire.

Pierre Laval (1883-1945)

Avocat d'origine auvergnate, Pierre Laval entame une brillante carrière politique au sein de la SFIO. Député (1914), puis maire d'Aubervilliers (1923), il se rapproche de la droite parlementaire au début des années 1920. Plusieurs fois ministre, quatre fois président du Conseil entre 1931 et 1936, Laval est écarté du pouvoir en janvier 1936. En juin 1940, la situation engendrée par l'invasion allemande va lui permettre de revenir au pouvoir et de régler ses comptes avec la République.

L'assassinat des juifs d'Europe

Auschwitz, Treblinka, Sobibor, Shoah… autant de noms qui résonnent comme le glas dans les ténèbres qui se sont abattues sur l'Europe tombée sous le joug nazi. Entre 1933 et 1945, pour la première fois dans l'histoire de l'humanité, un État va mobiliser toutes les ressources administratives et économiques dont il dispose dans la poursuite d'une politique barbare visant à exterminer un peuple tout entier. Au nom d'une obsessionnelle conception « racialiste » du monde, Hitler et les siens vont s'appliquer à détruire méthodiquement, le peuple juif. Massacrés, fusillés, gazés, battus à mort : plus de 6 millions de juifs seront assassinés par les nazis et leurs séides. Leur seul crime : être nés.

Dès sa création, le parti nazi fait de l'antisémitisme la pierre angulaire de sa profession de foi. Dans le « Programme des 25 points » (février 1920), puis dans Mein Kampf (Mon combat), écrit en 1924-1925, Hitler pose les bases d'un véritable antisémitisme d'État. À côté de considérations raciales, Hitler développe un antisémitisme basé sur des analogies délirantes entre judaïsme, capitalisme et marxisme. Dès l'accession des nazis au pouvoir, en janvier 1933, les 523 000 juifs allemands sont victimes de discrimination et de persécutions. Le tournant a lieu le 15 septembre 1935 avec la promulgation des « Lois de Nuremberg », un corpus de lois établissant l'identité juive, interdisant le mariage entre « aryens » et juifs et privant ces derniers de la citoyenneté allemande. Le but est alors de pousser les juifs à émigrer vers la Palestine, l'Europe ou les États-Unis... Un nouveau pas vers l'horreur est franchi fin 1938. Le 7 novembre, Herschel Grynszpan, jeune juif d'origine allemande tire sur le premier secrétaire de l'ambassade allemande à Paris, Ernst vom Rath. Dès le lendemain, par la voix de Goebbels, le régime, encourage les premiers pogroms. Le 9 novembre, le décès de Vom Rath donne lieu à un véritable déchaînement de violence. Synagogues incendiées, boutiques et habitations saccagées et pillées, cimetières profanés... la « Nuit de cristal » fait plus de 2 000 victimes et près de 20 000 juifs sont déportés en camp de concentration. Les juifs sont désormais des étrangers dans leur propre pays.

La Shoah par balles

Quand la Wehrmacht envahit la Pologne, le 1er septembre 1939, les troupes de combat sont suivies par des unités spéciales chargées de « nettoyer » leurs arrières. Baptisées Einsatzgruppen (« groupes d'intervention »), ces unités composées de policiers et de SS sont chargées d'éliminer les membres de l'intelligentsia polonaise et certains juifs. Par ailleurs, à partir d'octobre 1940, on crée plusieurs ghettos dans lesquels sont enfermés dans des conditions effroyables plusieurs centaines de milliers de juifs polonais. À la veille, de l'invasion de l'URSS, les SS et l'armée s'accordent pour organiser l'élimination des membres de l'intelligentsia soviétique ainsi qu'une partie de la population juive. En juin 1941, quatre Einsatzgruppen, relevant du RSHA, suivent l'armée et procèdent à des milliers d'exécutions sommaires. Devant l'avance rapide de l'armée, des zones entières sont provisoirement épargnées. On y regroupe les populations juives qui seront massacrées quand les SS auront reçu des renforts policiers et l'aide d'auxiliaires baltes et ukrainiens. Cette « Shoah par balle » aboutit à la mort de plus d'un million de personnes, avec la bénédiction de certains hauts-responsables de la Wehrmacht. Mais les exécutions ne vont pas assez vite au goût des nazis et la sauvagerie des massacres commence à « user » les bourreaux. Il faut trouver de nouveaux modes d'exécution, d'autant que le Führer a donné l'ordre à Himmler de procéder à l'éradication totale des juifs d'Europe.

La Solution finale

Le 20 janvier 1942, à la conférence de Wannsee, les représentants des ministères se réunissent autour de Reinhard Heydrich. En deux heures,

Le Ghetto de Varsovie

Le 12 octobre 1940, les nazis créent le ghetto de Varsovie, un gigantesque camp de concentration de 4 km² où s'entassent bientôt près de 500 000 personnes. La vie y est insupportable ; famine et épidémies font des milliers de victimes. En juillet 1942, les nazis commencent à déporter ses « habitants » vers le camp d'extermination de Treblinka. Révolte du désespoir, le 18 janvier 1943, quelques centaines de juifs désarmés se révoltent et résistent aux assauts allemands jusqu'au 16 mai.

on décide de mobiliser toutes les ressources nécessaires au traitement de la « question juive ». Seront créés en Pologne, 6 camps d'extermination, confiés aux SS : Sobibór, Chełmno, Belzec, Treblinka, Auschwitz-Birkenau et Majdanek. Les déportés, raflés dans toute l'Europe, sont acheminés vers les camps dans des convois de wagons à bestiaux. À l'arrivée, ceux qui ont survécu aux conditions de voyages inhumaines abandonnent leurs effets personnels. On sépare les hommes des femmes et des enfants. Dans les usines de mort de Treblinka, Sobibór, Belzec et Chelmno, les déportés sont envoyés vers des chambres à gaz, vastes pièces closes où l'on introduit du monoxyde de carbone ou du Zyklon B. Les corps sont ensuite incinérés dans des fours crématoires ou enterrés dans des fosses communes par les déportés des Sonderkommandos, ces quelques « privilégiés » qui survivent quelques mois pour faire fonctionner les camps. Auschwitz-Birkenau et Majdanek sont des camps « mixtes », à la fois centres d'extermination et camps de travail forcé. On effectue un tri parmi les déportés. Ceux jugés inaptes au travail sont gazés. Les autres s'entassent dans des baraquements et travaillent dans des usines situées à l'intérieur ou à proximité des camps. Soumis au sadisme de leurs gardiens, cobayes d'« expériences » scientifiques, les détenus mourront par centaines de milliers. Entre 1942 et 1945, près de 5 millions de juifs et 250 000 Tziganes seront ainsi assassinés dans les camps de la mort.

L'Europe et la France

Les nazis appliquent leurs plans d'extermination à toute l'Europe. Partout, avec ou sans le concours des autorités locales, les communautés juives sont traquées et déportées. Les nazis font même pression sur leurs alliés italiens ou hongrois pour les obliger à participer à leur politique. En France, les nazis s'appuient sur la Préfecture de police pour organiser, à partir de 1941, plusieurs rafles destinées à regrouper les juifs dans des camps d'internements à Pithiviers, à

Beaune-la Rolande (Loiret) et à Drancy. Les premiers convois partent pour Auschwitz en mars 1942. À l'été, un accord passé entre le secrétaire général de la police de Vichy, René Bousquet, et son homologue allemand débouche sur l'arrestation de tous les juifs étrangers. Ainsi, les 16 et 17 juillet, la rafle du Vel' d'Hiv permet l'arrestation et l'internement de 13 000 apatrides, bientôt rejoints à Drancy par les gens raflés en zone libre. Entre juillet et septembre 1942, 34 convois partent vers Auschwitz avec leurs sinistres cargaisons. Devant les réticences du gouvernement Laval à livrer les juifs français, les Allemands dénoncent l'accord de 1942. Aidés notamment par la Milice, ils pourchassent leurs proies sur l'ensemble du territoire et ce jusqu'après le débarquement en Normandie puisque le dernier convoi de déportés part le 15 août 1944. Au total, 77 convois emmènent vers la mort 76 000 personnes, dont seules 2 500 reviendront. En comptant les personnes exécutées et ou mortes dans les camps d'internement, près de 86 000 juifs de France seront victimes de la barbarie.

L'aktion T-4

En 1939, au nom de la pureté de la race, le régime met en place le programme « Aktion T4 ». Il s'agit d'euthanasier les personnes souffrant de handicaps lourds, de tares génétiques, de maladies mentales...

Sous la tutelle du gouvernement et des SS, des médecins établissent alors des listes de patients à exécuter. En 1941, l'indignation de la population et du clergé pousse l'État à mettre fin à l'Aktion T4. Pourtant, de décembre 1939 à 1945, environ 250 000 patients, seront assassinés.

La libération de la France (1944-1945)

Le 22 juin 1940, l'armistice de Rethondes consacre la victoire du Reich sur la France. Selon ses conventions, la France est divisée. Le nord du pays et la côte atlantique forment la zone occupée sous administration allemande. Au sud d'une « ligne de démarcation », la zone libre est gouvernée par le régime de Vichy, dont dépend également l'Empire colonial. L'Alsace et la Moselle sont annexées au Reich, le Pas-de-Calais et le Nord rattachés au commandement militaire de Bruxelles, et de la Somme à la Bourgogne, est établie une « zone interdite », dont sont exclus ceux qui l'avaient quittée lors de l'Exode. Le 11 novembre 1942, suite au débarquement allié en Afrique du Nord, les Allemands envahissent la zone libre et occupent tout le pays.

Entre 1940 et 1943, l'Empire colonial passe peu à peu dans le camp allié. Si l'Afrique-Équatoriale française rallie de Gaulle dès juillet 1940, il faut attendre mars 1943 et la défaite allemande en Tunisie pour que l'ensemble de l'Empire soit libéré. Le premier territoire métropolitain délivré est la Corse, qui s'est soulevée contre les Allemands au début de septembre 1943 et qui, avec l'aide d'un contingent de l'armée d'Afrique, est totalement libérée à la fin du mois. Prochain objectif, la Normandie. À la veille du débarquement, les forces d'occupation allemandes en France comptent près de 1,5 million d'hommes. Pour les affaiblir et empêcher l'industrie française de participer à l'effort de guerre nazi, depuis des mois, l'aviation alliée bombarde les nœuds de communications et d'autres objectifs stratégiques, faisant de nombreuses victimes parmi la population. Le 6 juin 1944, les Alliés débarquent en Normandie. Pendant 2 mois de combats sans merci, ils affrontent les Allemands dans le bocage normand. Il faut attendre début août pour que le front allemand soit percé et que les blindés alliés déferlent sur la Bretagne et la vallée de la Loire. Parallèlement, les Alliés ouvrent un second front. Le 15 août 1944, 94000 hommes, dont ceux de la 1re Armée française, débarquent sur les côtes de Provence. Rencontrant peu de résistance, ils progressent rapidement et, avec l'aide de la Résistance, libèrent Toulon, puis Marseille (28 août) avant de remonter vers le nord à la poursuite des Allemands en déroute.

« Tenez bon ! Nous arrivons ! »

Le 20 août 1944, les Alliés sont à 200 kilomètres de Paris où, depuis la veille, on se bat. Soutenue par la population, la Résistance a déclenché l'insurrection et occupe plusieurs points stratégiques de la ville. Face à elle, le général von Choltitz, ne peut s'appuyer que sur une maigre garnison, quelques milliers d'hommes et une vingtaine de chars. Pourtant Hitler lui a donné l'ordre de résister à tout prix, quitte à détruire la ville. Les Alliés sont divisés sur la marche à suivre. Le général Eisenhower veut contourner la ville pour éviter des combats et des destructions inutiles. Pour lui, Paris n'a qu'une faible importance stratégique et la prise de la ville risquerait de retarder l'avancée de ses troupes. De leur côté, de Gaulle et Leclerc veulent à tout prix libérer la ville et tentent de convaincre le chef des Alliés de l'intérêt symbolique de la capitale. Dans un Paris couvert de barricade, les combats font rage, mais les insurgés ne l'emporteront pas sans l'intervention des Alliés. Le spectre de Varsovie, insurgée et dévastée commence à hanter les esprits quand, le 22 août, Leclerc reçoit enfin l'ordre de foncer sur Paris. Le 24, épaulée par une division américaine, la 2e DB s'ébranle. Dans la soirée, après de durs combats livrés en banlieue, une avant-garde atteint l'Hôtel de Ville. Le lendemain, 25 août, le gros des forces de Leclerc entrent dans la cité et, en fin d'après-midi, le général reçoit la capitulation de von Choltitz à la gare Montparnasse.

La fin

Après la rupture du front de Normandie, les Alliés progressent sur 3 axes. À l'ouest, la 3e Armée de Patton finit de libérer la Bretagne

Les poches de résistance allemandes

Début 1945, le territoire français est entièrement libéré à l'exception de quelques poches de résistance allemande : Saint-Nazaire, Lorient, Royan et la Pointe de Grave, La Rochelle, Dunkerque, l'île de Ré et l'île d'Oléron. Ces poches, se sont constituées à partir des points les plus fortifiés du mur de l'Atlantique. Assiégées et sans cesse bombardées par les FFI, l'armée française et des unités alliées, les dernières troupes allemandes ne capitulent pourtant que le 10 mai 1945.

avec l'aide d'environ 30 000 résistants. La résistance allemande se concentre sur les ports : Brest est libéré le 18 septembre, mais les Allemands se retranchent dans les poches de Lorient et Saint-Nazaire qui ne tomberont qu'au printemps 1945. Au nord, après avoir franchi la Seine en août, les Anglo-canadiens avancent le long des côtes de la Manche, libérant Rouen, puis Le Havre, avant d'atteindre Lille le 3 septembre. Au sud-est, les forces venues de Provence remontent la vallée du Rhône sans rencontrer de résistance et font leur jonction avec celles de Normandie le 12 septembre, en Bourgogne. Parallèlement, le centre-ouest du pays, évacué par les Allemands qui veulent éviter de se trouver pris au piège par la jonction des deux fronts, se libère sans l'aide des Alliés. Les troupes allemandes se replient vers la frontière et, à la mi-septembre, elles n'occupent plus que les Vosges, l'Alsace et une partie de la Lorraine. La ville de Nancy est libérée le 15 septembre, mais il faut attendre le 20 novembre pour que les Américains prennent Metz. Dans les Vosges, une grande offensive est lancée le 14 novembre. Le Rhin est atteint le 19, Mulhouse libéré le 20 et Belfort le 25. Le 23 novembre, la 2e DB entre dans Strasbourg. Seule subsiste alors une poche de résistance autour de Colmar, réduite le 9 février 1945 après l'échec de l'ultime offensive allemande dans les Ardennes.

Le retour de la République

Si, en février 1945, le territoire national est entièrement libéré, de nouveaux défis attendent le gouvernement du général de Gaulle. Dans le sillage des armées alliées, de Gaulle installe une administration pour restaurer la continuité républicaine et se substituer à l'occupant et aux fonctionnaires de Vichy. De Gaulle agit ainsi pour éviter notamment que les Alliés ne placent le pays sous l'autorité de l'AMGOT (gouvernement militaire allié des territoires occupés), qui, à l'instar du Japon, aurait fait de la France une sorte de protectorat américain privé d'une partie de sa souveraineté. Les relations entre de Gaulle et les Alliés, en particulier les Américains, sont empreintes d'une méfiance réciproque. Roosevelt considère de Gaulle comme un dictateur en puissance et, à plusieurs reprises, il tente de battre en brèche son autorité en s'appuyant sur d'anciens partisans de Vichy, l'amiral Darlan puis le général Giraud. Finalement, l'action de de Gaulle place les Alliés devant le fait accompli et, en octobre 1944, ceux-ci reconnaissent la seule autorité du Gouvernement provisoire de la République française. Par ailleurs, le nouveau gouvernement s'oppose à certains mouvements de résistance, peu enclins à déposer les armes sans obtenir un rôle prépondérant dans les futures institutions du pays. En installant rapidement une administration légale, de Gaulle prévient tout risque de guerre civile, tout en limitant les débordements de l'épuration.

L'Indochine

Après la défaite de 1940, l'Indochine reste fidèle au gouvernement de Vichy, mais le Japon profite de la situation pour envoyer des troupes au Tonkin. En 1940-1941, soutenue par Tokyo, la Thaïlande envahit l'Indochine, contraignant la France à lui céder des territoires. En mars 1945, l'Armée impériale attaque les garnisons françaises, tuant plus de 3 000 hommes. Quand le Japon capitule, les Chinois et les Britanniques occupent la péninsule et Hô Chi Minh proclame l'indépendance du Viêtnam.

Une Europe fragilisée par les deux guerres mondiales

Au lendemain de la Seconde Guerre Mondiale, le monde, et surtout l'Europe, théâtre majeur des opérations, sont traumatisés, meurtris par les horreurs que l'homme a été capable de commettre. L'intensité de la guerre, sa durée (du 1er septembre 1939 au 2 septembre 1945), l'importance des pertes humaines, en font le conflit le plus tragique de l'histoire, et dont le souvenir est encore très présent aujourd'hui. Le monde qui émerge de ce conflit est radicalement différent, et répond désormais à de nouvelles règles, édictées par les grands vainqueurs de la guerre, le bloc occidental et les membres du Pacte de Varsovie unis derrière l'Union des Républiques Socialistes Soviétiques.

La Seconde Guerre Mondiale connaît une violence particulière, sur le champ de bataille, mais également à l'arrière, au cœur des villes, à l'encontre des populations civiles. Les bombardements stratégiques (destruction de ponts, de lignes de chemin de fer, de centres de ravitaillement...) ont fait près de 60 000 morts au Royaume-Uni. La Pologne, particulièrement touchée, a perdu près de 18 % de sa population. Les persécutions, les pillages, la maladie, la famine, sont aussi responsables de nombreuses pertes. Mais surtout, toute l'ampleur de la barbarie dont l'homme est capable a été mise à jour, entraînant la mort, dans les camps de concentration, de plus de 5 millions de Juifs, de 200 000 Tziganes et de milliers d'autres personnes (handicapés, homosexuels...). L'opération baptisée *Sankô sakusen* organisée par les Japonais en Chine en 1942, aurait entraîné la mort d'environ 2,7 millions de civils. La découverte de ces atrocités participe à l'idée du « Plus jamais ça ! ». Punir les coupables devient un devoir moral, traduit par l'instauration des tribunaux internationaux de Nuremberg et de Tokyo et à la création du chef d'accusation de « crime contre l'humanité ».

Dégâts humains et matériels

1945 marque l'avènement d'une nouvelle ère dans les relations internationales : celle de l'arme atomique. En effet, les 6 et 9 août 1945, les États-Unis du président Truman font l'essai d'un nouveau type d'arme, dont ils n'ont qu'une vague idée des effets possibles. La bombe A, lâchée sur les villes japonaises d'Hiroshima et Nagasaki, fait entrer le monde dans une diplomatie de la terreur. 130 000 personnes meurent en un instant, 200 000 autres des suites des radiations. L'arme atomique met fin à la guerre en Asie, mais très vite, le monde comprend que désormais, aucune région de la planète n'est sûre. Les dégâts matériels sont également considérables et ont des conséquences économiques durables. En URSS, 28 millions de personnes sont sans abri. En Pologne, 70 % des entreprises ont été détruites. Les pays d'Europe occidentale, ravagés par la guerre, doivent aussi faire face à une crise démographique importante. L'Europe manque de bras, le chômage est important, la croissance faible. La fin du second conflit mondial marque donc la fin de la suprématie européenne, qui devient pour une large part débitrice de son allié américain, par l'intermédiaire du Plan Marshall de 1947.

Le partage de l'Europe

L'Europe sort politiquement, économiquement et démographiquement fragilisée de la guerre. Afin de répondre à l'effort de guerre demandé, de nombreux pays se sont endettés auprès

Discours de Churchill à Fulton, 5 mars 1946

« De Stettin sur la Baltique à Trieste sur l'Adriatique, un rideau de fer s'est abattu sur le continent. Derrière cette ligne se trouvent toutes les capitales des anciens États d'Europe centrale et orientale. Varsovie, Berlin, Prague, Vienne, Budapest, Belgrade, Bucarest et Sofia ; toutes ces villes célèbres et leurs populations sont désormais dans ce que j'appellerais la sphère d'influence soviétique, et sont toutes soumises, sous une forme ou une autre, non seulement à l'influence soviétique mais aussi au contrôle très étendu et dans certains cas croissant de Moscou. »

des deux Grands. En 1945, on voit très nettement se distinguer, lors de la conférence de Yalta réunissant Staline, Roosevelt et Churchill, le nouveau visage du monde. Deux vainqueurs se profilent, deux idéologies, deux façons de voir le monde, deux blocs qui, alors alliés, ne tardent pas à oublier les leçons tirées de la guerre et à s'affronter sur d'autres fronts. En dépit des engagements solennels contenus dans la « Déclaration sur l'Europe libérée » adoptée à Yalta en février 1945 par Roosevelt, Staline et Churchill, qui prévoyait l'organisation d'« élections libres », le nouveau rapport de forces qui s'établit en Europe à la fin de la guerre découle en fait de l'avance respective des troupes alliées, anglo-saxonnes et françaises à l'Ouest, et soviétiques à l'Est. Dans tous les territoires libérés et occupés par l'Armée Rouge , l'URSS met en place des gouvernements provisoires s'appuyant sur les partis communistes et jette les bases de la satellisation et de la soviétisation de l'Europe de l'Est.

Rivalités et conflits internes

Aux divisions opposant vainqueurs et vaincus viennent s'ajouter des tensions entre Alliés occidentaux et soviétiques, et entre les Alliés occidentaux eux-mêmes (par exemple entre Français et Anglo-Saxons). Dans les pays qui ont été soumis pendant la guerre à l'occupation allemande, l'épuration qui frappe les anciens collaborateurs déchaîne des passions et divisent les partis politiques. En Grèce, communistes soutenus par l'URSS et royalistes soutenus par les Anglo-Saxons, s'affrontent dans une sanglante guerre civile. Les difficultés économiques affectent également pays vaincus et pays vainqueurs : endettement, inflation, problèmes de ravitaillement, pénurie de main d'œuvre, effondrement de la production. La guerre a mis en évidence les faiblesses et les divisions des puissances coloniales. Elle a réveillé les nationalismes indigènes qui contestent de plus en plus la tutelle des métropoles européennes (Royaume-Uni, France, Belgique, Pays-Bas) : troubles annonçant la partition en Inde ; émeutes de Sétif en Algérie ; déclarations d'indépendance en Indochine et en Indonésie. L'Europe sort donc également affaiblie dans son modèle, ce qui laisse prévoir l'anticolonialisme à venir.

Le plan Marshall mis en place en 1947

C'est tout autant la crainte de voir une Europe ruinée par la guerre cesser de s'approvisionner auprès de leurs entreprises, que la perspective de voir le communisme progresser sur le Vieux continent, qui incite les autorités américaines à proposer un plan d'assistance économique aux pays européens afin de les aider à financer leur reconstruction. Ce plan d'envergure, auquel le nom du secrétaire d'État George Marshall reste attaché, est à l'origine de la restauration économique de l'Europe : entre 1948 et 1952, plus de 12 500 millions de dollars sont consacrés au financement de ce plan.

La IVe République (1946-1958)

La France sort exsangue de la Seconde Guerre mondiale. En 1945, la production industrielle et la production agricole sont incapables de répondre aux besoins de la population ; les chemins de fer ont été dévastés par les bombardements et les sabotages ; certaines villes ont été quasiment rayées de la carte, comme Le Havre, détruit à près de 80 %. En juin 1944, dans le sillage du débarquement sur les plages de Normandie, le général de Gaulle revient en France avec l'intention d'imposer son autorité sur les territoires libres. Pour lui, la reconstruction passe par un pouvoir exécutif fort. Il ne sera pas entendu : la IVe République, qui naît en 1946, marque un retour à l'esprit de la IIIe République.

Le 3 juin 1944, le Comité français de libération nationale du général de Gaulle se transforme en Gouvernement provisoire de la République française (GPRF). Celui-ci se veut souverain, mais les Alliés ne le considèrent pas comme un interlocuteur politique légitime – les Américains ont prévu de mettre la France sous administration militaire. Une course contre la montre s'engage : de Gaulle fait des pieds et des mains pour recevoir le soutien du Conseil national de la Résistance et du Comité national de la libération de Paris. Fort de cet appui, le GPRF est finalement reconnu. La tâche est lourde : la France de la Libération penche vers l'anarchie, et les différends nés pendant l'Occupation tournent aux règlements de comptes. En 1944-1945, on dénombre 40 000 exécutions sommaires. Ce déchaînement de violence s'ajoute aux destructions causées par la guerre sur le sol national et aux pénuries diverses. Les cartes de rationnement alimentaire ont toujours cours – il en sera ainsi jusqu'en 1949. Les difficultés sont aggravées par une augmentation brutale de 50 % des prix et par la stagnation des salaires. Le pays entreprend de se reconstruire ; mais il lui faut pour cela une Constitution.

Une Constitution sans nouveautés

Repoussant l'éventualité d'une restauration de la IIIe République, le général de Gaulle souhaite un pouvoir exécutif fort. Il reçoit le soutien des socialistes et des communistes, mais la droite et les radicaux hésitent à se rallier. La question est tranchée par référendum en octobre 1945 : l'Assemblée devra soumettre son projet au peuple par un nouveau référendum. Les élections législatives donnent la victoire aux socialistes et aux communistes. Élu chef du gouvernement, de Gaulle se heurte à la majorité sur la question du partage des pouvoirs et présente sa démission le 20 janvier 1946. La Constitution de la IVe République est promulguée le 27 octobre, après plusieurs renvois au Parlement. Le texte va à l'encontre de l'esprit des institutions prôné par le général : le pouvoir législatif garde la main haute sur la politique du pays. Quant au président de la République, élu au suffrage universel, on lui laisse un rôle secondaire : il choisit le président du Conseil, mais celui-ci est soumis à l'investiture de l'Assemblée, qui a le droit de le révoquer. La IVe République ne connaîtra que deux présidents de la République : Vincent Auriol (1947-1954) et René Coty (1954-1959).

L'œuvre de la IVe République

La reconstruction est prise en main par l'État, qui multiplie en outre les mesures fiscales et les crédits incitatifs. Les secteurs

Les communistes exclus du gouvernement

En 1947, une vague de grèves soutenues par les syndicats ouvriers et le PCF paralyse le pays. À l'Assemblée, les communistes refusent de voter des crédits militaires pour l'Indochine. Les membres communistes du gouvernement Ramadier approuvent cette posture et sont exclus. Le PCF devient alors un parti d'opposition systématique obéissant aveuglément aux injonctions de l'Internationale communiste (Kominform). D'autant que la neutralité de la France, encastrée entre les deux blocs antagonistes, vole en éclats le 4 avril 1949 avec son entrée dans l'Organisation du traité de l'Atlantique nord (Otan).

stratégiques de l'économie sont nationalisés : énergie, transports, assurances, Banque de France et banques de dépôt. La planification gouvernementale, lancée en 1946 par Jean Monnet, affecte d'importants fonds publics aux productions de base (charbon, électricité, ciment, machines agricoles, transports et acier). Elle est financée par des remises de dette accordées par les États-Unis et le plan Marshall, qui draine vers le pays plus de 2,6 milliards de dollars. Les gouvernements d'Edgar Faure puis d'Antoine Pinay impriment en 1952 une nouvelle orientation : plus libéraux, ils incitent les investisseurs privés à prendre part à l'effort de reconstruction. Sous la IVe République, la politique sociale connaît des avancées. Le préambule de la Constitution pose les bases de l'État-providence en énonçant « l'obligation d'assistance de la collectivité aux individus ». En 1945, la Sécurité sociale, financée par les cotisations des salariés et des employeurs, est créée. Le 11 février 1950 est votée la création d'un salaire minimum interprofessionnel garanti (Smig).

Le pouvoir écrasant des partis

La guerre froide exacerbe les tensions ; la versatilité des partis produit une grande instabilité ministérielle. C'est dans ce contexte que le socialiste Pierre Mendès France est investi par l'Assemblée en juin 1954. Ancien des FFL, ministre dans le GPRF en 1945, il dispose d'une assise politique confortable. Il conçoit son action comme un contrat avec la Nation et mène une politique volontaire et transparente. Opposé à la guerre d'Indochine, il signe le 20 juillet 1954 les accords de Genève mettant fin au conflit ; les crédits libérés par le désengagement du contingent profitent à la reconstruction de la France. Cependant, il est la cible d'attaques de l'extrême droite, qui l'accuse de « brader les colonies ». Les troubles de novembre 1954 en Algérie jettent de l'huile sur le feu. Le sort de cette terre de longue date assimilée à la République déchaîne les passions et crée un blocage institutionnel. Le gouvernement Mendès France n'y survit pas, ni aucun gouvernement ultérieur... Le 4 février 1955, Mendès est désavoué par une coalition de communistes (PCF) et de démocrates-chrétiens du Mouvement républicain populaire (MRP). Le 29 mai 1958, le président René Coty fait appel au général de Gaulle.

La fondation de l'Europe communautaire

En 1950, Jean Monnet, commissaire général au plan, suggère à Robert Schuman, ministre des Affaires étrangères, la mise en commun des productions de matières premières françaises et allemandes. Le 18 avril 1951 naît la Communauté européenne du charbon et de l'acier (CECA). Elle lie la France et l'Allemagne, bientôt rejointes par l'Italie, la Belgique, les Pays-Bas et le Luxembourg. Le volet militaire reçoit un accueil plus mitigé : la question de l'intégration de l'Allemagne à la Communauté européenne de défense (CED), qui implique son réarmement, déchire l'Assemblée. Le texte est rejeté en 1954.

La guerre d'Indochine (1945-1954)

Envahie par le Japon en 1940, l'Indochine française, regroupant la Cochinchine, le Tonkin, l'Annam, le Cambodge, le Laos et le Kouang-tcheou-wan, est nettoyée de toute présence administrative coloniale en mars 1945. La Seconde Guerre mondiale terminée, la France entend rétablir son autorité sur sa colonie. Si le Laos et le Cambodge parviennent à faire reconnaître leur souveraineté après le retrait des troupes japonaises, le Viêt Nam (Tonkin, Annam et Cochinchine) représente un enjeu économique et stratégique tout autre. Le 2 septembre 1945, Hô Chi Minh proclame l'indépendance du Viêt Nam à Hanoi. La guerre d'Indochine, première guerre de décolonisation, annonce déjà la guerre froide.

La lutte contre l'occupant japonais a permis l'émergence de personnalités publiques tel Hô Chi Minh, leader communiste vietnamien et créateur d'un mouvement indépendantiste, le Viêt-minh. En France, les partis politiques d'après-guerre privilégient la négociation. Mais la conférence de Fontainebleau, du 6 juillet au 12 septembre 1946, débouche sur une impasse. L'idée d'une Fédération indochinoise intégrée à une Union française calquée sur le Commonwealth britannique se heurte à la désapprobation du Viêt-minh. Le 23 novembre 1946, des navires de guerre français bombardent Haiphong. Hô Chi Minh prend le maquis. En juin 1948, par le traité de la Baie d'Halong, l'empereur Bao Dai est reconnu chef de l'État du Viêt Nam unifié. Pour le Viêt-minh, ce geste sonne comme une déclaration de guerre. Il peut compter sur l'aide de la Chine de Mao, qui lui fournit armes et munitions. Les États-Unis, soucieux d'endiguer la contagion communiste, apportent un soutien matériel à la France. Dès le début des affrontements, le corps expéditionnaire français est en difficulté ; la végétation dense et hostile aux moyens mécanisés est en revanche favorable aux déplacements et à la dissimulation des fantassins.

Combattre en milieu hostile

Les opérations sont une succession de revers et de succès mitigés. Du 1er au 13 octobre 1950, les combats pour la possession de la RC 4 (route coloniale 4) ont pour objectif de couper les liaisons logistiques avec la Chine. L'échec des troupes françaises marque un tournant dans la guerre : le corps expéditionnaire perd sa réputation d'invincibilité et laisse le contrôle du nord du pays aux communistes. En 1950 est mise sur pied une armée nationale vietnamienne placée sous l'autorité de Bao Dai. Ces hommes combattront jusqu'en 1954 au sein des forces de l'Union française. Du 3 au 10 octobre 1951, les troupes du général Salan enregistrent une nette victoire sur celles du général Giap à Nghia Lo, au Tonkin. Encouragé par ce succès, l'état-major français met au point une stratégie pour fixer les forces adverses : créer en plein territoire ennemi des enclaves fortifiées, armées d'une artillerie importante et ravitaillées par voie aérienne. À Na San, du 23 novembre au 2 décembre 1952, ce dispositif fait la preuve de son efficacité : les divisions Viêt-minh ne parviennent pas à franchir les lignes de défense françaises grâce à un appui aérien sans faille. Giap s'en souviendra le moment venu.

La cuvette de Diên Biên Phu

Des opérations aéroportées au succès variable sont menées en 1953 pour réduire les capacités logistiques ou fixer les forces viêt-minh : l'opération Hirondelle contre les dépôts de ravitaillement

Le sort des prisonniers de guerre français

Pendant toute la durée de la guerre, le Viêt-minh fait de nombreux prisonniers. La plupart des militaires sont envoyés vers des camps d'internement situés dans les régions sous contrôle communiste, où ils sont victimes de tortures et doivent supporter des conditions d'hygiène déplorables. Sur les 22 000 captifs, environ 40 % seront déclarés morts (4 000 seront certifiés) ou disparus. Certains prisonniers font l'objet d'une tentative de « rééducation » marxiste menée par des commissaires politiques vietnamiens mais également par des communistes étrangers, dont le Français Georges Boudarel.

de Lang Son en juillet 1953 ; l'opération Brochet contre les régiments Viêt-minh autour du delta du fleuve Rouge d'août à octobre 1953 ; l'opération Mouette, au sud du même delta, pour anéantir la division du général Giap, d'octobre à novembre 1953. Le tournant décisif se produit à Diên Biên Phu, un poste avancé en pays thaï à la frontière laotienne. Le 20 novembre 1953 est lancée l'opération Castor. Son objectif est de rééditer le tour de force de Na San : établir un camp fortifié à Diên Biên Phu pour attirer les forces communistes. Mais le général Giap a eu le temps de méditer sur sa défaite à Na San un an plus tôt. Il fait démonter morceau par morceau de puissantes pièces d'artillerie et les fait transporter sur les hauteurs dominant le camp. En avril 1954, plus de 12 000 soldats français sont prisonniers de la cuvette de Diên Biên Phu. L'aviation française, dépassée par l'ampleur de la logistique, est harcelée par l'artillerie antiaérienne. La reddition de la garnison intervient le 7 mai.

Vers un règlement du conflit

Diên Biên Phu a rehaussé le prestige du Viêt-minh. Les Vietnamiens enrôlés dans l'armée nationale désertent peu à peu pour rejoindre le camp des partisans de l'indépendance. Les soutiens de la France s'amenuisent de jour en jour. En métropole, la nouvelle du désastre produit l'effet d'un électrochoc. La défaite, si préoccupante et humiliante soit-elle, n'est pas définitive. Mais l'opinion française ne veut plus de cette guerre coûteuse en vies humaines : 2 293 soldats français sont morts à Diên Biên Phu, et 11 721 autres sont en captivité – seuls 3 290 reverront la France. Le bilan depuis le début des combats s'élève à 75 581 morts et 64 127 blessés. Le 18 juin, le gouvernement Mendès France est investi par l'Assemblée nationale. Conscient de l'impopularité du conflit, le président du Conseil signe le 21 juillet 1954 les accords de Genève. Près de 68 ans après sa constitution, en 1887, l'Indochine française a cessé d'exister. Le Viêt Nam est coupé en deux États souverains par le 17e parallèle, avec la « République démocratique » communiste au nord, la « République du Viêt Nam » pro-occidentale au sud. Le 21 juillet 1956, les derniers soldats français quittent le Viêt Nam du Sud.

Le démembrement de l'empire colonial français

Fin 1944, lors de la conférence de Brazzaville, le général de Gaulle affiche sa volonté de mener une politique d'assimilation plus favorable aux colonies. Le maintien de la domination française en 1945 provoque les premières tensions (émeutes civiles de Sétif en Algérie). L'issue de la guerre d'Indochine pousse la France à un règlement pacifique de la question coloniale. La Tunisie et le Maroc acquièrent leur indépendance en 1956, suivis des territoires d'Afrique noire et de Madagascar en 1960. Ces pays gardent des liens politiques, économiques et culturels privilégiés avec leur ancienne métropole.

La guerre d'Algérie (1954-1962)

Dans la nuit du 31 octobre au 1er novembre 1954, l'Algérie connaît une vague d'attentats, de sabotages et d'attaques contre des bâtiments civils et militaires. Ce que l'administration coloniale considère sur le moment comme des mouvements de révolte isolés est en réalité une opération planifiée de longue date par le Front de libération nationale (FLN) algérien. Du 20 au 31 août 1955, l'attaque par le FLN des foyers peuplés d'Européens de la région de Constantine fait 123 morts. La rupture est consommée. C'est le début d'un conflit de sept années qui va fortement ébranler la IVe République et permettre à l'Algérie, l'une des plus anciennes colonies françaises, d'acquérir son indépendance.

Le FLN revendique publiquement la responsabilité des attaques. Ce groupe a été fondé par d'anciens membres du Parti du peuple algérien, jugé responsable des manifestations de Sétif en 1945. Il lance à ses compatriotes un appel au soulèvement et annonce qu'il ne déposera les armes qu'une fois l'indépendance obtenue. Toutes les tentatives de conciliation du gouvernement Mendès France échouent ; le 25 mars 1955, l'état d'urgence est proclamé. L'Armée de libération nationale (ALN), branche armée du FLN, mène des opérations de guerre contre les villes côtières du Nord. L'armée française intervient en force, rappelant 60 000 réservistes et envoyant pour la première fois des appelés du contingent. Dans certaines régions occupées par les rebelles, des zones sont entièrement vidées de leur population. En 1956, des attentats touchent le cœur d'Alger. En réaction, le général Massu y mène à partir de janvier 1957 la « bataille d'Alger », vaste entreprise d'éradication des terroristes. Les méthodes employées choquent l'opinion publique française : interrogatoires musclés, torture, disparitions inexpliquées. Dans le reste de l'Algérie, les troupes commandées par le général Salan imposent leur loi.

La IVe République ébranlée

Si sur place la situation militaire semble sous contrôle, à Paris les partis se déchirent sur la conduite à adopter. La IVe République, sclérosée par la lourdeur de ses institutions, s'enfonce dans la crise. L'opinion publique gronde à l'intérieur comme à l'extérieur : la cause algérienne est portée par le FLN sur la scène internationale, et l'ONU et les États-Unis pressent la France de trouver une solution pacifique. Les Européens d'Alger ne l'entendent pas de cette oreille : le 13 mai 1958, le putsch d'Alger des généraux Salan, Jouhaut, Massu et du sous-lieutenant Lagaillarde instaure l'autorité d'un « Comité de salut public et militaire » avec le soutien de la population. Les putschistes réclament le retour du général de Gaulle. Le président de la République René Coty cède et appelle ce dernier à la présidence du Conseil le 1er juin. Mais le général, une fois la Constitution de la Ve République adoptée, entame un revirement en septembre 1959 en se déclarant favorable à l'autodétermination. Il souhaite la mise en place d'un gouvernement autonome algérien associé à la France, qui garderait ses prérogatives sur l'économie, l'enseignement, la défense et la diplomatie.

OAS et FLN terrorisent l'Algérie

Les pieds-noirs, ces Français établis sur le sol algérien pour certains depuis plusieurs générations, empruntent la voie de la violence. Du 24 janvier au 1er février 1960, la population algéroise

L'affaire des « porteurs de valise »

Une minorité de Français apportent leur soutien au FLN en métropole. Le réseau Jeanson, du nom de son chef, regroupe de jeunes militants communistes et des déserteurs acquis à la cause algérienne. Ce sont les « porteurs de valise », soupçonnés de transporter des colis piégés. Le 5 septembre 1960, 80 d'entre eux sont jugés. Les accusés reçoivent le soutien d'intellectuels – dont Jean-Paul Sartre –, d'artistes, journalistes, juristes qui dans leur « Manifeste des 121 » soutiennent le droit à l'insoumission ; ils sont condamnés à des peines exemplaires – 10 ans d'emprisonnement pour Francis Jeanson.

manifeste violemment son mécontentement face au rappel en métropole du général Massu ; c'est la « semaine des barricades ». En janvier 1961, un référendum pose la question de l'autodétermination. Une majorité écrasante des suffrages se portent sur le « oui » : 75,25 % en France et 69,09 % en Algérie. En réaction est créée le 20 février l'Organisation armée secrète (OAS), qui fédère les activistes hostiles à l'indépendance et sème la terreur en Algérie comme en métropole : attentats, violences contre les musulmans, attaques de banque. Un putsch militaire visant à empêcher l'autodétermination et conduit par les généraux Challe, Jouhaud, Zeller et Salan échoue en avril 1961. Le FLN poursuit la même logique terroriste que l'OAS. Il est soutenu en France par des militants anarchistes et communistes, tels le réseau Jeanson et ses « porteurs de valise ». Le 17 octobre 1961, à Paris, une manifestation pro-FLN tourne au massacre ; en février 1962, une autre, près de la station Charonne, fait 9 victimes.

Le cessez-le-feu et l'exode des pieds-noirs

Les négociations entamées deux ans plus tôt entre le gouvernement français et le Gouvernement provisoire de la République algérienne (GPRA), affilié au FLN, portent leurs fruits. Le 18 mars 1962, les accords d'Évian sont signés. L'Algérie accède à l'indépendance. Les prisonniers de guerre sont libérés de part et d'autre, et l'amnistie décrétée. À la déclaration du cessez-le-feu, le 19 mars, succède un exode : les pieds-noirs, craignant la répression des nouveaux maîtres de l'Algérie – malgré les garanties obtenues par le gouvernement –, quittent leur pays pour rejoindre la métropole, préférant, selon la formule populaire de l'époque, « la valise au cercueil ». L'OAS rejette les termes de la paix et se lance dans une campagne d'assassinats de musulmans. Le 26 mars, pendant une manifestation organisée par l'OAS rue d'Isly, à Alger, une fusillade éclate et fait 80 victimes. Le 1er juillet 1962, les Algériens approuvent massivement l'indépendance et se livrent à des représailles contre les Européens (massacre d'Oran le 5 juillet). Entre 1954 et 1962, la guerre a coûté la vie à 24 614 militaires français et à 250 000 civils, dont 2 788 Européens. Les insurgés ont perdu près de 150 000 combattants.

Le sort tragique des harkis

En mars 1962, l'armée française compte dans ses rangs 263 000 harkis. Ces auxiliaires musulmans sont les grands oubliés des accords d'Évian, qui ne prévoient aucune disposition particulière pour les protéger. Au moment de l'évacuation de l'Algérie, les autorités interdisent aux harkis de quitter le pays, arguant que la priorité appartient aux Européens ; 91 000 d'entre eux parviendront à rejoindre la France entre 1962 et 1968. Les autres seront massacrés par le FLN. Les historiens s'accordent aujourd'hui sur un nombre de victimes compris entre 60 000 et 70 000 morts.

Les guerres de décolonisation

La fin de la Seconde Guerre Mondiale marque aussi la fin de l'hégémonie européenne dans les relations internationales. L'avènement des deux super-puissances que sont les États-Unis et l'URSS, sonne le glas d'empires coloniaux désués. L'idéologie nouvelle, fondée sur la liberté des peuples et les volontés d'indépendances des colonies, pousse les puissances européennes à renoncer, malgré elles, à leurs territoires ultramarins. Ainsi, le Royaume-Uni est le premier pays à entamer sa politique de décolonisation, bientôt suivi par la France et les autres puissances européennes. Tantôt pacifique, tantôt violente, la décolonisation est l'un des phénomènes majeurs de l'histoire du XXe siècle.

Dès 1920, des mouvements indépendantistes se font entendre dans les colonies. En Égypte, le parti nationaliste, le Wafd, triomphe lors des élections de 1924 ; il accède ainsi au pouvoir et incite les Britanniques à négocier l'évacuation de leurs troupes du pays. D'autres actions jettent les bases d'une future indépendance et ont un retentissement mondial qui favorise la prise de conscience du problème par l'opinion internationale, comme les campagnes menées en Inde dans les années trente par Gandhi sous le signe de la non-violence. De nombreux partis se créent : dans les Indes néerlandaises, le Parti nationaliste indonésien (PNI), fondé par Sukarno en 1927 ; en Tunisie, le Néo-Destour, par Habib Bourguiba en 1934 ; en Algérie, l'Étoile nord-africaine (1926), puis le parti du Peuple algérien (1936), par Messali Hadj. Dans le même temps, l'essor du communisme dans les colonies entraîne la fondation de nombreux partis, tel celui du Viêt Nam par Hô Chí Minh en 1930. Des révoltes se font jour, principalement dans l'empire colonial français, notamment au Liban où les Druzes se soulèvent en 1925, en Indochine (1931) et surtout au Maroc (guerre du Rif, de 1925 à 1926 contre les Français).

Le choc de la Seconde Guerre Mondiale

La défaite de la France, en 1940, face à l'Allemagne nazie, et surtout les premières victoires du Japon (1941-1942), qui occupe les colonies françaises (Indochine), britanniques (Singapour, Malaisie, Birmanie), néerlandaises (Indonésie) et américaines (Philippines), portent, en affaiblissant les puissances coloniales, un coup décisif à leur prestige. Ainsi, jusqu'en 1944, la France libre a pour principale assise territoriale l'Afrique-Occidentale française et l'Afrique-Équatoriale française et, après le débarquement allié en Afrique du Nord (1942), l'Algérie, le Maroc et la

Tunisie. Les métropoles font largement appel au potentiel humain et économique pour mener leur combat contre les puissances de l'Axe. Enfin, la propagande des Alliés contre l'hitlérisme qui remet en cause la notion de supériorité de la race blanche, ainsi que la mise en avant du principe des droits des peuples à disposer d'eux-mêmes, principes inscrits dans la charte de l'Atlantique (1941) à l'instigation des Américains, puis dans celle des Nations unies (1945), favorisent l'essor des mouvements indépendantistes. Ainsi, dès 1945, la décolonisation apparaît comme un des problèmes majeurs de l'après-guerre.

La décolonisation pacifique

La Grande-Bretagne s'engage dans la voie d'une décolonisation globale : en Asie, ce sont successivement l'Inde et le Pakistan

Abbas, « Manifeste du peuple algérien »

Ferhat Abbas profite de la situation politique de 1943 pour publier un Manifeste du peuple algérien le 10 février 1943, signé par 28 personnalités musulmanes. Celui-ci s'appuie sur les déclarations de Roosevelt en faveur du respect des droits de tous les peuples au lendemain de la guerre, notamment dans la charte de l'Atlantique (1941), pour réclamer la participation des Algériens aux décisions et aux institutions de leur pays. Ferhat Abbas n'évoque pas la formation d'une république algérienne indépendante, mais il influence l'opinion à l'heure où l'indépendantisme prend de l'ampleur.

en 1947, le Sri Lanka et la Birmanie en 1948 qui accèdent à l'indépendance. Les Britanniques se désengagent de Palestine en 1948 et de Chypre en 1960, puis de Malte (1964) perdant ainsi le contrôle de la région méditerranéenne. Le Ghana (1957), le Soudan anglo-égyptien (1956), le Nigeria (1960), la Sierra Leone et le Tanganyika (actuelle Tanzanie) (1961) accèdent également à l'indépendance. La France parvient aussi à réussir une décolonisation pacifique dans certains cas : en Afrique Noire, l'Union Française de 1946 et la présence d'une élite noire francophone, qui cherche à maintenir des liens avec la métropole facilite le processus. C'est le cas en Côte d'Ivoire, grâce à Houphouët-Boigny. La décolonisation espagnol est aussi pacifique : entre 1968 et 1976, l'Espagne rétrocède l'enclave d'Ifni au Maroc, tandis que les anciens territoire du Río Muni et de Fernando Poo deviennent indépendants en 1968 sous le nom de Guinée équatoriale. De son empire jadis si vaste, l'Espagne ne conserve alors plus que les présides de Ceuta et de Melilla ainsi que les Canaries.

La décolonisation violente

La Grande-Bretagne est aussi confrontée à des émeutes et des soulèvements. En Rhodésie du Sud (actuel Zimbabwe), la minorité blanche décrète en 1965 l'indépendance sur la base d'un régime raciste et d'apartheid similaire à celui de l'Afrique du Sud. Mais c'est surtout la France qui connaît un problème colonial important. Ainsi, le conflit d'Indochine se déroule en grande partie dans un contexte de guerre froide lié au mouvement nationaliste, aux communistes dirigés par Hô Chí Minh et à la proximité de la Chine de Mao Zedong. Huit années de guerre (1946-1954) et le désastre de Diên Biên Phu (mai 1954) sont nécessaires pour que la France signe les accords de Genève le 20 juillet 1954, accorde l'indépendance au Viêt Nam ainsi qu'au Laos et au Cambodge, et se retire de cette région du monde. Enfin, en Algérie, la France s'engage dans l'une des plus longues guerres de la décolonisation (1954-1962) contre le FLN, en raison de la présence d'une forte minorité de colons. La France ne peut se maintenir en Algérie ; le général de Gaulle accorde l'indépendance au territoire, lors des accords d'Évian, signés le 18 mars 1962, mettant fin à cent trente années de présence française.

Defferre et la loi-cadre

Le 21 mars 1956, Gaston Defferre, ministre de la France d'outre-mer, défend son projet de loi-cadre devant l'Assemblée nationale. Le texte est voté le 23 mars, mais alors que le gouvernement Mollet s'embourbe dans la guerre d'Algérie, l'argumentaire de Defferre en faveur de l'émancipation contractuelle et progressive des territoires noirs africains heurte pourtant deux tendances de l'opinion : les colonialistes, qui jugent son projet trop libérateur, et les anticolonialistes, horrifiés par le gâchis nord-africain et vietnamien, qui le trouvent trop timide et néocolonialiste.

La guerre de l'espace : les ambitions spatiales françaises

Les activités spatiales débutent dans les années 1950 et 1960, au sein d'un climat de compétition entretenu par la guerre froide : les deux superpuissances font de l'espace un domaine technologique dans lequel elles s'efforcent d'afficher leur supériorité. Le lancement du premier Spoutnik en 1957 et le vol de Gagarine en 1961, d'une part, le pari réussi du président Kennedy en 1969 d'envoyer des Américains sur la Lune avant 1970, d'autre part, ont illustré cette volonté de reconnaissance internationale. L'espace est perçu, de la même manière que l'énergie nucléaire, comme une ressource décisive pour l'indépendance du pays dans les domaines à la fois civil et militaire.

Les crises des deux dernières décennies, dans le Golfe et en Afghanistan, ont montré le rôle essentiel que jouent les moyens spatiaux. La maîtrise de l'espace, de ses techniques et des façons d'y accéder est désormais capitale pour participer au débat public sur les questions de sécurité et de défense. Le statut de puissance spatiale devient aussi indispensable que celui de puissance nucléaire. Les principaux facteurs de crises, de risques et de menaces perdurent depuis la fin du monde bipolaire. La problématique démographique représente un moteur de transformation majeur. L'accélération des mutations Sud-Nord, mais aussi Sud-Sud, provoque des tensions et des importations de conflits entre des communautés déplacées ou immigrées. Les nations européennes ont pris, depuis 1995, la mesure de l'effort spatial militaire qu'elles doivent fournir pour rester dans la course. Le Livre blanc sur l'espace adopté à Bruxelles en 2003 stipule : « *L'Europe a besoin d'une politique spatiale permettant d'exploiter les bénéfices particuliers associés aux technologies spatiales.* » La France, pays européen précurseur dans le domaine spatial, a très tôt développé ces technologies.

La politique spatiale française

Le 19 décembre 1961, le gouvernement crée le Centre national d'études spatiales (Cnes). Il faut cependant attendre le 14 avril 1964 pour qu'un arrêté ministériel décide de la construction d'une nouvelle base spatiale à Kourou, en Guyane française. Le 26 novembre 1965, la France accède au 3e rang des puissances spatiales grâce au lancement de la fusée Diamant depuis le pas de tir d'Hammaguir, dans le Sahara algérien. La même année, le Cnes s'installe à Kourou. En 1968, la fusée-sonde Véronique (issue de la fusée allemande V2) est opérationnelle. La mise en commun de moyens financiers, grâce à la création de l'Agence spatiale européenne, en 1975, permet le développement du projet Ariane. Plusieurs versions de la fusée verront le jour : Ariane 1, le 24 décembre 1979 ; Ariane 3, le 4 août 1984 ; Ariane 4, le 15 juin 1988 ; Ariane 5, le 4 juin 1996. Le 23 septembre 1997, la base spatiale de Kourou fête le 100e lancement d'Ariane, avant d'affréter, le 10 décembre 1999, le premier vol commercial d'Ariane 5. Dans le domaine militaire, les moyens spatiaux prennent des fonctions stratégiques de prévention, de projection, de protection et de dissuasion.

Le système français de défense spatiale

Pour la France, la maîtrise de l'espace a des avantages. C'est un facteur de puissance, garantie d'une autonomie stratégique. C'est ensuite un facteur d'anticipation, grâce auquel il est possible de gérer et d'évaluer les crises. Il peut servir également en

L'industrie spatiale

Le chiffre d'affaires (CA) de l'industrie spatiale européenne a été de 4,4 Md € en 2005, dont 1,5 Md € pour les télécommunications, 1,1 Md € pour les lanceurs, 0,2 Md € pour la navigation et 1,1 Md € pour l'observation. Premier contributeur institutionnel en Europe, la France joue ici un rôle clé, avec 39 % des emplois et la maîtrise des compétences technologiques. Le secteur spatial européen s'articule autour de deux grands pôles : le franco-italien Thales Alenia Space (6 500 employés, 1,5 Md € de CA en 2005), et l'européen EADS Astrium (6 200 personnes, 1,6 Md € de CA en 2005).

tant qu'appui au renseignement, aux opérations, aux manœuvres et à la protection. C'est enfin un facteur de cohésion avec les politiques de défense des autres États européens, des moyens spatiaux communs de télécommunication et d'observation de la Terre étant déjà mis en place. En France, le système Syracuse, initié dès 1985, permet d'assurer l'ensemble des communications militaires entre la métropole et les unités déployées sur les théâtres d'opérations et contribue aux communications entre les unités. Trois versions se sont succédé pour répondre aux besoins des armées : Syracuse I, avec sa constellation de trois satellites Telecom 1, arrivé à son terme normal de vie en 1994 ; Syracuse II, basé sur une constellation de quatre satellites Telecom 2, et encore opérationnel aujourd'hui ; le programme Syracuse III, lancé en novembre 2000, et qui comporte deux satellites de grande capacité protégés contre le brouillage.

Le système spatial de navigation

La radionavigation par satellite revêt depuis le début des années 1990 une importance stratégique croissante dans les domaines civil et militaire. Son emploi militaire s'est généralisé à l'ensemble des systèmes d'armes (avions, navires, véhicules terrestres, armes de précision). Lorsque le GPS est déclaré opérationnel dans l'US Air Force, en 1994, il offre une couverture mondiale. Dans le cadre d'un accord multilatéral, les forces armées de 46 pays utilisent le signal GPS crypté, et le GPS est le moyen officiel de radionavigation de l'Otan. La France fait partie des pays utilisateurs avec, en outre, la capacité de fabriquer sur son territoire des récepteurs GPS militaires dont les puces cryptologiques sont acquises aux États-Unis, ce qui confère au pays une compétence technique qui accroît son indépendance dans ce domaine. Du côté de la surveillance de l'espace, la France dispose du démonstrateur radar Graves, capteur automatique de veille satellitaire. Il gère un catalogue regroupant les satellites évoluant entre 400 et 1 000 km d'altitude et ayant une inclinaison de 35° à 145°, permettant à la fois la navigation, la localisation, la synchronisation et la surveillance de l'espace.

L'Agence spatiale européenne

L'ASE (ou ESA) est une organisation indépendante en relation étroite avec l'Union européenne. En 2006, elle réunissait 17 membres européens, auxquels s'ajoute le Canada en tant qu'État coopérant. En 2006, son budget s'élevait à 2,8 Md €. Elle emploie 1 900 personnes, et son siège est à Paris. L'ASE et l'Union européenne ont jeté les bases d'une politique spatiale entrée en vigueur en 2004 et répondant à trois objectifs : développer les activités spatiales en Europe, accroître les connaissances scientifiques et faire bénéficier les marchés des applications dérivées de l'utilisation de l'espace.

La Ve République (de 1959 à aujourd'hui)

En 1958, la IVe République se trouve confrontée à la pire crise de sa jeune histoire. Les remous de l'insurrection algérienne atteignent Paris et placent le gouvernement dans une situation inextricable. Le 13 mai 1958, à Alger, les généraux Massu et Salan forment un Comité de salut public et en appellent au général de Gaulle, retiré de la vie politique depuis 1953. Les partis sont divisés sur la question algérienne ; la France est devenue ingouvernable. Au pied du mur, le président de la République René Coty demande à l'« homme de juin 1940 » de former un gouvernement de crise. Une fois la question algérienne réglée, de Gaulle va promulguer une nouvelle Constitution, celle de la Ve République.

La nouvelle Constitution est massivement approuvée (79,26 %) par référendum le 28 septembre 1958. Le président de la République tient les rênes de l'exécutif. Élu pour sept ans par un collège de 80 000 grands électeurs – le suffrage universel fera l'objet d'un nouveau référendum le 28 octobre 1962 –, il nomme le Premier ministre, issu de la majorité élue au suffrage universel. Il peut dissoudre l'Assemblée nationale, décider de consulter le peuple par référendum et s'arroger les pleins pouvoirs en cas de menace exceptionnelle. L'Assemblée vote les lois et peut obtenir la démission du gouvernement en faisant adopter (à la majorité absolue) des motions de censure. Une seule motion de censure a été votée depuis 1958, contre le gouvernement Pompidou, le 5 octobre 1962. Le gouvernement peut quant à lui poser la « question de confiance » à l'Assemblée afin de s'assurer du soutien de la majorité. Le 19 mars 1962, au terme d'une guerre qui a divisé la France, le cessez-le-feu est proclamé en Algérie. La guerre terminée, beaucoup souhaiteraient voir le général de Gaulle se retirer de la vie politique. Mais, à l'Assemblée, les gaullistes disposent d'une majorité encore confortable.

La France du général de Gaulle

Lors des élections de 1965, de Gaulle est abandonné par le centre droit, qui reporte ses voix sur la candidature de Jean Lecanuet. Le socialiste François Mitterrand, qui qualifie la pratique du pouvoir gaulliste de « coup d'État permanent », en profite. Le général est réélu avec « seulement » 55 % des voix. Il va consacrer son second mandat à rétablir la grandeur de la France dans le monde. Il prend ses distances avec les États-Unis et le Royaume-Uni et reconnaît en 1964 la Chine communiste. Ayant doté la France de l'arme atomique, il lui fait quitter l'Otan. Il rétablit le dialogue avec l'Allemagne et lance de grands programmes d'innovation, tels le Concorde et le paquebot France. La fin de la décennie est celle de la contestation populaire. Les émeutes étudiantes de mai 1968 portent un coup à l'autorité du vieux général, qui refuse néanmoins de se retirer. Profitant d'un référendum sur la décentralisation, il met sa démission dans la balance. Le 27 avril 1969, le « non » l'emporte à 53,18 %. De Gaulle démissionne et se retire à Colombey-les-Deux-Églises, où il meurt le 9 novembre 1970. Son successeur n'est autre que son ancien Premier ministre, Georges Pompidou, élu le 15 juin 1969.

Le lourd héritage gaulliste

Le début des années 1970 est le temps de la construction européenne et de l'accomplissement de grands programmes dans l'industrie de pointe : la fusée Ariane et Airbus. La mort de

Les causes de Mai 68

En 1968, les groupes anarchistes et trotskistes, abreuvés des récits du révolutionnaire Che Guevara, prospèrent dans le milieu étudiant. La jeunesse rejette la société de consommation, l'asservissement et les inégalités. Au début du mois de mars, des étudiants manifestant contre la guerre au Viêt Nam sont arrêtés. En représailles, les locaux de l'université de Nanterre sont occupés. Le 3 mai, une manifestation de soutien est évacuée par les forces de l'ordre. Dans la nuit du 11 au 12 mai 1968, des barricades sont édifiées dans le Quartier latin. Les affrontements se poursuivent jusqu'au 30 mai.

Pompidou, en avril 1974, provoque des élections présidentielles anticipées. Valéry Giscard d'Estaing, homme brillant aux allures de grand bourgeois, l'emporte. Son mandat est celui d'avancées libérales importantes : majorité abaissée à 18 ans, loi Veil sur la dépénalisation de l'avortement... Les tensions avec son Premier ministre, Jacques Chirac, amplifient les difficultés économiques que rencontre la France, touchée par le choc pétrolier. En 1976, Raymond Barre, un économiste réputé, est appelé pour former un gouvernement de lutte contre l'inflation et les gaspillages. Sa politique d'austérité inclut le blocage des prix, des salaires élevés ainsi que des augmentations d'impôts... autant de mesures impopulaires. Le second choc pétrolier ruine les efforts consentis. Un scandale politique vient compléter le tableau : l'affaire des « diamants de Bokassa » reçus par Giscard d'Estaing donne du grain à moudre à l'opposition. En 1981, François Mitterrand devient le premier président socialiste de la Ve République.

La rupture socialiste de 1981

Les mesures fortes se succèdent : abolition de la peine de mort, passage aux 39 heures de travail, cinquième semaine de congés payés, augmentation du Smic et des prestations sociales. Mais aucune n'a d'effet sur l'inflation, et la faible croissance n'enraye pas la hausse du chômage. En 1983, le « tournant de la rigueur » coupe le Parti socialiste de sa base. En 1986, la droite remporte les élections législatives. Pour la première fois, un président gouverne avec une majorité hostile. Le Premier ministre Chirac impose une politique économique libérale. En 1988, Mitterrand est réélu contre toute attente. Le RMI est créé, l'impôt sur la fortune rétabli et une nouvelle taxe, la CSG, apparaît. Après une deuxième cohabitation en 1993, Chirac remporte en 1995 l'élection présidentielle. Des dossiers épineux se profilent : les projets de réforme des retraites et de la Sécurité sociale entraînent des grèves. La dissolution de l'Assemblée nationale, en 1997, produit un résultat inattendu : le succès de la « gauche plurielle » précipite une troisième cohabitation. À partir de 2002, tous les pouvoirs échoient à la droite. L'élection de Nicolas Sarkozy en 2007 prolonge la suprématie de la droite jusqu'en 2012.

La montée de l'extrême droite en France

Le 5 octobre 1972, Jean-Marie Le Pen fonde le Front national (FN), mouvement nationaliste qui reste très marginal jusqu'au début des années 1980. En 1982, Jean-Pierre Stirbois réunit 12,6 % des voix à Dreux lors des élections cantonales. Le FN dénonce la corruption des grands partis et se pose en victime du système. En 1986, le parti remporte 10 sièges au Parlement européen. Sa place dans le paysage politique français ne va cesser de se renforcer jusqu'au coup de tonnerre du 21 avril 2002 : Jean-Marie Le Pen obtient 16,86 % des voix à l'élection présidentielle et accède au second tour.

La France, terre d'accueil aux ressources vivrières considérables, a connu un développement technique, commercial et culturel fulgurant au contact des grandes civilisations antiques, notamment romaine. Les Francs puis les Carolingiens ont capitalisé sur cet héritage avant que l'éclatement de ce pouvoir central primitif ne laisse place à une structure féodale fondée sur l'exploitation de la terre. Puis la renaissance culturelle et les nouveaux enjeux géopolitiques poussent à l'unification des duchés et comtés ; le pouvoir royal, épaulé par l'Église, gagne de l'ampleur jusqu'à atteindre son paroxysme : l'absolutisme. Cette omnipotence du roi et de la noblesse terrienne, confrontée à la montée en puissance d'une bourgeoisie commerçante détenant les principaux leviers de la croissance économique, va créer une fracture au sein de la société. L'éveil progressif à la philosophie des Lumières, puis la révolution de 1789 remettent à plat les rapports sociaux et consacrent la souveraineté du peuple. L'apprentissage de la démocratie, l'héritage législatif napoléonien, la rivalité économique avec l'Allemagne et l'ambition d'un nouvel empire par la colonisation guident la France contemporaine, tout en créant les antagonismes à l'origine des conflits du XXe siècle. Cette vision de 2 000 ans d'Histoire de France est, bien sûr, schématisée à l'extrême. Elle a pour unique objet de mettre en évidence une caractéristique fondamentale de la discipline : l'Histoire ne se limite pas à un amoncellement indigeste de dates ; c'est, au contraire, une science logique, un outil indispensable à la compréhension du monde actuel. Car chaque événement passé ou récent, qu'il s'agisse d'un bouleversement politique, d'une mutation sociale, d'un conflit et même de l'émergence de tel ou tel personnage public, découle de situations et de problématiques antérieures. L'Histoire, c'est avant tout un enchaînement de phénomènes complexes et passionnants qui composent notre identité profonde et éclairent notre avenir.

EDITIONS ESI

60, rue Vitruve 75020 Paris

Auteurs : Gautier Lamy, Alice Tillier, Antoine Bourguilleau, Émeline Geny,
Jean-Charles Arnaud

Imprimé par FINIDR - Lipova cp. 1965 - 73701 Cesky Tesin, République tchèque
Dépôt légal : avril 2013 – Achevé d'imprimer : avril 2013
ISBN : 978-2-35355-980-0 - N° Sofédis : S493117